OPTIMISEZ VOTRE INVESTISSEMENT IMMOBILIER

Éditions d'Organisation
Groupe Eyrolles
61, bd Saint-Germain
75240 Paris cedex 05

www.editions-organisation.com
www.editions-eyrolles.com

© Groupe Eyrolles, 2005
ISBN : 2-7081-3367-5

PASCAL DÉNOS

Diplômé d'expertise-comptable
DESS en Banques et Finances
Commissaire aux Comptes
et Professeur de droit fiscal

OPTIMISEZ VOTRE INVESTISSEMENT IMMOBILIER

www.editions-organisation.com/livres/denos

Deuxième tirage 2006

À jour de la Loi de Finances pour 2006

Éditions
d'Organisation

DU MÊME AUTEUR

Guide pratique de l'entreprise individuelle
Guide pratique de la SARL et de l'EURL
Guide pratique de la SAS et de la SASU
Guide pratique de la SCI

SOMMAIRE

Thème 14

LES RÉGIMES MICRO : UNE SIMPLIFICATION

COÛTEUSE ? 167

Thème 15

OPTIMISATION FISCALE DES PLUS-VALUES

DE CESSION 171

Thème 16

OPTIMISATION FISCALE DE L'ISF 185

INTRODUCTION

L'objectif de ce guide est de vous aider à **constituer et gérer un patrimoine immobilier** en profitant d'un **effet de levier fiscal, financier et patrimonial.**

L'avantage principal de l'investissement immobilier est son **autofinancement.** Alors que l'investissement en bourse suppose de détenir des liquidités, l'immobilier locatif peut être financé intégralement par emprunt. Le remboursement de l'emprunt sera assuré par l'encaissement des loyers.

L'effet de levier fiscal résulte du financement de l'immobilier par **l'économie d'impôt.** L'emprunt permet d'**optimiser fiscalement** l'immobilier locatif car les intérêts d'emprunt sont déductibles des loyers et permettent ainsi une économie d'impôt sur le revenu. Les travaux réalisés dans un appartement vétuste seront financés pour partie par l'économie d'impôt… Ainsi, dans l'absolu, mieux vaut acheter cash un appartement neuf pour y habiter, et financer par emprunt un appartement locatif avec des travaux à réaliser.

L'optimisation fiscale doit naviguer entre deux **écueils :** la recherche exclusive de l'économie d'impôt par des montages fiscaux acrobatiques sanctionnée par l'arme redoutable de **l'abus de droit ;** et la recherche désespérée de déficits pour effacer l'imposition, qui masque le **manque de rentabilité économique** du projet. Au final, la **défiscalisation mal maîtrisée** ne serait pas **source** d'enrichissement mais **d'appauvrissement.**

Par ailleurs, **l'économie fiscale que l'État donne d'une main est souvent reprise de l'autre :** l'économie d'impôt que permet la déduction de l'amortissement de l'immeuble augmente la base d'imposition de la plus value de cession… Il faut alors essayer de **distordre ce couple économie d'impôt/contrepartie :** le LMP permet la déduction de l'amortissement en évitant l'imposition des plus-values de cession…

L'effet de levier financier est lié au **mode de financement.** Un rendement locatif de 6 % financé par un emprunt au taux de 2 % après économie d'impôt assure un fort taux de rentabilité de l'investissement. L'amortissement de l'immeuble permettra de neutraliser l'imposition. Le placement de la TVA récupérée sur le prix d'acquisition, dans un contrat d'assurance-vie exonérée d'imposition renforcera la rentabilité globale de l'opération…

L'effet de levier patrimonial est étroitement lié à l'optimisation fiscale. Le choix d'une structure juridique permet l'arbitrage impôt sur les sociétés/impôt sur le revenu. La Société civile immobilière (SCI) permet d'associer ses enfants dès sa constitution et de leur transmettre ainsi le patrimoine en franchise d'imposition puisqu'ils sont déjà propriétaires d'une partie des parts de la SCI. La donation temporaire de l'usufruit d'un immeuble à ses enfants assure le financement de leurs études grâce aux loyers et sans imposition…

Ces exemples simples ne doivent cependant pas masquer la **complexité et la diversité des choix fiscaux et financiers :** imposition à l'impôt sur le revenu ou à l'impôt sur les sociétés ? Revenus fonciers ou loueur en meublé professionnel ? Location nue ou avec des prestations para-hôtelières pour récupérer la TVA ? Prêt *in-fine* ou à remboursement constant ?...

Mais ne brandissons pas **l'épouvantail de la complexité** des **décisions de gestion** du patrimoine pour éviter de les transformer en **sources d'opportunités :** ce guide met à plat les choix fiscaux et financiers en les **exposant simplement** et en les chiffrant. Le guide est structuré en thèmes indépendants dont la richesse montre la diversité des choix qui s'offrent à l'investisseur : gestion fiscale des déficits, de la TVA, de l'ISF, des droits d'enregistrement, régimes d'imposition, organisation du foyer fiscal, optimisation de la structure juridique, professionnalisation de l'investissement immobilier, assurance-vie, construction des plans de financement…

Au final, vous allez devenir un **acteur moteur de vos investissements sans subir** un cadre imposé et non réfléchi : adieu les produits « packagés » et « ghettorisés » dont vous ne maîtrisez pas les enjeux (risque fiscal, illiquidité de l'actif investi…), et bienvenue aux **décisions éclairées et réfléchies qui privilégient la rentabilité économique et l'optimisent grâce aux montages les mieux adaptés.**

Les **principes de base** d'une **saine gestion fiscale et patrimoniale** sont exposés pour donner au lecteur les **clés du raisonnement** nécessaire à ses décisions, lui éviter de reproduire des « recettes de cuisine », des échafaudages techniques complexes sans en comprendre la portée. Les **informations pertinentes** sont privilégiées pour éviter que l'arbitrage du décideur soit obscurci par un excès de détails. Des simulations chiffrées, des cas de synthèse rendent **accessibles** les mécanismes exposés.

Ce guide contient les éléments du **puzzle** que vous allez assembler pour constituer votre **propre stratégie d'investissement.** Sa lecture contribuera à **l'épanouissement de votre investissement immobilier,** à la **satisfaction intellectuelle et financière** de réaliser un investissement avec votre touche d'originalité.

Échangez avec l'auteur par mel sur vos interrogations, vos idées de montage, votre propre expérience, vos critiques… pour enrichir la prochaine édition… il vous répondra.

1

LES MODALITÉS D'IMPOSITION
DES REVENUS

I. Calcul et paiement de l'impôt sur le revenu

Pour l'établissement de sa déclaration de revenus, le contribuable déclare l'ensemble des revenus de sa famille. La somme de ces revenus est imposée à l'impôt sur le revenu dont le taux est progressif (de 0 % à 40 %). L'impôt sur le revenu est calculé en prenant en compte les charges de famille du contribuable afin d'atténuer la progressivité de l'impôt (c'est le mécanisme du quotient familial).

Étape N° I Le contribuable déclare l'ensemble des revenus de sa famille sur la déclaration des revenus n° 2042

Le contribuable déclare les différents revenus (salaires, dividendes, locations...) gagnés par sa famille. Sa famille constitue le foyer fiscal qui comprend le contribuable, son conjoint marié ou pacsé et les enfants à charge.

Il additionne ainsi les revenus positifs (salaires, dividendes...) et déduit les revenus négatifs (le déficit BIC de l'entreprise individuelle...).

Cependant, certains revenus négatifs ne sont pas imputables sur les revenus positifs afin d'éviter une trop grande économie d'impôt pour le contribuable (les déficits BIC non professionnels, les déficits fonciers au-delà de 10 700 € ne sont pas imputables sur le revenu global – voir thème 11).

La déclaration des revenus de l'année N sur l'imprimé n° 2042 doit être déposée au plus tard le 28 février N+1. Cependant, pour une entreprise individuelle (activité de LMP, de location équipée en direct…), la déclaration des revenus ne peut être établie que lorsque que le bénéfice imposable de l'entreprise est déterminé. C'est la raison pour laquelle le dépôt de la déclaration n° 2042 est retardé jusqu'au 30 avril N+1 qui est la date limite de dépôt de la déclaration de résultat de l'entreprise individuelle. Il faut alors déposer la déclaration des revenus (n° 2042) accompagnée de la déclaration du résultat de l'entreprise individuelle (n° 2031 ou n° 2035).

Les revenus catégoriels du contribuable	
Le contribuable doit déclarer les différents revenus de sa famille.	
Les revenus catégoriels	**Commentaires**
BIC – BNC – BA	Le contribuable déclare les bénéfices dégagés par son entreprise individuelle dans la catégorie des « Bénéfices Industriels et Commerciaux » (BIC), des « Bénéfices Non Commerciaux » (BNC) ou des « Bénéfices Agricoles » (BA) selon la nature de son activité.
BIC et BNC non professionnels	Une activité commerciale ou libérale est considérée comme non professionnelle si le contribuable ne « met pas la main à la pâte » c'est-à-dire s'il ne participe pas réellement à la gestion. Il s'agit souvent de montages de défiscalisation dans le cadre de la gestion de son patrimoine[1].

.../...

---

1. BIC non professionnels : investissement dans des parts d'hôtel dont la gestion est confiée à une société d'exploitation. BNC non professionnels : catégorie balai qui regroupe tout ce qui n'a pas pu être classé ailleurs : spéculateurs, voyantes, mères-porteuses, prostituées…

...⁄...

Salaires et pensions	Les salaires[1] sont les revenus encaissés par les salariés (y compris le gérant minoritaire ou égalitaire de SARL, le P-DG de SA) et les représentants de commerce. Les pensions[1] comprennent les pensions alimentaires, les retraites et les rentes viagères.
Revenus fonciers	Lorsqu'un particulier donne en location un immeuble dont il est propriétaire ou usufruitier, les loyers qu'il perçoit directement ou par l'intermédiaire d'une SCI sont imposables dans la catégorie des revenus fonciers.
Revenus mobiliers	Les revenus mobiliers sont : • les *intérêts des créances*[2] (obligations, dépôts en banque, comptes courants d'associés...) ; • les *dividendes*[2] distribués par les sociétés soumises à l'IS.
Plus-values des particuliers	• Si vous vendez un immeuble ou des parts de SCI, le profit que vous réalisez est imposé au taux de 27 %[3] en tant que *plus-value immobilière* avec un abattement de 10 % par année de détention au-delà de la cinquième année. • Si vous vendez des actions ou des parts sociales, le profit que vous réalisez est imposé au taux de 27 %[3] en tant que *plus-value mobilière*[4].

○ Zoom N° I

Déclarez vos revenus par Internet et bénéficiez d'un report de délai !

Sur le site www.ir.dgi.minefi.gouv.fr vous pouvez déclarer vos revenus au lieu de remplir la déclaration papier. Les déclarations sur Internet bénéficient d'un délai supplémentaire. Vous n'avez pas besoin de déposer une déclaration papier. Un accusé de votre télédéclaration vous est adressée par mel. ○

---

1. Ces revenus bénéficient d'une déduction forfaitaire de 10 % pour frais professionnels.
2. Pour les intérêts, le contribuable peut opter pour le prélèvement libératoire au taux de 27 % (16 % + 11 % de prélèvements sociaux). Les dividendes des sociétés soumises à l'IS ouvrent droit à un abattement de 40 %.
3. Ces plus-values ne sont donc pas imposées au taux progressif à l'impôt sur le revenu.
4. La plus-value est diminuée d'un abattement d'un tiers par année de détention à partir de la septième. La plus-value est donc exonérée au bout de 9 ans de détention.

Étape N° 2 L'administration fiscale calcule l'impôt dû par le contribuable en prenant en compte son quotient familial

Le revenu global est soumis à l'impôt sur le revenu. L'impôt sur le revenu est un impôt progressif dont le taux varie de 0 % à 40 %.

Le mécanisme du quotient familial permet d'atténuer la progressivité de l'impôt en fonction des charges de famille. En principe, l'impôt calculé pour une part de quotient familial est multiplié par le nombre de parts pour obtenir l'impôt total du foyer fiscal. En pratique l'impôt est calculé directement par application d'un barème. Cependant, pour limiter le gain d'impôt obtenu par les contribuables à fort revenu, les effets du quotient familial sont plafonnés.

L'impôt ainsi obtenu est minoré par les réductions d'impôt (réduction de 50 % du coût salarial d'un employé de maison…) et les crédits d'impôt.

Cas N° 1 ◇
Calcul de l'impôt dû par le contribuable compte tenu de son quotient familial

Monsieur Cérynie a un revenu net imposable de 160 000 €. Il est marié et a 3 enfants mineurs.

Calculer l'impôt sur le revenu en utilisant la fiche de calculs facultatifs que vous pouvez télécharger sur www.impots.gouv.fr (rubrique « Téléchargez vos déclarations »)

1. **Nombre de parts** : le foyer fiscal de Monsieur Cérynie est composé de 4 parts (N = 4).
2. **Calcul du quotient familial** : le quotient familial est de 40 000 € (QF = R/N = 160 000 €/4 = 40 000 €).
3. **Calcul de l'impôt brut** : les formules permettent de calculer directement l'impôt brut (avant réductions d'impôt...) de Monsieur Cérynie qui s'élève à 40 190 € [(R × 0,4262) − (7 000,61 € × N) = 40 190 €]. ◇

Zoom N° 2

Calculez votre impôt sur le revenu en ligne
et réalisez vos simulations

Sur le site www.impots.gouv.fr vous pouvez calculer votre impôt sur le revenu en remplissant le modèle complet pour déclarer les salaires, les revenus fonciers, les cessions de valeurs mobilières, les revenus d'activité commerciale, libérale, agricole, les déficits globaux et déduire vos charges courantes (pensions alimentaires, frais de garde d'enfant, dons aux œuvres…).

Vous pouvez ainsi réaliser vos propres simulations : est-il intéressant de rattacher un enfant majeur à mon foyer fiscal ? Dois-je envisager un investissement en ZRR, en FCPI… pour diminuer mes impôts ?

Étape N° 3 **Paiement de l'impôt sur le revenu**

Zoom N° 3

Payez votre impôt sur le revenu en ligne

Sur le site www.impots.gouv.fr vous pouvez consulter le guide du paiement de l'impôt et payer vos impôts à domicile.

L'impôt est calculé par l'administration fiscale qui adresse au contribuable un avis d'imposition[1] pour effectuer le recouvrement de l'impôt.

L'impôt est généralement exigible le 15 septembre. Le contribuable paie alors l'impôt sous déduction des versements provisionnels qu'il a effectués durant l'année.

---

1. Avis de non imposition si le contribuable n'a pas d'impôt à payer ; avis de restitution si le Trésor rembourse au contribuable les crédits d'impôt qui n'ont pas pu être imputés sur l'impôt sur le revenu.

Ces versements provisionnels sont effectués sous forme de deux acomptes appelés tiers provisionnels[1] ou par prélèvement mensuel[2] sur option du contribuable.

Cas N° 2 ◇

Calcul et paiement de l'impôt sur le revenu – Établissement de la déclaration n° 2042

Un couple marié a trois enfants mineurs scolarisés dans un collège.

Monsieur exerce une activité salariée. Son salaire net imposable s'élève à 60 000 €. Monsieur verse une pension alimentaire de 5 000 €.

Madame exerce une activité libérale au sein d'une SARL dont elle est le gérant majoritaire : cette SARL lui a versé une rémunération de 20 000 € assimilée fiscalement à un salaire et des dividendes de 20 000 €. La CSG déductible calculée sur les revenus du patrimoine de l'année précédente s'élève à 500 €. Elle exerce par ailleurs une activité de conseil à son compte. Elle a adhéré à une association agréée de gestion. Le bénéfice fiscal dégagé par cette activité s'élève à 20 000 €. Un appartement loué nu dégage 5 000 € de revenu foncier imposable. Une épargne de 40 000 € est gérée dans le cadre d'un contrat d'assurance-vie.

Afin de défiscaliser une partie de leurs revenus, ils ont investis 5 000 € en FCPI (Fonds commun de placement dans l'innovation), 100 000 € dans un appartement à la montagne situé en ZRR (zone de revitalisation rurale), 5 000 € de cotisations déductibles dans un Perp (Plan d'épargne retraite populaire). L'emploi d'un salarié à domicile leur coûte 4 000 €. ◇

---

1. Deux acomptes égaux au tiers de l'impôt de l'année précédente sont à verser au plus tard le 15 février et le 15 mai. Le solde de l'impôt est décompté sur l'avis d'imposition.
2. L'option est à formuler avant le 10 mai pour prendre effet dès l'année en cours. Dix acomptes égaux au dixième de l'impôt de l'année précédente sont prélevés le 8 de chaque mois de janvier à octobre. Le solde de l'impôt porté sur l'avis d'imposition est ensuite prélevé en novembre et en décembre.

1. Déterminons les différents revenus catégoriels

Traitement et salaires   72 000 €

	Monsieur	Madame
Net imposable	60 000 €	20 000 €
Déduction de 10 % pour frais professionnels	– 6 000 €	– 2 000 €
	54 000 €	18 000 €

BNC professionnel   20 000 €

	Monsieur	Madame
Net imposable		20 000 €

Revenu foncier   5 000 €

Revenus de capitaux mobiliers   8 950 €

Brut	20 000 €
Abattement de 40 %	– 8 000 €
	12 000 €
Abattement de 3,050 €	– 3 050 €
	8 950 €

Revenu brut global   105 950 €

Pension alimentaire	– 5 000 €
Perp	– 5 000 €
CSG déductible	– 500 €

Revenu net imposable = R   95 450 €
(revenu fiscal de référence)

2. Calculons l'impôt

Revenus imposable = R	95 450 €
Nombre de parts = N	4
Quotient familial = QF = R/N	23 863 €

Formule de calcul : $(R \times 0{,}20) - (2\,000\,€ \times N)$
Pas de plafonnement du quotient familial
Impôt brut   11 090 €

Réductions d'impôt		**– 7 600 €**
25 % pour investissement en FCPI	– 1 250 €	
25 % pour investissement en ZRR[1]	– 4 167 €	
50 % pour emploi d'un salarié à domicile	– 2 000 €	
61 € par collégien	– 183 €	
Impôt net à payer		**3 490 €**
Prélèvements sociaux sur les revenus du patrimoine		**2 750 €**
Base de calcul		
Dividendes bruts	20 000 €	
Revenus fonciers	5 000 €	
	25 000 €	
CSG à 7,5 %	1 875€	
CRDS à 0,50 %	125 €	
Prélèvement social à 3 %	750 €	

3. Établissons la déclaration n° 2042

Sur le site www.ir.dgi.minefi.gouv.fr nous remplissons les différentes rubriques de la déclaration n° 2042. Un accusé de réception est adressé par mel par le centre des impôts. Une estimation de l'impôt peut être obtenue. La liasse n° 2042 peut-être éditée pour conserver une trace papier. Elle peut-être également consultée sur le site ainsi que les déclarations des années précédentes.

2. Opportunité de rattacher un enfant majeur au foyer fiscal des parents

L'imposition du revenu global du contribuable se fait au niveau de son foyer fiscal : on additionne les différents revenus catégoriels (salaires, revenus fonciers…) du couple, des enfants mineurs et des enfants étudiants âgé de moins de 25 ans, qui demandent leur rattachement au foyer fiscal des parents.

---

1. Plafonné à 100 000 € et étalé sur 6 ans.

Le rattachement au foyer fiscal des parents d'un enfant permet d'atténuer la progressivité de l'impôt par le mécanisme du quotient familial (une demi-part ou une part supplémentaire). Il en résulte une économie d'impôt mais qui est plafonnée à 2 159 € par demi-part. De plus, une pension alimentaire de 5 398 € par enfant majeure ne peut pas être déduite.

Le rattachement oblige les parents à déclarer les revenus de l'enfant. Les parents peuvent donner l'usufruit temporaire d'un studio à un enfant, les parents peuvent associer un enfant à une SCI qui réalise un investissement immobilier afin d'éviter les droits de transmission… Les revenus fonciers encaissés par l'enfant sont alors fortement imposés au niveau des parents alors qu'ils auraient été exonérés au niveau de l'enfant. L'absence de rattachement permet alors de transférer des revenus fonciers d'une cellule familiale fortement fiscalisée (les parents) vers une cellule familiale faiblement fiscalisée (les enfants) et de réaliser une économie d'impôt au niveau de la famille.

Un arbitrage doit donc être fait entre les deux économies d'impôt.

Zoom N° 4

Mariage ou PACS ?

L'année du mariage, trois impositions sont établies[1] (article 6 du CGI). On applique ainsi trois fois le barème aux revenus globaux de l'année. Ce qui permet d'atténuer la progressivité de l'impôt. Un arbitrage au niveau du choix de la date permet une économie d'impôt sur le revenu du couple.

Les PACSés font l'objet d'une imposition commune dès la conclusion du PACS. Les partenaires PACSés sont donc dans la même situation que celle d'un couple marié (www.vosdroits.service-public.fr).

---

1. Chacun des époux établit une déclaration pour les revenus perçus sur la période du 1er janvier à la date du mariage ; une troisième déclaration est établie pour les revenus perçus par le couple, de la date du mariage à la fin de l'année civile.

2

OPTIMISATION FISCALE, ABUS DE DROIT ET REDRESSEMENT FISCAL

La gestion fiscale correspond à une saine gestion du patrimoine. L'obtention d'un avantage fiscal sous la forme d'une diminution d'impôt, n'est pas suffisant pour permettre à l'administration de s'opposer à un montage de défiscalisation. Mais quand un montage fiscalement optimal bascule-t-il de la simple **habileté fiscale** permettant une économie d'impôt à **l'abus de droit** sanctionné par une amende de 80 % de l'impôt redressé ?

I. Ne pas confondre requalification et abus de droit

Une donation peut être déguisée en vente pour réaliser une économie de droits d'enregistrement (un oncle « vend » un immeuble à sa nièce car les droits de mutation à titre onéreux de 5 % sont moins élevés que les droits de donation à 55 %). La **donation** peut être **requalifiée** en vente par l'administration en mettant en œuvre **l'abus de droit.** Elle doit démontrer que l'acte de vente est fictif. Le redressement d'impôt s'accompagne alors d'une **amende de 80 %.**

La location nue d'un studio doit être déclarée dans la catégorie des revenus fonciers. Si le contribuable meuble le studio, la location devient meublée et doit être déclarée en BIC non professionnel. Le contribuable continue, <u>par erreur, sans aucune volonté de tromper</u>, de déclarer en revenus fonciers. L'administration peut alors **requalifier** le revenu foncier en BIC non professionnel. Cette requalification n'a rien à voir avec l'abus de droit. Elle entraînera un simple redressement d'impôt sans amende. Le redressement peut cependant être lourd. En effet, le déficit foncier imputable sur le revenu global se transforme en un déficit BIC non imputable sur le revenu global. De plus, l'amortissement ne peut pas être déduit du BIC puisqu'il n'a jamais été pratiqué (une charge doit être comptabilisée pour être déductible).

Un portefeuille de valeurs mobilières peut être géré dans le cadre d'un PEA. Les produits sont alors exonérés d'impôt sur le revenu (les prélèvements sociaux de 11 % s'appliquent). Une gestion trop active du portefeuille peut être **requalifiée** en BNC. Les produits sont alors imposés à l'impôt sur le revenu au taux marginal du contribuable qui peut atteindre 40 %. Le bénéfice est majoré d'un coefficient de 1,25 puisque le contribuable n'a pas adhéré à une association de gestion. De plus, <u>les cotisations sociales</u> (URSSAF…) <u>s'appliquent</u>.

2. Habileté fiscale ou abus de droit ?

L'administration fiscale peut s'opposer à un montage de défiscalisation en mettant en œuvre **l'abus de droit** (article L. 64 du LPF). Elle doit démontrer la **fictivité** des actes juridiques supports **du montage**, ou que le montage, sans être fictif, n'a eu pour **seul but** que **d'éluder l'impôt.**

2.1. Le montage d'optimisation fiscale est fictif

Le contribuable dissimule une situation par un acte fictif ou par un acte masquant la véritable nature de l'opération. Pour mettre en œuvre l'abus de droit, l'administration doit démontrer la fictivité de l'acte **en examinant les faits,** indépendamment de la forme de l'acte (un acte authentique peut être fictif).

2.1.1. Société fictive

L'administration doit réunir des indices convergents de nature à démontrer l'absence de fonctionnement effectif de la société pour démontrer la fictivité de la société : absence de présentation de documents comptables, absence de tenue de comptabilité, d'assemblées d'associés…

2.1.2. Bail fictif

Un contribuable possède une résidence secondaire en mauvais état acquise à crédit. Il ne peut déduire aucune charge en vertu de l'exonération de l'article 15-II du CGI. Il décide de conclure un bail avec un membre de la famille. Il peut alors imputer sur les loyers encaissés les intérêts d'emprunt et les travaux d'entretien et de réparation. Le déficit foncier est imputable sur les autres revenus du contribuable et lui permet de réaliser une économie d'impôt. Le montage est constitutif d'un abus de droit car le bail est fictif. L'administration fonde son interprétation sur un faisceau d'indices : les loyers sont symboliques, les locaux sont inhabitables, le locataire exerce son activité dans un lieu éloigné du logement loué, les loyers ne sont pas encaissés…

2.1.3. Dissimulation de la nature de l'opération

L'acte n'est pas fictif mais masque la véritable nature de l'opération. L'administration doit restituer la véritable nature de l'opération par l'examen des faits : une vente d'immeuble masque une donation…

2.2. Le montage a pour seul but d'éluder l'impôt

Pour réaliser et gérer un investissement immobilier, le contribuable peut choisir le cadre juridique lui permettant de diminuer ses impôts.

Ainsi, un contribuable fortement fiscalisé peut choisir d'isoler ses investissements immobiliers au sein d'une société imposée à l'IS. Il substitue ainsi à des revenus fonciers imposés à son taux marginal d'impôt sur le revenu de 40 %, un résultat BIC imposé à l'IS au taux de 15 %. L'économie d'impôt qui en résulte peut être consacrée à d'autres investissements.

Mais le contribuable ne doit pas créer une situation juridique purement artificielle <u>dans le seul but d'éluder l'impôt</u>. L'abus de droit ne peut donc pas être retenu si les motivations du montage sont, en plus de la recherche d'économie d'impôts, familiales, économiques, organisationnelles… même si le montage ne respecte pas des législations autres que le droit fiscal. Le juge de l'impôt n'est gardien que de l'application du droit fiscal. Dans les faits, le contribuable pourra facilement invoquer des motivations extra-fiscales pour éviter l'abus de droit. Ce qui limite la portée de l'abus de droit.

Ainsi, des parents peuvent constituer avec leurs enfants mineurs une SCI pour acquérir à crédit un immeuble locatif. Les parts détenues par les enfants échapperont aux droits de succession. La SCI a été constituée pour payer moins de droits de succession mais aussi pour organiser la transmission du patrimoine. L'absence d'autorisation du juge des tutelles d'associer des enfants mineurs n'a pas d'incidence sur l'analyse fiscale.

Un contribuable souhaite acquérir à crédit une maison d'habitation en mauvais état qu'il destine à sa résidence principale. S'il acquiert en direct, il ne peut déduire aucune charge (exonération de l'article 15-II du CGI). En revanche, il peut créer une SCI qui acquiert la résidence principale. La SCI lui loue la maison pour un loyer normal. Un contrat de bail est conclu avec la SCI. La SCI peut alors imputer sur les loyers encaissés les intérêts d'emprunts et les travaux d'entretien et de réparation. Le déficit foncier est imputable sur les autres revenus du contribuable et lui permet de réaliser une économie d'impôt. Le montage est constitutif d'un abus de droit car il a pour seul but d'éluder l'impôt. L'administration fonde son interprétation sur un faisceau d'indices : l'occupant a un contrôle quasi exclusif de la SCI, un bref délai s'est écoulé entre la création de la SCI et l'acquisition de la résidence principale…

Cas
N° 3 ◇

Société civile et crédit d'impôt

Un contribuable crée une société civile à l'IS en apportant 40 000 €. Cet apport de capital à une société imposée à l'IS lui ouvre droit à un crédit d'impôt imputable sur son impôt sur le revenu de 10 000 € (40 000 € × 25 % = 10 000 €).

- **Hypothèse n° 1. La société civile emprunte et réalise un investissement immobilier ou mobilier.** La société exerce une véritable activité imposée à l'IS. Le crédit d'impôt est définitivement acquis.
- **Hypothèse n° 2. La société civile est dissoute et l'associé récupère 40 000 €.** Il n'y a pas de boni de liquidation imposable car la société ne s'est pas enrichie. L'associé récupère donc sa mise initiale. Au final, il aura fait une économie d'impôt de 40 000 € sur le revenu en contrepartie de modestes frais de constitution. C'est de **l'acrobatie fiscale** qui risque de tomber sous le coup de l'abus de droit car on ne respecte pas l'esprit de la loi. ◇

3. La répression de l'abus de droit

Le redressement d'impôt s'accompagne d'une **amende de 80 %** de l'impôt éludé (article 1729 du CGI). Les intérêts de retard sont calculés au taux de 0,40 % par mois sur le montant de l'impôt redressé.

4. L'assurance anti-abus de droit : le rescrit fiscal

Le contribuable peut consulter l'administration fiscale sur le montage envisagé (article L 64 B du LPF). Le contribuable (et non un tiers) doit présenter par écrit au SLF ou à la DGI, préalablement à la signature de la convention, **tous les éléments nécessaires pour apprécier l'opération.** Cette procédure est rarement utilisée.

L'acceptation du montage par l'administration fiscale peut résulter d'une réponse positive ou d'une absence de réponse dans un délai de six mois. L'administration ne peut plus alors utiliser la procédure de répression de l'abus de droit. Cependant, elle peut toujours redresser sur un autre fondement.

En cas de **réponse négative,** l'opération peut être réalisée avec le risque d'un éventuel redressement.

Le contribuable bénéficie **d'autres garanties :**

- la mise en œuvre de la procédure de l'abus de droit doit avoir le **visa d'un inspecteur principal ;**
- la **proposition de redressement** doit être **motivée** afin de permettre au contribuable de se défendre. La proposition doit comporter la possibilité de saisir le comité consultatif des abus de droit. Le contribuable a alors un délai de 30 jours pour répondre.
- le **comité consultatif de répression des abus de droit** peut être saisi par l'administration ou par le contribuable. Il ne rend pas de décision, mais émet des avis qui déterminent la charge de la preuve.

Zoom N° 5

De l'usage prudent de la grande souplesse de la SCI

La grande souplesse de la SCI permet des montages intéressants : démembrement croisé, attribution de parts sociales aux enfants pour diminuer la base imposable à l'ISF…

Ces montages ne doivent pas être conçus dans le but unique d'éviter de payer l'impôt (l'administration fiscale invoque alors la théorie de l'abus de droit) ou d'éviter l'application de dispositions d'ordre public (réserve obligatoire pour l'héritage...). Ces montages doivent trouver une justification économique, familiale, organisationnelle… ainsi qu'un équilibre dans la poursuite d'objectifs.

Bien évidemment, ces montages peuvent être contestés en justice par une partie qui a l'impression d'être lésée (héritier, administration fiscale...). Une recherche jurisprudentielle, l'avis éclairé d'un conseil juridique peuvent vous permettre d'assumer un risque raisonnable.

○   **L'assurance anti-abus de droit et SCI**

Un montage acrobatique avec une SCI afin de se soustraire à l'impôt sera écarté par l'administration fiscale par **la procédure de répression des abus de droit.** Le redressement d'impôt s'accompagnera alors d'une amende de 80 %, sans compter les intérêts de retard au taux de 0,40 % par mois.

En revanche, le montage ne sera pas remis en cause si les motivations, en plus de la recherche d'économies fiscales, sont familiales, économiques, organisationnelles...

Enfin, avant de réaliser un montage complexe ou inédit avec une SCI, le contribuable (et non son conseil) peut interroger l'administration par écrit. Si elle donne son feu vert ou si elle ne répond pas dans les six mois, elle ne pourra plus invoquer l'abus de droit par la suite. Le rescrit ainsi obtenu constitue une assurance anti-abus de droit.   ○

5. Le contrôle des revenus fonciers

Des travaux d'un montant important peuvent déclencher des **demandes de renseignement** de l'administration fiscale. Le contribuable n'est pas astreint de répondre.

De plus, l'administration dispose d'un moyen de contrôle spécifique aux revenus fonciers : la **demande de justifications** (article L. 16 du Livre des Procédures Fiscales – LPF) à laquelle le contribuable **doit répondre dans un délai de deux mois.** L'absence de réponse dans le délai imparti peut avoir des conséquences graves car le contribuable encourt l'application d'une **procédure d'office :** la notification de redressements ne lui ouvre alors pas de droit de réponse. De plus, en cas de recours contentieux, la charge de la preuve lui incombe.

Les demandes de renseignement ou de justification sont utilisées essentiellement pour le contrôle des charges déduites du revenu brut foncier. Ces procédures permettent aux services fiscaux d'obtenir les factures de travaux déduits du revenu brut, le plan d'amortissement de l'emprunt dont les intérêts ont été imputés… L'administration peut exiger la preuve du paiement.

Zoom N° 7

○ **Déduction des travaux et contrôle fiscal**

La déduction des travaux du revenu foncier augmente le risque de **contrôle sur pièces** par l'administration par l'application de la « méthode des critères » si les travaux entraînent une diminution de plus de 152 000 € des revenus fonciers ou si ces travaux sont étalés dans le temps. ○

Cas N° 4

◇ **Redressement fiscal et gestion de l'immobilier**

Une SCI loue un immeuble équipé (professionnel) ou meublé (habitation). Les associés ont déclaré les loyers dans la catégorie des revenus fonciers. Durant l'année N+1, la société reçoit un avis de vérification.

Annexe : les chiffres concernant l'immeuble

Prix d'acquisition de l'immeuble	1 000 000 €
Loyers annuels	120 000 €
Charges décaissables	50 000 €
Intérêts d'emprunt *in-fine*	60 000 €
Durée de vie en année	15
Taux marginal d'imposition	30 %

◇

1. Conséquences du contrôle fiscal

La location d'immeubles équipés ou meublés est une activité commerciale sur le plan fiscal qui est imposée selon les règles des « BIC ». Or, une SCI qui exerce une activité commerciale est obligatoirement à l'IS. La SCI aurait dû déclarer un résultat déterminé selon les règles BIC et imposé au niveau de la SCI à l'IS. Dans les faits, la SCI a déclaré un résultat déterminé selon les règles des revenus fonciers :

	N	N+1	N+2
Loyers	120 000 €	120 000 €	120 000 €
Charges	– 50 000 €	– 50 000 €	– 50 000 €
Intérêts d'emprunt	– 60 000 €	– 60 000 €	– 60 000 €
Déficit foncier	**10 000 €**	**10 000 €**	**10 000 €**
Économie d'impôt sur le revenu	**– 3 000 €**	**– 3 000 €**	**– 3 000 €**

En imputant, par erreur, la quote-part de déficit foncier sur leur revenu global (dans la limite de 10 700 € par associé), les associés ont réalisé une économie indue d'impôt sur le revenu.

Une proposition de redressement sera adressée aux associés. Le redressement d'impôt sur le revenu sera accompagné d'intérêts de retard au taux de 0,40 % par mois :

	N	N+1	N+2
Redressement	3 000 €	3 000 €	3 000 €
Intérêts de retard			
– nombre de mois (n)	30	18	6
– taux (0,40 % × n)	12,00 %	7,20 %	2,40 %
– montant	360 €	216 €	72 €
	3 360 €	**3 216 €**	**3 072 €**

La SCI devra payer l'IS calculé au taux de 15 %. Comme aucune déclaration BIC n'a été effectuée, les amortissements n'ont jamais été comptabilisés. Ils sont alors définitivement perdus car ils sont « irrégulièrement différés ». Le redressement en base et en impôt est alors le suivant :

	N	N+1	N+2
Loyers	120 000 €	120 000 €	120 000 €
Amortissements non déductibles	0 €	0 €	0 €
Charges	– 50 000 €	– 50 000 €	– 50 000 €
Intérêts d'emprunt	– 60 000 €	– 60 000 €	– 60 000 €
Déficit foncier	**10 000 €**	**10 000 €**	**10 000 €**
IS à 15 %	**– 1 500 €**	**– 1 500 €**	**– 1 500 €**

Une proposition de redressement sera adressée à la SCI :

	N	N+1	N+2
Redressement	1 500 €	1 500 €	1 500 €
Intérêts de retard			
– nombre de mois (n)	31	19	7
– taux (0,40 % × n)	12,40 %	7,60 %	2,80 %
– montant	186 €	114 €	42 €
	1 686 €	**1 614 €**	**1 542 €**

Le **redressement total** (IR + IS) est donc de **14 500 €.** Il peut être atténué par l'application de la cascade.

Attention ! Quelqu'un qui achèterait les parts sociales au lieu d'acheter l'immeuble, supporterait le risque de redressement fiscal de la SCI. Il faudrait alors prévoir une clause de garantie de passif et/ou stipuler un paiement échelonné sur trois ans pour couvrir le risque de redressement (exemple : 20 % du prix sera payé dans trois ans si aucun passif nouveau n'ait apparu).

2. Si les associés avaient constitué une SARL de famille ou une SNC imposée à l'IR

Comme la location d'immeubles équipés ou meublés est une activité commerciale sur le plan fiscal qui est imposée selon les règles des « BIC », la SARL détermine son résultat en appliquant les mêmes règles qu'un commerçant en déduisant, notamment, un amortissement. Nous obtenons :

	N	N+1	N+2
Loyers	120 000 €	120 000 €	120 000 €
Amortissement	– 66 667 €	– 66 667 €	– 66 667 €
Charges	– 50 000 €	– 50 000 €	– 50 000 €
Intérêts d'emprunt	– 60 000 €	– 60 000 €	– 60 000 €
	– 56 667€	**– 56 667€**	**– 56 667€**
Économie d'impôt sur le revenu	**17 000 €**	**17 000 €**	**17 000 €**

Comme la SARL est transparente fiscalement, chaque associé impute sa quote-part de déficit sur son revenu global et réalise ainsi une **économie d'impôt** sur le revenu qui est globalement **de 51 000 €** (nous supposons qu'il s'agit d'un BIC professionnel).

Le coût fiscal total de l'erreur est donc de 65 500 € ! Si elle résulte d'un mauvais conseil, la responsabilité civile (RC) du conseil (notaire, avocat, expert-comptable) peut être mise en cause. Son assurance RC vous dédommagera. Vous avez donc intérêt de vous appuyer sur les conseils écrits d'un professionnel inscrit couvert par une responsabilité civile.

3. Autre solution : la SCI loue nu à un associé qui loue ensuite équipé ou meublé

La SCI est imposée à l'IR dans la catégorie des revenus fonciers. Chaque associé impute sa **quote-part de déficit foncier** sur son revenu global (dans la limite de 10 700 € par associé).

Par ailleurs, l'associé qui loue équipé est imposé dans la catégorie des BIC. En principe, le résultat est nul (loyer encaissé par l'associé – loyer facturé par la SCI). Il doit surtout opter pour un régime réel. À défaut, il serait au **micro-BIC** et serait imposé :

	N	N+1	N+2
Loyers	120 000 €	120 000 €	120 000 €
Déduction forfaitaire de 68 %[1]	– 81 600 €	– 81 600 €	– 81 600 €
	38 400 €	38 400 €	38 400 €
Impôt sur le revenu	11 520 €	11 520 €	11 520 €

---

1. Au lieu de déduire les loyers facturés par la SCI.

3

OPTIMISATION FISCALE ET RENTABILITÉ ÉCONOMIQUE

1. Diversifier les modalités d'investissement dans l'immobilier pour mieux répartir les risques

Afin de diversifier votre patrimoine et d'acquérir des revenus qui permettent un autofinancement de l'investissement, vous pouvez investir dans l'immobilier en acquérant un immeuble en direct ou des parts de SCPI.

Vous pouvez développer une activité d'investisseur en immobilier locatif afin de vous constituer un patrimoine immobilier. Vous pouvez diversifier les types d'investissement (location nue, meublée ou équipée…) et les cadres fiscaux (de Robien, LMP, Demessine, IR/IS, en direct ou en SCI…).

Vous pouvez investir dans l'immobilier d'habitation ou l'immobilier professionnel :

- L'immobilier d'habitation est plus accessible pour un particulier car il permet une **meilleure division des risques :** avec un budget de 500 000 € vous pouvez acheter cinq studios que vous louez à cinq locataires au lieu d'acheter un seul entrepôt que vous louez à un seul locataire.

- En revanche le **taux de rendement** de l'immobilier d'habitation (en moyenne, les loyers représentent 5 % du prix d'acquisition) est moins élevé que le taux de rendement de l'immobilier professionnel (en moyenne, les loyers représentent 10 % du prix d'acquisition). L'objectif de tout investisseur étant de distordre le couple risque profit.

Les locaux peuvent être **loués nus.** Ils peuvent être loués **meublés ou équipés.**

L'immobilier peut-être détenu **en direct ou dans le cadre d'une société** (SCI, SARL de famille, EURL, SNC…) pour en favoriser la transmission.

Les revenus de la location peuvent être imposés à **l'impôt sur le revenu** selon les règles des **« revenus fonciers »** (location nue) ou des **« bénéfices industriels et commerciaux »** (location meublée ou équipée) ; ou à **l'impôt sur les sociétés.**

Les plus-values de cession peuvent être imposées selon le régime des **plus-values immobilières des particuliers** ou selon le régime des **plus-values professionnelles.**

Les loyers peuvent être **exonérés de TVA** (location à usage d'habitation) ou **imposés à la TVA** (location équipée, location avec prestations para-hôtelières). La **TVA** qui a grevé le prix d'acquisition est alors **déductible.**

- L'immobilier locatif peut être géré de différentes manières :
  - La **location nue** est une **activité civile** qui est imposée dans la catégorie des **revenus fonciers.** Le déficit foncier est imputable sur les autres revenus du contribuable dans la limite de 10 700 € ; le solde étant reportable sur les autres revenus fonciers pendant 10 ans. Le dispositif **Besson - de Robien,** la réduction d'impôt en **zone de revitalisation rurale (ZRR)** permettent d'optimiser fiscalement l'investissement. L'immobilier est alors inscrit directement dans le patrimoine privé du contribuable ou isolé au sein d'une société civile immobilière (SCI)[1].

---

1. Voir le « Guide pratique de la SCI » aux Éditions d'Organisation.

- La **location meublée** (habitation) est une **activité civile** qui est imposée dans la catégorie des **bénéfices industriels et commerciaux (BIC).** Comme cette location est une simple activité de gestion patrimoniale, le **BIC** est **non professionnel.** Le résultat fiscal est déterminé comme celui d'un commerçant. Le déficit n'est pas imputable sur les autres revenus du contribuable. Il est seulement reportable sur les BIC de même nature des six années suivantes (le déficit est « tunnélisé »). L'immobilier est alors inscrit directement dans le patrimoine privé du contribuable ou isolé au sein d'une société imposée à l'IR[1] (société « transparente » fiscalement : SNC, SARL de famille qui opte pour l'IR ou EURL).

- La **location équipée** (immobilier d'entreprise) est une **activité commerciale par nature** qui est donc imposée dans la catégorie des **bénéfices industriels et commerciaux (BIC).** En principe, le BIC est professionnel. Le **déficit BIC** pourra donc être **imputé sur les autres revenus du contribuable** et lui permettre ainsi de **réduire son impôt** sur le revenu. Quand l'activité est exercée dans le cadre d'une SARL de famille imposée à l'IR ou d'une SNC, chaque associé impute sur son revenu global sa quote-part de déficit BIC réalisé par la société. La location équipée peut être optimisée avec un investissement en **zone franche urbaine.**

- La location meublée (habitation) peut-être exercée dans le cadre d'un statut de **loueur en meublé professionnel** (LMP). Vous devez vous inscrire au registre du commerce et des sociétés (RCS) et réaliser plus de 23 000 € de loyers. Cette activité peut-être exercée dans le cadre d'une entreprise individuelle ou d'une SARL de famille ou d'une EURL imposée à l'IR. Le déficit de l'activité de LMP peut être imputé sur les autres revenus du contribuable bien qu'il s'agisse d'une simple activité de gestion de patrimoine. La location LMP peut être optimisée avec un **investissement hôtelier.**

- La **location en meublé** assorti de **prestations para-hôtelières** est une **activité commerciale** qui est imposée dans la catégorie des **bénéfices industriels et commerciaux (BIC).** Si le contribuable s'implique de manière « personnelle continue et directe »

---

1. Surtout pas une SCI car une SCI qui exerce une activité BIC est obligatoirement à l'IS.

(art. 156-1-1° du CGI), le **BIC** est **professionnel.** Le déficit est alors imputable sur les autres revenus du contribuable et permet ainsi de faire une économie d'impôt sur le revenu. Les loyers peuvent être soumis à la TVA sur option. En contrepartie, la TVA sur l'achat de l'immobilier (dans le neuf) ou sur les travaux de rénovation de l'immeuble ancien est récupérée. Cette activité peut être exercée dans le cadre d'une entreprise individuelle ou d'une société commerciale imposée à l'IR (SNC, SARL de famille à l'IR ou EURL).

2. Privilégiez la rentabilité économique !

Ne soyez pas obnubilé par l'économie d'impôt d'un investissement immobilier !

Il faut privilégier **la rentabilité économique** de l'investissement : l'investissement doit être rentable et pourra être revendu avec une plus-value. La défiscalisation peut entraîner un **suréquipement** qui nuit au rendement réel du projet par rapport aux prévisions initiales (suréquipement hôtelier).

L'investissement peut même être invendable et dégager un rendement négatif : qui voudrait acheter un appartement inoccupé dans une résidence médicalisée pour personnes âgées qui rend l'investisseur prisonnier du paiement des charges d'infrastructure sans encaisser de loyer ?

Le montage fiscal ne doit pas présenter de **risques juridiques et fiscaux :**

- La responsabilité de l'investisseur est-elle engagée si la gestion du bien génère des pertes importantes ?
- Le régime juridique est-il compatible avec le statut professionnel de l'investisseur ?
- Un montage trop tendu peut entraîner un risque de redressement fiscal : amortissement sur 20 ans au lieu de 40 ans en LMP ; travaux non déductibles dans le cadre de la loi Malraux…

- Le désinvestissement entraîne-t-il le remise en cause de l'avantage fiscal ?

3. Évitez les produits « packagés » et « ghettoïsés » !

Un commercial peut vendre du statut LMP en résidence étudiants. Ce type de produit est trop « packagé » : l'avantage fiscal donné d'une main (récupération de la TVA, statut LMP…) est repris de l'autre par un prix d'acquisition surévalué par le marché. De plus, l'investissement est « ghettoïsé » : il sera difficile de revendre l'appartement avec une forte plus-value car il a une destination unique, la résidence étudiants, avec de lourdes charges. Mieux vaut acheter un appartement dans une résidence classique, mettre en place des prestations parahôtelières et le louer à des étudiants (voir thème 25).

La même démarche s'applique à du « de Robien » : au lieu d'acheter du « de Robien » vendu par un conseiller en investissement immobilier, il est préférable d'investir dans un appartement vendu en l'état futur d'achèvement dans un immeuble acheté essentiellement par de futurs occupants et le louer ensuite dans le cadre fiscal « de Robien ».

Zoom N° 8

Ne soyez pas obnubilé par l'économie d'impôt d'un investissement immobilier

Il faut se méfier des montages de **défiscalisation** ! L'économie d'impôt permet d'optimiser la rentabilité globale d'un investissement mais ne doit pas masquer un manque de rentabilité économique. Plus le projet est rentable économiquement (loyer net de charges / prix d'acquisition), plus vous payez d'impôts, mieux c'est ! Si l'équilibre du projet résulte essentiellement d'une économie d'impôt, le montage est fragile car vous investissez sur une période de 15 ans à 20 ans pendant laquelle votre situation personnelle peut se retourner. Il faut donc privilégier la rentabilité économique puis mettre en place une structure fiscale qui optimise le montage grâce à une économie d'impôt.

◇

Décision de gestion et optimisation fiscale

Un contribuable souhaite acquérir deux studios d'une valeur unitaire de 100 000 € : un studio sera loué, l'autre sera mis gratuitement à disposition d'un enfant qui poursuit ses études. Il dispose de 100 000 € et emprunte 100 000 €. L'absence de loyer pour le studio mis à disposition ne permet pas de déduire de charges. Il faut donc acheter le studio loué par emprunt de façon à pouvoir déduire les intérêts d'emprunt du revenu foncier. Si le taux marginal d'imposition du contribuable est de 30 %, le coût du crédit (les intérêts) est réduit de 30 %. Il vaut mieux acheter un studio en parfait état pour l'enfant et acheter un studio vétuste pour la location car les <u>travaux d'amélioration</u> sont déductibles du revenu foncier. Ainsi, la revalorisation du studio loué sera financée pour partie par l'État sous forme d'économie d'impôt. ◇

4

QUELLE STRUCTURE JURIDIQUE POUR GÉRER L'IMMOBILIER ?

1. Une structure juridique adaptée au projet immobilier

Nous vous présentons un tableau comparatif des structures possibles pour gérer un patrimoine immobilier. L'objectif n'est pas de présenter un tableau exhaustif[1] mais pertinent par rapport au problème de l'immobilier. Des zooms permettent ensuite de synthétiser l'information.

SCI : Société civile immobilière.
SARL IR : Société à responsabilité limitée de famille qui a opté pour l'IR ou EURL qui n'a pas opté pour l'IS.
SNC : Société en nom collectif.
SARL IS : Société à responsabilité limitée imposée à l'IS.
SAS : Société par actions simplifiée.

---

1. Sur le site www.apce.com (chemin d'accès : créer une entreprise, choisir un statut juridique), vous trouverez des fiches synthétiques de présentation des différentes structures juridiques.

Comment est imposé le résultat ?	
En direct	Le résultat est déterminé selon les règles des **revenus fonciers.** Le contribuable déclare son revenu foncier à l'**IR.**
SCI	Le résultat de la société est déterminé selon les règles des **revenus fonciers.** Chaque associé déclare sa quote-part de revenu foncier à l'**IR.** La société est **transparente fiscalement.** Elle peut opter pour l'IS.
SARL IR	
SNC	
SARL IS	Le résultat de la société est déterminé selon les règles **BIC-IS.** La société déclare son résultat à l'**IS** et paie l'IS. La société est **opaque fiscalement.**
SAS	

En conclusion

Que l'immobilier soit détenu en direct ou *via* une société transparente, la fiscalité applicable est identique : le revenu foncier est au final imposé à l'IR qui peut atteindre 48 %.
En revanche, la société transparente peut opter pour l'IS. L'option peut être intéressante (voir thème 13).

Quand la société est à l'IS, le résultat est captif au sein de la société. Il est imposé à l'IS qui peut être de seulement 15 %. L'option pour l'IR n'est pas possible. Le déficit est captif : il ne peut pas remonter vers les associés pour s'imputer sur les autres revenus des associés.

Le dirigeant doit-il payer des cotisations sociales ?	
En direct	Il s'agit d'une simple activité de **gestion de patrimoine**[1] qui n'est **pas** soumise à **cotisations sociales.**
SCI	
SARL IR	• Le **gérant minoritaire** est assimilé à un **salarié.** Les cotisations sociales sont calculées sur sa **rémunération.** S'il n'est pas rémunéré, il ne cotise pas. • Le **gérant majoritaire** est assimilé à un **travailleur indépendant.** Les cotisations sociales sont calculées sur sa **quote-part de bénéfice**[2].
SNC	Le **gérant** est assimilé à un **travailleur indépendant.** Les cotisations sociales sont calculées sur sa **quote-part de bénéfice**[2]. .../...

1. Les revenus de la gestion d'un patrimoine n'ont pas le caractère de revenus professionnels et ne sont donc pas soumis à cotisations sociales.
2. Quote-part de bénéfice + rémunération.

.../...

SARL IS	• Le **gérant minoritaire** est assimilé à un **salarié.** Les cotisations sociales sont calculées sur sa **rémunération.** S'il n'est pas rémunéré, il ne cotise pas. • Le **gérant majoritaire** est assimilé à un **travailleur indépendant.** Les cotisations sociales sont calculées sur sa **rémunération.**
SAS	Le président est assimilé à un **salarié.** Les cotisations sociales sont calculées sur sa **rémunération.**

En conclusion
Quand on reste dans le cadre d'une structure patrimoniale, il n'y a pas de cotisation à payer. En revanche, l'adoption d'une société commerciale peut-être pénalisant. Cependant, si l'activité est déficitaire, les cotisations assises sur la quote-part de bénéfice seront faibles.

Les associés n'exerçant pas d'activité dans la société doivent-ils payer des cotisations sociales ?	
En direct	Il s'agit d'une simple activité de **gestion de patrimoine**[1] qui n'est **pas** soumise à **cotisations sociales.**
SCI	
SARL IR	Les associés n'ont pas le statut de commerçant : ils ne cotisent donc pas.
SARL IS	
SAS	
SNC	Les associés ont le statut de commerçant : ils cotisent sur leur **quote-part de bénéfice**[2].

En conclusion
L'adoption de la structure SNC est pénalisant car tous les associés, même s'ils **n'exercent pas d'activité dans la société** doivent payer des cotisations assises sur la quote-part de bénéfice.

---

1. Les revenus de la gestion d'un patrimoine n'ont pas le caractère de revenus professionnels et ne sont donc pas soumis à cotisations sociales.
2. Quote-part de bénéfice + rémunération.

Quelle est l'étendue de la responsabilité des associés ?	
En direct	L'investisseur est responsable sur l'ensemble de ses biens personnels.
SCI	Les associés sont **responsables indéfiniment** sur l'ensemble de leurs biens personnels.
SARL IR	La responsabilité des associés est **limitée au montant de leurs apports,** sauf s'ils ont commis des fautes de gestion ou accordé des cautions à titre personnel.
SARL IS	
SAS	
SNC	Les associés sont **responsables indéfiniment et solidairement** sur l'ensemble de leurs biens personnels.
En conclusion	
L'adoption d'une structure SARL permet de limiter la responsabilité. Cette limitation est théorique car les associés doivent se porter caution des emprunts contractés par la société. Cependant, en cas de dommages causés par l'activité de location, la responsabilité des associés ne sera pas engagée.	

Quel type d'activité ?	
SCI	L'activité exercée doit être uniquement civile (location nue). Le résultat est alors déterminé selon les règles des revenus fonciers. Si l'activité est commerciale (location équipée ou meublée), la **SCI** est **obligatoirement à l'IS.** Cependant, dès que la location redevient nue, la SCI bascule à l'IR.
En direct	L'activité exercée peut être civile ou commerciale. C'est la nature fiscale de l'activité qui détermine les règles fiscales applicables : la location nue est imposée selon les règles des revenus fonciers, la location équipée ou meublée est imposée selon les règles BIC (comme un commerçant).
SNC	
SARL IS	L'activité exercée peut être civile ou commerciale. Quelle que soit l'activité exercée, le résultat est toujours déterminé selon les règles BIC (comme un commerçant) et imposé à l'IS.
SAS	
SARL IR	Une SARL de famille peut opter pour l'IR si elle exerce une activité industrielle, commerciale, artisanale ou agricole (article 239 *bis* AA du CGI) : • Une SARL de famille qui exerce la **location meublée ou équipée** peut opter pour l'IR car ces **activités** sont **commerciales.** Les associés pourront bénéficier du statut LMP pour la location meublée. • Une SARL de famille qui donne en **location des immeubles nus** exerce une **activité civile**[1]. Elle ne peut pas opter pour l'IR. Elle est obligatoirement imposée à l'IS.

---

1. Il en est de même pour une activité libérale.

En conclusion

Surtout pas de location meublée ou équipée au sein d'une SCI : elle serait obligatoirement à l'IS ! Adieu imputation des déficits sur le revenu global et économie d'impôt qui en résulte !
Surtout pas de location nue au sein d'une SARL de famille : Elle est obligatoirement imposée à l'IS. Adieu imputation des déficits sur le revenu global !

La désignation d'un commissaire aux comptes est-elle obligatoire ?	
En direct	NON
SCI	NON
SARL IR	Non sauf si 2 des 3 conditions suivantes sont remplies :
SNC	• le bilan est supérieur à 1 550 000 € ; • le CA HT est supérieur à 3 100 000 € ;
SARL IS	• l'entreprise compte plus de 50 salariés.
SAS	OUI

Régime fiscal de cession des droits sociaux[1] ?	
En direct	La cession de l'immeuble est imposée selon le régime des **plus-values immobilières** des particuliers.
SCI	La société est à prépondérance immobilière[2]. **La plus-value de cession** des droits sociaux est imposée selon le régime des plus-values :
SARL IR	• **immobilières** si la **société est imposée à l'IR,**
SNC	• **mobilières** si la **société est imposée à l'IS.**
SARL IS	Les **droits d'enregistrement** se calculent toujours au taux de 4,80 % sur
SAS	le prix de vente même pour les actions de SAS[3].

---

1. Parts sociales dans une SCI, SARL, SNC ; actions dans une SAS.
2. Une société est à prépondérance immobilière quand plus de 50 % de son actif est composé d'immeubles.
3. Pour une SAS ou SA classique, les droits d'enregistrement sont de 1 % du prix de vente plafonné à 3 049 € par transaction.

<table>
<tr><td>Zoom
N° 9</td><td>○</td><td>**La gestion d'un patrimoine immobilier : SCI ou SAS ?**</td></tr>
</table>

Pour la SAS[1]

La responsabilité des associés de la société pas actions simplifiée (SAS) est limitée à leurs apports alors que les associés de la SCI sont tenus indéfiniment au passif en proportion de leurs apports. La constitution d'une SAS ou la transformation d'une SCI en SAS permet alors **de limiter la responsabilité des associés.** De plus, la SAS comme la SCI offre une très **grande souplesse** pour adapter la structure juridique au projet.

Pour la SCI[2]

Cependant, dans une SCI, le **commissaire aux comptes** n'est pas obligatoire et l'infraction **d'abus de biens sociaux** ne s'applique pas aux dirigeants. Par ailleurs, la SAS est obligatoirement imposée à l'impôt sur les sociétés (IS). En revanche, une SCI est imposée à l'impôt sur le revenu (IR) avec la possibilité d'opter pour l'IS. Vous avez donc le **choix du régime d'imposition.** Si la SCI n'opte pas pour l'IS, elle est **semi-transparente** fiscalement. Les revenus fonciers d'une SCI peuvent alors être compensés avec les déficits fonciers d'une autre SCI et permettre ainsi une économie d'IR. Si les parts de la SCI sont inscrites à l'actif d'une entreprise, le déficit de la SCI vient s'imputer sur le bénéfice de la société d'exploitation. La transformation de la SCI imposée à l'IR en SAS a un coût fiscal.   ○

<table>
<tr><td>Zoom
N° 10</td><td>○</td><td>**La gestion d'un patrimoine immobilier : SARL, EURL[3] ou SCI ?**</td></tr>
</table>

La responsabilité des associés de la SARL est limitée à leurs apports alors que les associés de la SCI sont tenus indéfiniment au passif. La limitation de la responsabilité des associés permet d'associer un mineur alors que dans une SCI, il faut, en principe, l'autorisation du juge des tutelles. Le choix de la SARL permet de limiter la responsabilité des associés. De plus, dans une petite SARL comme dans une SCI, le commissaire aux comptes n'est pas obligatoire.

---

1. Voir le « Guide pratique de la SAS et de la SASU » aux Éditions d'Organisation.
2. Voir le « Guide pratique de la SCI » aux Éditions d'Organisation.
3. Voir le « Guide pratique de la SARL et de l'EURL » aux Éditions d'Organisation.

(Suite zoom n° 10)

La SARL de famille comme la SCI a le choix de son mode d'imposition[1] : l'impôt sur les sociétés ou l'impôt sur le revenu. L'activité de la SCI doit être obligatoirement civile : si elle devient commerciale (location meublée), la SCI est automatiquement imposée à l'IS. En revanche, une SARL peut exercer une activité civile ou commerciale. De toute façon, la SARL qui gère un patrimoine immobilier est considérée comme une société à prépondérance immobilière : les plus-values de cession sont imposées selon le régime des plus-values immobilières des particuliers si la société est à l'IR (SARL de famille). Mais la SARL n'offre pas toute la souplesse d'une SCI.

Zoom N° 11

Entreprise individuelle, EURL, SARL, SCI ou SNC pour développer une activité de loueur en meublé professionnel ?

Le déficit réalisé par le loueur en meublé professionnel (LMP) qui détient l'immeuble en direct dans le cadre d'une <u>entreprise individuelle</u>[2] est imputé sur ses autres revenus imposables et lui permet ainsi de réduire son impôt sur le revenu.

La <u>SARL de famille</u>[3] qui opte pour l'IR permet également à l'associé d'imputer sa quote-part de déficit sur l'ensemble de ses revenus imposables. Cette SARL est « transparente » fiscalement. La SARL offre l'avantage de faciliter la transmission du patrimoine immobilier. Cependant, si la SARL s'ouvre à des associés étrangers au cercle familial, elle redevient une <u>SARL classique</u> imposée obligatoirement à l'IS. Elle devient « opaque » fiscalement. Les déficits restent captifs au sein de la société et ne peuvent donc plus remonter vers les associés pour leur permettre de faire une économie d'impôt sur le revenu.

La <u>société civile immobilière (SCI)</u> est à déconseiller car une société civile qui exerce une activité commerciale[4] est obligatoirement soumise à l'impôt sur les sociétés. L'imputation des déficits fiscaux sur le revenu global des associés n'est plus possible.

---

1. Une SARL de famille est imposée à l'IS avec la possibilité d'opter pour l'IR. Une EURL comme une SCI est imposée à l'IR avec la possibilité d'opter pour l'IS.
2. Voir « Guide pratique de l'entreprise individuelle » aux Éditions d'Organisation.
3. Voir « Guide pratique de la SARL » aux Éditions d'Organisation.
4. La location meublée est une activité civile sur le plan juridique mais commerciale (BIC) sur le plan fiscal.

(Suite zoom n° 11)

La <u>société en nom collectif (SNC)</u> apparaît alors comme une bonne formule d'optimisation fiscale. La SNC est imposée à l'impôt sur le revenu[1] et permet ainsi la remontée des déficits fiscaux vers les associés. La SNC doit avoir pour objet la location en meublé professionnelle, elle doit être inscrite au RCS en qualité de LMP, et chaque associé doit réaliser plus de 23 000 € de recettes annuelles. De plus, la plus-value lors de la transmission à titre gratuit de parts sociales est exonérée. Cependant, tous les associés sont soumis à cotisations sociales car ils ont le statut de commerçant. De plus, ce statut peut être incompatible avec la situation de l'associé s'il est fonctionnaire ou s'il exerce une fonction réglementée. ○

2. Attention aux structures complexes !

La structure juridique adoptée peut avoir des répercussions importantes sur l'optimisation fiscale du projet :

Premier montage

Des personnes physiques sont associées d'une SNC qui exerce une activité de location meublée dans le cadre d'un LMP. Le résultat est déficitaire. Ces associés ont emprunté pour financer les parts de la SNC.

Chaque associé impute sur son revenu global sa quote-part de déficit augmentée des intérêts d'emprunt supportés pour l'acquisition des parts sociales. C'est l'application de la « transparence fiscale ».

Deuxième montage

Chaque personne physique crée une EURL pour détenir les parts sociales de la SNC. Chaque associé a emprunté pour acquérir les parts de l'EURL.

Les déficits BIC de la SNC remontent sur le revenu imposable de l'associé unique. Mais les intérêts ne sont pas déductibles du BIC de l'associé unique car ce n'est pas l'EURL qui exerce l'activité BIC en direct.

---

1. Elle peut opter pour l'IS.

Troisième montage

Chaque personne physique crée avec son conjoint une SARL de famille pour détenir les parts sociales de la SNC. Chaque associé a emprunté pour acquérir les parts de la SARL.

La SARL est obligatoirement à l'IS car elle exerce une activité civile de gestion de parts de SNC. Elle ne peut pas opter pour l'IR[1]. Le déficit ne peut donc pas remonter au niveau de la personne physique. Les intérêts pour l'acquisition de droits sociaux de sociétés imposées à l'IS ne sont pas déductibles du revenu global.

Cas N° 6

◇

Cascade de SCI et crédit d'impôt

Un contribuable souhaite investir 40 K€ dans l'immobilier. Il peut suivre la démarche suivante :

1. Il crée une SCI à l'IS en apportant 40 K€ de capital. En contrepartie, il bénéficie d'une réduction d'impôt sur le revenu de 10 K€ (40 K€ × 25 % = 10 K€). À l'actif de la SCI à l'IS, figure la trésorerie pour 40 K€.
2. La SCI à l'IS crée une SCI à l'IR. Elle apporte 40 K€ au capital de la SCI à l'IR. À l'actif de la SCI à l'IS, les titres de participation dans la SCI IR pour 40 K€ remplace la trésorerie. Mais l'IS est défavorable en cas de cession ultérieure car la plus-value est imposable, alors qu'à l'IR la plus-value est exonérée au bout de 15 ans de détention. La SCI IS céde ses titres de participation à l'associé. Si la cession intervient peu de temps après la création de la SCI IR, la plus-value est faible et peu imposée. L'associé doit en contrepartie payer les droits d'enregistrement au taux de 5 % : ± 40 K€ × 5 % ≈ 2 K€. Le montage aura donc permis de faire une économie de : 10 K€ – 2 K€ = 8 K€. L'abus de droit pourrait être écarté au motif que la vente des titres a pour motivation une simplification administrative et non seulement la recherche d'une économie d'impôt. Les titres de la SCI IR sont alors détenus par une personne physique. Elle bascule aux revenus fonciers. Les plus-values de cession relèvent des plus-values immobilières des particuliers (exonération au bout de 15 ans de détention). À l'actif de la SCI à l'IS, une créance sur l'associé de 40 K€ remplace les titres de participation.

---

1. Une SARL de famille peut opter pour l'IR si elle exerce une activité industrielle, commerciale, artisanale ou agricole (article 239 *bis* AA du CGI).

3. L'associé n'est pas obligé de rembourser immédiatement la créance de 40 K€. La notion de compte courant débiteur est sanctionnée par le délit d'abus de biens sociaux uniquement dans une SARL ou une SA. Mais il faudra alors une convention de prêt entre l'associé et la SCI (un crédit-vendeur a été consenti à l'associé). À défaut, l'administration pourrait qualifier cette créance de « distribution occulte » imposée chez l'associé dans la catégorie des revenus de capitaux immobiliers (RCM) sans ouvrir droit à l'abattement de 40 %.
4. L'associé peut aussi prélever sur la trésorerie de la SCI IR pour payer la société IS.
5. La SCI IS est ensuite dissoute. Il n'y a pas de boni de liquidation imposable. L'associé récupère les 40 K€. **Mais la mise à plat de l'ensemble du montage risque de tomber sous le coup de l'abus de droit.** ◇

3. Holdings, intégration fiscale, fusion

Un investisseur emprunte pour acquérir les droits sociaux d'une société qui gère un immeuble.

Si la société est imposée à l'IR (Société civile immobilière), les intérêts de l'emprunt contracté par l'associé pour l'acquisition de ses parts sociales sont déductibles de sa quote-part de revenus fonciers (Doc. Adm. 5D 22 26 n° 15).

En revanche, si la société est imposée à l'IS, les intérêts ne sont pas déductibles chez l'associé alors que les dividendes distribués par la société sont imposables.

L'investisseur peut alors constituer une société holding (la société mère) qui acquiert les droits sociaux de la société cible qui gère le patrimoine immobilier (la société fille). C'est la société holding qui contracte alors l'emprunt pour acquérir sa participation dans la fille. Les deux sociétés sont imposées à l'IS.

La fille distribue des dividendes à la mère pour lui permettre de rembourser son emprunt. L'achat réalisé par la mère est ainsi financé par la fille : c'est l'effet de lever financier.

Les dividendes ne sont pas imposés chez la mère par application du régime mère-fille[1]. Les intérêts d'emprunt sont déductibles chez la mère. Comme la mère ne réalise pas de produits imposables, les intérêts déductibles créent un déficit qui est reportable sans limitation de durée.

Pour pouvoir imputer ce déficit, la mère peut réaliser des prestations de services pour le compte de la fille. La déductibilité de ces prestations au niveau de la fille peut être rejetée par l'administration fiscale si elles sont considérées comme un acte anormal de gestion (les prestations ne sont pas réelles).

La mère peut aussi opter pour le régime de l'intégration fiscale[2] qui permet de compenser les déficits de la mère avec les bénéfices de la fille.

La mère peut aussi absorber la fille peu de temps après l'avoir acquise. La fille apporte l'ensemble de son patrimoine à la mère. La fille est ensuite dissoute. Les revenus de l'immeuble permettent alors de rembourser directement l'emprunt.

---

1. Ce régime est réservé aux mères qui détiennent au moins 5 % du capital de la fille. Le dividende est exonéré. Cependant, une quote-part de 5 % du dividende pour « frais et charges » reste imposée.
2. Ce régime est réservé aux mères qui détiennent au moins 95 % du capital de la fille. Le groupe pratique alors une consolidation fiscale.

Cas N° 7

◇ Une société cible détient un immeuble d'une valeur de 100 000 € qui dégage un bénéfice avant IS de 10 %. Un investisseur constitue une holding pour acheter la société cible. Pour financer le prix d'acquisition, la holding emprunte et finance le solde par fonds propres. La holding opte pour le régime de l'intégration fiscale afin de compenser les intérêts de l'emprunt contracté par la holding avec les bénéfices de la cible. ◇

Hypothèses	1	2	3
Immeuble détenu par la cible	100 000 €	100 000 €	100 000 €
Emprunt contracté par la holding	95 000 €	70 000 €	0 €
Fonds propres investis par la holding	**5 000 €**	**30 000 €**	**100 000 €**
Taux rendement de l'immeuble	10 %	10 %	10 %
Taux d'intérêt de l'emprunt	–	5 %	5 %	5 %
Taux IS	15 %	15 %	15 %
Au niveau consolidé			
Bénéfice	10 000 €	10 000 €	10 000 €
Intérêts	– 4 750 €	– 3 500 €	0 €
Résultat avant IS	**5 250 €**	**6 500 €**	**10 000 €**
IS	– 788 €	– 975 €	– 1 500 €
Résultat après IS	**4 463 €**	**5 525 €**	**8 500 €**
Rentabilité des fonds propres	**89 %**	**18 %**	**9 %**

La rentabilité des fonds propres augmente avec l'endettement car le montage bénéficie d'un effet de levier fiscal (l'intégration fiscale permet une économie d'IS) et financier (l'achat de la cible est financé par la cible).

Zoom N° 12

Holding pour sortir de l'indivision

Une société patrimoniale évite que l'immeuble tombe en indivision lors du décès du propriétaire. Les héritiers détiennent des parts sociales au lieu d'être propriétaires indivis d'un immeuble. La détention de l'immeuble au travers d'une société est donc un gage de stabilité. Mais les héritiers qui souhaitent vendre leurs droits sociaux peuvent rester prisonniers de la société si les autres associés ne peuvent pas acheter ces droits sociaux. Dans ce cas, les associés qui restent peuvent apporter leurs droits sociaux à une société holding qui emprunte pour acheter les parts des associés qui se retirent. Les intérêts de la holding sont alors imputable sur les revenus de la cible.[1]

---

1. Les associés qui se retirent ne doivent pas contrôler la minorité de blocage de la holding (article 223 B du CGI).

5

COTISATIONS SOCIALES ET GESTION DE L'IMMOBILIER

I. La gestion de l'immobilier est-elle soumise à cotisations sociales ?

Un investissement immobilier peut être géré dans le cadre de la gestion d'un **patrimoine privé. Une simple activité de gestion de patrimoine n'est pas soumise à cotisations sociales.** En effet, les revenus de la gestion d'un patrimoine n'ont **pas le caractère de revenus professionnels** et ne sont donc pas soumis à cotisations sociales. Ainsi la **location nue en direct ou dans le cadre d'une SCI,** la location meublée non professionnelle (LMnP) ne sont pas soumises, en théorie, à cotisations sociales.

Un investissement immobilier peut être géré comme **une entreprise.** Cette **professionnalisation de la gestion de l'immobilier** soumet l'activité aux **cotisations sociales** car les revenus de la gestion ont **le caractère de revenus professionnels.** Ainsi la location nue dans le cadre d'une SARL, l'activité de LMP, la location équipée sont soumises à cotisations sociales.

Les cotisations sociales peuvent concerner uniquement **le dirigeant** (le gérant d'une SARL), mais aussi **les associés** (tous les associés d'une SNC).

Le dirigeant soumis à cotisations sociales peut être, <u>sur le plan social</u>[1] assimilé à un **salarié** (le gérant minoritaire d'une SARL à l'IS) **ou** à un **travailleur indépendant** (le gérant majoritaire d'une SARL à l'IS).

Pour un **dirigeant assimilé à un salarié,** les cotisations sociales sont assises sur le **salaire** (le gérant minoritaire d'une SARL à l'IS).

Pour un **dirigeant assimilé à un travailleur indépendant,** les cotisations sociales sont assises :

- sur la **rémunération** (le gérant majoritaire d'une SARL à l'IS) ;
- sur le **bénéfice de l'entreprise** (une activité LMP exercé en direct) ou sur la **quote-part de bénéfice dans la société** (le gérant majoritaire d'une SARL à l'IR).

2. Qui doit payer des cotisations sociales ?

Nous vous présentons les modalités d'imposition aux cotisations sociales dans un tableau comparatif des structures possibles[2] pour gérer un patrimoine immobilier.

SCI : Société civile immobilière.
SARL IR : Société à responsabilité limitée de famille qui a opté pour l'IR ou EURL qui n'a pas opté pour l'IS.
SNC : Société en nom collectif.

---

1. Le statut sur le plan des cotisations sociales ne recoupe pas nécessairement le régime fiscal d'imposition des rémunérations ou le droit du travail.
2. Sur le site <u>www.apce.com</u> (chemin d'accès : créer une entreprise, choisir un statut juridique), vous trouverez des fiches synthétiques de présentation des différentes structures juridiques.

SARL IS : Société à responsabilité limitée imposée à l'IS.
SAS : Société par actions simplifiée.

Le dirigeant doit-il payer des cotisations sociales ?	
En direct	• Une simple activité de **gestion de patrimoine**[1] **n'est pas soumise** à **cotisations sociales** : location nue ; LMnP. • Une gestion professionnelle de l'immobilier est soumise à cotisations. L'entrepreneur individuel est assimilé à un **travailleur indépendant.** Les cotisations sociales sont calculées sur le **bénéfice** de son entreprise : LMP ; location équipée.
SCI	Une SCI permet **uniquement** de gérer la location nue qui est une simple activité de **gestion de patrimoine**[1] **non soumise** à **cotisations sociales.**
SARL IR	• Le **gérant minoritaire** est assimilé à un **salarié.** Les cotisations sociales sont calculées sur sa **rémunération.** S'il n'est pas rémunéré, il ne cotise pas. • Le **gérant majoritaire** est assimilé à un **travailleur indépendant.** Les cotisations sociales sont calculées sur sa **quote-part de bénéfice**[2].
SNC	Le **gérant** est assimilé à un **travailleur indépendant.** Les cotisations sociales sont calculées sur sa **quote-part de bénéfice**[2].
SARL IS	• Le **gérant minoritaire** est assimilé à un **salarié.** Les cotisations sociales sont calculées sur sa **rémunération.** S'il n'est pas rémunéré, il ne cotise pas. • Le **gérant majoritaire** est assimilé à un **travailleur indépendant.** Les cotisations sociales sont calculées sur sa **rémunération.**
SAS	Le président est assimilé à un **salarié.** Les cotisations sociales sont calculées sur sa **rémunération.**
En conclusion	
Quand on reste dans le cadre d'une structure patrimoniale et que l'activité est patrimoniale, il n'y a pas de cotisation à payer. En revanche, l'adoption d'une société commerciale peut-être pénalisant pour une activité patrimoniale. Cependant, si l'activité est déficitaire, les cotisations assises sur la quote-part de bénéfice seront faibles.	

---

1. Les revenus de la gestion d'un patrimoine n'ont pas le caractère de revenus professionnels et ne sont donc pas soumis à cotisations sociales.
2. Quote-part de bénéfice + rémunération.

Les associés n'exerçant pas d'activité dans la société doivent-ils payer des cotisations sociales ?	
En direct	Pas d'associé.
SCI	Une SCI permet **uniquement** de gérer la location nue qui est une simple activité de **gestion de patrimoine**[1] **non soumise** à **cotisations sociales. Les associés ne cotisent pas.**
SARL IR	Les associés n'ont pas le statut de commerçant : **ils ne cotisent donc pas.**
SARL IS	
SAS	
SNC	Les associés ont le statut de commerçant : ils cotisent sur leur q**uote-part de bénéfice**[2].
En conclusion	
L'adoption de la structure SNC est pénalisant car tous les associés, même s'ils **n'exercent pas d'activité dans la société** doivent payer des cotisations assises sur la quote-part de bénéfice.	

3. Optimisation des cotisations sociales

3.1. L'investisseur souhaite bénéficier d'une couverture sociale

L'investisseur peut souhaiter bénéficier[3] **d'une couverture sociale** en tant que salarié ou en tant que travailleur indépendant :

1. Il devra donc arbitrer entre le statut de travailleur indépendant et celui de salarié ;
2. Si les cotisations sont assises sur la rémunération, il devra fixer le niveau de rémunération soumis à cotisations en fonction de la couverture souhaité ;

---

1. Les revenus de la gestion d'un patrimoine n'ont pas le caractère de revenus professionnels et ne sont donc pas soumis à cotisations sociales.
2. Quote-part de bénéfice + rémunération.
3. Ou faire bénéficier son conjoint.

3. En tant que travailleur indépendant, l'investisseur peut cotiser à des **contrats loi Madelin** pour compléter utilement son régime de retraite et optimiser ainsi fiscalement son activité puisque les cotisations sont déductibles ;
4. Si l'activité est exercée dans le cadre d'une société imposée à l'impôt sur les sociétés (IS), il devra **arbitrer entre salaires et dividendes.**

Cas N° 8 ◇

Arbitrage salaires / dividendes

Une société immobilière imposée à l'IS à 15 % veut distribuer à son dirigeant 30 000 €. Le dirigeant à un TMI de 40 %. Les charges sociales patronales s'élève à 35 %. ◇

Nous obtenons :

	Salaire	Dividende
Distribution	30 000 €	30 000 €
Charges sociales patronales	10 500 €	0 €
	40 500 €	
Économie d'impôt sur les sociétés à 15 %	– 6 075 €	0 €
Impôt sur le revenu		
Brut	30 000 €	30 000 €
Déductions de 10 %	– 3 000 €	
Abattement de 40 %		– 12 000 €
Imposable	27 000 €	18 000 €
Impôt sur le revenu (IR)	10 800 €	7 200 €
Net encaissé		
Distribution	30 000 €	30 000 €
Charges sociales	– 10 500 €	0 €
Économie d'IS	6 075 €	0 €
IR	– 10 800 €	– 7 200 €
	14 775 €	**22 800 €**

L'arbitrage est favorable au dividende. Cependant, le dirigeant ne bénéficie d'aucune couverture sociale. Mais à quoi sert-il de cotiser à un système de répartition qui assurera une retraite équivalente à 40 % des revenus d'activité ?

3.2. L'investisseur ne veut pas payer de cotisations sociales

L'investisseur peut souhaiter ne pas payer de cotisations sociales car il bénéficie par ailleurs d'une protection sociale en tant que salarié ou en tant que travailleur indépendant :

- Si les cotisations sont basées sur le bénéfice de l'entreprise (ou la quote-part de bénéfice pour une société), l'activité doit dégager **un déficit** (déduire les intérêts d'emprunt, les amortissements) pour **payer uniquement les cotisations forfaitaires minimums.**
- Si les cotisations sont assises sur une rémunération, l'investisseur peut décider de ne pas s'attribuer de rémunération (un gérant majoritaire d'une SARL n'a pas l'obligation d'avoir une rémunération en tant que travailleur indépendant) ou de minimiser cette rémunération.

3.3. L'investisseur veut souhaiter diminuer ses cotisations sociales en tant que travailleur indépendant

L'investisseur peut souhaiter réduire les cotisations sociales qu'il paie par ailleurs pour une activité de travailleur indépendant. En effet, l'investisseur[1] peut exercer parallèlement une activité libérale, commerciale ou agricole en tant que travailleur indépendant ou en tant que gérant majoritaire d'une SARL d'exploitation. Si son activité d'investisseur[1] est déficitaire, le déficit s'impute sur les bénéfices réalisés dans ses autres activités commerciale, libérale ou agricole pour déterminer la base de calcul des cotisations sociales des travailleurs non salariés. Il faut que l'investisseur participe directement aux actes nécessaires à l'accomplissement de l'activité d'investisseur[1]. **Le déficit minore** la base de calcul des cotisations et, par voie de conséquence, **le montant des cotisations sociales.**

---

1. Dans un LMP ou une location équipée.

6

QUEL MODE DE FINANCEMENT CHOISIR ?

Une SCI peut financer l'acquisition de l'immeuble social par un apport en capital, par un emprunt bancaire, ou par un compte courant des associés.

1. Un financement par emprunt bancaire est préférable à un apport en capital ou compte courant d'associé

1.1. L'emprunt bancaire est préférable à l'apport en capital

L'emprunt bancaire est préférable à l'apport en capital car les intérêts sont fiscalement déductibles et permettent ainsi une économie d'impôt[1]. De plus, les primes de l'assurance décès invalidité sont déducti-

---

1. Économie d'impôt sur le revenu ou d'impôt sur les sociétés selon la structure de gestion patrimoniale.

bles et garantissent un capital au conjoint survivant en cas de décès (la valeur du bien immobilier qui n'est plus grevé d'un emprunt). L'argent qui n'est pas apporté au capital de la société peut alors être placé dans un contrat d'assurance-vie qui n'est pas imposé.

1.2. L'emprunt bancaire est préférable à l'apport en compte courant

Le compte courant peut être rémunéré. Les intérêts sont alors déductibles du résultat imposable[1]. Cependant, les associés doivent les déclarer dans la catégorie des revenus de capitaux mobiliers pour les imposer à l'impôt sur le revenu au taux progressif majoré des prélèvements sociaux. L'option pour le prélèvement libératoire au taux de 16 % majoré des prélèvements sociaux est très restreinte. Globalement, l'apport en compte courant est neutre car les intérêts déductibles au niveau de la société sont imposables au niveau de l'associé.

L'emprunt bancaire est alors préférable car les intérêts sont fiscalement déductibles et permettent ainsi une économie d'impôt[2]. L'argent qui n'est pas apporté en compte courant peut alors être placé dans un contrat d'assurance-vie qui n'est pas imposé à l'impôt sur le revenu.

Au regard de l'ISF, la créance qui résulte de l'apport en compte courant est taxé comme l'assurance-vie. Cependant, **le compte courant peut ne pas être rémunéré.** La société bénéficie ainsi d'un enrichissement qui s'accumule sous forme de réserves. Si les droits sociaux bénéficient de l'exonération en tant que biens professionnels, cet enrichissement est exonéré d'ISF alors que la capitalisation d'une assurance-vie est taxable à l'ISF.

---

1. Du revenu foncier car ils sont nécessaires au financement de l'acquisition de l'immeuble ; ou du BIC pour de la location meublées. Les limites de déductibilité sont alors plus restrictives en BIC.
2. Économie d'impôt sur le revenu ou d'impôt sur les sociétés selon la structure de gestion patrimoniale.

1.3. Mode d'emploi

Étape N° 1   La société contracte un emprunt[1] *in-fine* sur 8 ans minimum[2]

- Les intérêts dus à la banque sont intégralement[3] déductibles du résultat de la société et permettent ainsi une économie d'impôt[4].
- De plus, les primes de l'assurance décès invalidité sont déductibles et garantissent un capital au conjoint survivant en cas de décès (la valeur du bien immobilier qui n'est plus grevé d'un emprunt). L'ADI peut même porter sur 200 % du capital tout en restant déductible.
- La société peut ne faire aucun décaissement (sa trésorerie n'est pas affectée) si les paiements du capital et des intérêts sont reportés à l'expiration de l'emprunt.

Étape N° 2   Les fonds qui ne sont pas apportés en compte courant ou en capital sont placés dans un contrat d'assurance-vie à huit ans

- les intérêts acquis dans le cadre de l'assurance-vie sont exonérés d'imposition s'ils sont capitalisés pendant huit ans.
- en cas de décès de l'associé en cours de contrat, les capitaux reviennent aux bénéficiaires désignés en exonération de droits de mutation à titre gratuit à concurrence de 152 500 € par bénéficiaire.

---

1. **Si le compte courant existe déjà,** la société peut substituer un emprunt bancaire au compte courant de l'associé qui remploie alors les fonds disponibles dans un contrat d'assurance-vie.
2. Durée minimum du contrat d'assurance-vie pour bénéficier de l'exonération d'imposition.
3. Les limites de déductibilité des comptes courants en BIC ou IS ne s'appliquent pas.
4. Économie d'impôt sur le revenu ou d'impôt sur les sociétés selon la structure de gestion patrimoniale.

Étape N° 3	À la date d'expiration du contrat ou de l'emprunt (au bout de huit ans au minimum), les sommes acquises dans le cadre de l'assurance-vie (capital et intérêts capitalisés) permettant le remboursement à la banque de l'emprunt (capital et intérêts capitalisés éventuellement)

Au final, mieux vaut un financement par emprunt bancaire accouplé à un contrat d'assurance-vie qu'un apport en capital ou qu'un compte courant d'associé

En effet, les intérêts de l'emprunt sont déductibles intégralement, alors que les revenus acquis dans le cadre de l'assurance-vie sont exonérés en totalité. On est gagnant sur les deux tableaux. Ce montage d'optimisation fiscale est une manifestation licite d'habileté fiscale qui ne tombe pas sous le coup de l'abus de droit. C'est l'application du principe de liberté de gestion patrimoniale.

---

2. Un prêt *in-fine* adossé à une assurance-vie donne un fort effet de levier à la rentabilité de l'investissement immobilier

L'investissement est financé par un emprunt *in-fine* (d'une durée de 15 ans par exemple). Le capital sera remboursé à l'arrivée du terme (au bout des 15 ans). L'emprunt est adossé à une assurance-vie.

Pendant la durée de vie du prêt, seuls les intérêts sont payés. Les loyers encaissés permettent alors de payer facilement les intérêts de l'emprunt. Dans un prêt classique à mensualités constantes, les décaissements (capital + intérêts) sont plus importants que pour un prêt *in-fine* (intérêts uniquement). L'investisseur doit alors payer le différentiel entre les loyers mensuels encaissés et les mensualités constantes.

L'emprunt est adossé à une assurance-vie investie en support euros et/ou en unités de compte. Ce placement permet de rembourser le prêt *in-fine* à l'échéance.

Pour bénéficier de l'**effet de levier financier** du crédit, le taux du crédit net d'impôt doit être inférieur au taux de rendement de l'assurance-vie.

Voir cas pratique du thème 23.

Assurance-vie et effet de levier

Un investisseur dispose de 100 000 € qu'il souhaite consacrer à l'achat d'un investissement locatif.

- **Hypothèse n° 1 : financement de l'acquisition avec les liquidités.**
- **Hypothèse n° 2 : financement de l'acquisition par emprunt *in-fine* et placement des liquidités dans un contrat d'assurance-vie.**

Hypothèse n°	1	2
Taux de loyers net de charges de l'investissement immobilier	5,0 %	5,0 %
Taux d'intérêt de l'emprunt *in-fine*		4,0 %
Taux de rendement de l'investissement immobilier	5,0 %	1,0 %
Taux marginal d'imposition de l'investisseur	35 %	35 %
Prélèvements sociaux	11 %	11 %
Taux de rendement net d'impôts de l'investissement immobilier	**2,7 %**	**0,5 %**
Taux de rendement de l'assurance-vie		14,0 %
Taux marginal d'imposition de l'investisseur		*Exonéré*
Prélèvements sociaux		11 %
Taux de rendement de l'assurance-vie net d'impôt	**0,0 %**	**12,5 %**
Taux de rendement total	**2,7 %**	**13,0 %**
Effet de levier		**10 %**

Cas N° 9 ◇

Autant de modalités de financement que d'associés

Une SCI est constituée pour acheter un immeuble loué nu[1]. La SCI est imposée à l'IR selon les règles des revenus fonciers. La SCI autofinance l'acquisition de l'immeuble grâce aux apports des associés. Pour financer son apport, chaque associé pourra mettre en place une solution spécifique à ses problèmes de gestion de patrimoine :

- Un associé peut financer grâce à un emprunt *in-fine* à taux variable et/ou à taux fixe garanti par le nantissement d'un contrat d'assurance-vie investi en support actions et/ou en support euros ;
- Un autre associé mettra en place un prêt classique à remboursement constant à taux variable et/ou à taux fixe ;
- Ces associés devront souscrire une assurance décès invalidité (ADI) imposée par la banque sur 100 % des capitaux empruntés. Ils peuvent aussi souscrire une ADI sur 200 % des capitaux empruntés. Ils se constituent alors une assurance décès dont les primes sont entièrement déductibles ! En cas de décès du mari, la femme récupère un bien (les parts sociales) qui n'est plus grevé d'emprunt.
- Ces associés seront imposés sur leurs quote-part de revenus fonciers dans la SCI sur laquelle ils pourront imputer les intérêts d'emprunt nécessaires à l'acquisition des parts sociales.
- Un autre associé apporte des liquidités car il n'est pas intéressé par la défiscalisation des intérêts d'emprunt ;
- Un autre associé acquiert les parts sociales *via* une société holding imposée à l'IS pour éviter d'être imposé à l'IR. La quote-part de résultat dans la SCI sera imposée à l'IS et déterminé selon les règles IS (déduction d'un amortissement interdite en revenus fonciers). ◇

---

1. Idem pour une SARL de famille imposée à l'IR pour la gestion d'un LMP.

3. Un financement de l'immeuble par crédit-bail immobilier en zone de redynamisation est optimal

3.1. Le crédit-bail immobilier permet une économie d'ISF

Un financement par crédit-bail immobilier permet de **soustraire la valeur de l'immeuble à l'ISF**[1] car l'immeuble ne fait pas partie du patrimoine du locataire puisqu'il n'est pas propriétaire.

Un financement par crédit n'est pas aussi efficace :

- la dette d'un emprunt à remboursements constants est déductible de la valeur de l'immeuble pour le calcul de l'ISF mais diminue au fur et à mesure des remboursements ;
- la dette d'un emprunt *in-fine* est déductible de la valeur de l'immeuble pour le calcul de l'ISF mais l'assurance-vie qui sert à l'adossement est imposable.

3.2. Le crédit-bail immobilier diminue l'imposition du résultat pendant la période de location

Pour un financement par emprunt, l'entreprise est propriétaire de l'immeuble et rembourse un emprunt. Elle peut donc déduire :

- Les intérêts du financement ;
- Et l'amortissement <u>économique</u> de l'immeuble calculé sur sa <u>durée de vie</u> (au minimum 30 ans).

---

1. Ce qui n'est pas le cas du crédit-bail mobilier car on applique l'article 2279 du Code civil sur la propriété apparente « en fait de meuble, possession vaut titre ».

Pour un financement par crédit-bail, l'entreprise est locataire. Elle déduit donc uniquement les loyers qui incluent :

- Les intérêts du financement ;
- Et l'amortissement <u>financier</u> de l'immeuble calculé sur la <u>durée de location</u> (12 ans en général).

Le financement par crédit-bail permet donc de passer en charge l'immeuble beaucoup plus rapidement car l'amortissement financier est calculé sur une durée plus courte. L'économie d'impôt qui en résulte permet d'optimiser fiscalement le montage par un fort effet de levier fiscal.

3.3. Certes, les économies d'impôt sont restituées lors de la levée de l'option d'achat mais pas en zone de redynamisation

À la levée de l'option d'achat, une partie des loyers déduits pendant la période de location est réintégrée. Cette réintégration correspond à la différence entre le prix de levée de l'option d'achat et la valeur nette comptable de l'immeuble au jour de la levée de l'option d'achat.

Ainsi, une partie de l'économie d'impôt réalisée grâce à la déduction des loyers pendant la période de location, est restituée lors de la levée de l'option d'achat.

Mais les entreprises situées en zone de revitalisation rurale sont dispensées de procéder à cette réintégration : l'économie d'impôt est donc définitive.

4. Les modalités de financement

4.1. Financement par apport en capital

Les associés peuvent financer la construction ou l'acquisition de l'immeuble par voie d'apport en capital social.

La SCI[1] reçoit du numéraire et attribue en contrepartie des parts sociales qui tombent dans le patrimoine de l'associé. Avec ces liquidités, la SCI finance l'acquisition de l'immeuble social.

Pour acquérir les parts sociales de la SCI, les associés peuvent emprunter. Si la SCI n'est pas soumise à l'impôt sur les sociétés, les associés peuvent déduire de leur part de bénéfices sociaux **les intérêts des emprunts qu'ils ont contractés** personnellement **pour l'acquisition** ou la **souscription de leurs parts de SCI.** La banque exigera une caution hypothécaire de la SCI qui sera un peu plus onéreuse qu'une garantie hypothécaire, et ne sera pas toujours facile à réaliser sur le plan juridique.

4.2. Financement par apport en compte courant

Les associés peuvent mettre à la disposition de la SCI des fonds sous la forme de compte courant. Si la SCI est imposée à l'impôt sur le revenu, le régime des comptes courants est très souple : **les comptes courants peuvent être débiteurs, ce qui permet d'éviter la constitution d'une trésorerie captive.**

Zoom N° 13

○ **Compte courant et ISF**

Les sommes portées en compte courant, même bloquées, entrent dans l'assiette de l'impôt de solidarité sur la fortune et des droits de mutation à titre gratuit. ○

---

1. Ou la SARL de famille à l'IR pour une location meublée ou équipée.

Régime fiscal des intérêts des comptes courants dans une SCI		
La SCI est imposée à		
	l'impôt sur le revenu	**l'impôt sur les sociétés**
Les intérêts versés aux associés sont-ils déductibles des résultats de la SCI ?	Les intérêts sont intégralement déductibles si le compte courant sert réellement à financer l'acquisition de l'immeuble[1].	Les intérêts ne sont déductibles que : • si le capital est entièrement libéré ; • dans la limite du TMPV[2] ; • et qu'à hauteur d'un plafond d'avance égal à une fois et demie le capital social. Cette dernière limite s'applique uniquement aux dirigeants et aux associés possédant plus de la moitié du capital.
Les intérêts versés aux associés sont-ils imposables chez l'associé ?	Les intérêts sont imposés dans la catégorie des revenus mobiliers à l'impôt sur le revenu : • l'associé peut opter pour le prélèvement libératoire au taux de 27 %[3] ; • si l'associé a contracté un emprunt pour financer son apport en compte courant, il peut déduire les intérêts de son emprunt s'il n'opte pas pour le prélèvement libératoire.	

Cas N° 10 ◇ **Déductibilité des intérêts des comptes courants dans une SCI**

Dans une SCI au capital de 10 000 € entièrement libéré, le gérant laisse en compte courant une somme de 17 000 € moyennant un intérêt annuel de 12 %. La SCI comptabilise en charge les intérêts pour : 17 000 € × 12 % = 2 400 €. Le TMPV est de 5 %. ◇

① **La SCI est imposée à l'impôt sur le revenu** ⇒ les intérêts sont intégralement déductibles s'ils sont liés à la conversation de l'immeuble.

---

1. L'acquisition, la construction, la réparation, l'amélioration ou la conservation de l'immeuble. **Les limites de taux et de libération de capital s'appliquent en matière de BIC et non de revenus fonciers.**
2. Taux égal à la moyenne annuelle des taux effectifs moyens pour des prêts à taux variables (TMPV).
3. L'option pour le prélèvement libératoire est intéressant si le taux marginal d'imposition sur le revenu du contribuable est supérieur à 16 %. Certaines limites concernent les associés dirigeants.

② **La SCI est imposée à l'impôt sur les sociétés** ⇒ une partie des intérêts n'est pas déductible.

Le plafond d'une fois et demie le capital social est de 15 000 € (10 000 × 1,5). Le taux maximal est de 5 %. Les intérêts sont donc déductibles à hauteur de : 15 000 € × 5 % = 750 €.

Cas N° 11 ◇ **Rémunération des intérêts des comptes courants et évasion fiscale**

Une SCI imposée à l'IR achète un appartement en l'état futur d'achèvement afin de le louer. Elle contracte un emprunt. Tant que l'immeuble n'est pas achevé, elle ne perçoit pas de loyer. Les associés font une avance en compte courant à la SCI pour lui permettre de faire face au paiement des premières échéances de l'emprunt. Les associés ont un taux marginal d'impôt sur le revenu de 40 %.

La SCI doit-elle rémunérer les comptes courants ? ◇

Dans la pratique les comptes courants ne sont généralement pas rémunérés. Si la SCI rémunère les comptes courants, les intérêts seront entièrement déductibles des revenus fonciers car ils sont bien nécessaires à l'acquisition de l'immeuble (à défaut, la SCI aurait dû emprunter). Ces intérêts diminuent le revenu foncier qui est imposé à l'IR au niveau des associés au taux de 40 %. Bien sûr, les associés devront déclarer les intérêts perçus en rémunération de leur compte courant dans la catégorie des revenus de capitaux mobiliers (RCM). Mais ils peuvent opter pour le prélèvement libératoire au taux de 16 % et faire ainsi une économie d'impôt (40 % – 16 % = 24 % d'économie !). Au final, sous cet angle, mieux vaut faire un apport en compte courant qu'en capital.

4.3. Financement par crédit-bail immobilier

Lorsqu'un chef d'entreprise veut acquérir ses locaux professionnels en crédit-bail[1], le montage suivant est souvent réalisé :

---

1. Le crédit-bail est une opération de location assortie d'une promesse de vente du bien au locataire à l'expiration de la période de location. Le prix de vente tient compte des redevances versées.

1. le chef d'entreprise crée une SCI avec ses enfants dans une optique de transmission de son patrimoine ;
2. la SCI acquiert en crédit-bail l'immeuble à usage professionnel ;
3. la **SCI sous-loue l'immeuble à l'entreprise** dans le cadre d'un bail commercial **pour un loyer correspondant à la valeur locative réelle de l'immeuble** (l'entreprise est souvent une société commerciale dont le chef d'entreprise est l'associé principal).

4.3.1. La situation en cours de crédit-bail

La SCI finance l'acquisition ou la construction de l'immeuble à usage professionnel par la technique du crédit-bail :

- La société de crédit-bail est propriétaire de l'immeuble qu'elle loue à la SCI. La SCI comptabilise en charge les loyers que lui facture la société de crédit-bail.
- La SCI met l'immeuble à la disposition d'une entreprise commerciale par la voie de la sous-location. La SCI comptabilise en produit les loyers qu'elle facture à l'entreprise commerciale.

Si la sous-location porte :

- sur des **locaux meublés ou** entièrement **équipés** $\Rightarrow$ le régime d'imposition de la SCI est le régime des **BIC non professionnels ;**
- sur des **locaux nus** $\Rightarrow$ le régime d'imposition de la SCI est le régime des **BNC non professionnels.**

Le régime des BIC non professionnels et des BNC non professionnels concernent des opérations réalisées par un contribuable qui n'exerce pas de véritable activité professionnelle. Le contribuable ne participe pas de façon personnelle, continue et directe à la gestion. Il réalise une opération de placement dans des activités relevant des BIC (régime d'imposition des industriels et commerçants) ou des BNC (régime d'imposition des professions libérales), sans participer personnellement à la gestion.

Les BIC non professionnels et les BNC non professionnels ne bénéficient pas des avantages réservés aux vrais professionnels :

- **les déficits ne sont pas imputables sur le revenu global.** Les déficits sont seulement reportables sur les bénéfices tirés d'activités semblables durant les six années suivantes ;
- les biens ne sont pas considérés comme un outil de travail. Ils sont donc pris en compte pour le calcul de l'ISF.

La SCI qui finance l'acquisition d'un immeuble crédit-bail et le sousloue à une entreprise **sera certainement en situation déficitaire** car les loyers encaissés sont généralement inférieurs aux redevances de crédit-bail décaissées (les loyers que la SCI perçoit correspondent à la valeur locative de l'immeuble, alors que les redevances de crédit-bail qu'elle paie correspondent au financement du prix d'acquisition).

Or ce déficit n'est pas imputable sur le revenu global de l'associé qui doit, par conséquent, financer un déficit sans pouvoir réaliser d'économie d'impôt.

Deux solutions peuvent être envisagées :

- **la SCI peut facturer à l'entreprise des loyers plus élevés.** Cependant, l'entreprise court **un risque fiscal** car l'administration peut invoquer la théorie de l'acte anormal de gestion (accepter des loyers plus élevés que ceux du marché constitue une acte anormal de gestion) pour réintégrer une partie des loyers (la partie des loyers qui n'est pas fiscalement déductible car elle est jugée excessive).
- **l'allongement de la durée du crédit-bail** permet de diminuer les redevances et d'éviter ainsi un déficit. Cette solution alourdit le coût financier de l'opération.

Si la SCI a opté pour l'IS, le déficit sera imputable sur les bénéfices réalisés par la SCI au cours des exercices suivants sans limitation de durée.

Par ailleurs lorsque le prix de levée de l'option d'achat est inférieur au coût d'acquisition du terrain par la société de crédit-bail, la quote-part de loyers correspondant à la différence n'est pas fiscalement déductible.

4.3.2. Situation à la fin du contrat de crédit-bail

En fin de contrat de crédit-bail, la SCI peut lever l'option d'achat. Si l'option d'achat est levée, les conséquences sont les suivantes :

- **la SCI devient propriétaire de l'immeuble** qui doit alors être inscrit au bilan de la SCI ;
- **une fraction des loyers** déduits pendant la période de location **peut être imposée**[1] ;
- **la SCI change d'activité** car elle va cesser son activité de sous-location pour une activité de location (elle est propriétaire de l'immeuble). Si la SCI n'a pas opté pour l'IS, le changement d'activité entraîne :
  - un **changement de régime fiscal :** les résultats de la SCI sont imposés dans la catégorie des **revenus fonciers** au lieu d'être imposés dans la catégorie bénéfices non commerciaux (BNC) ;
  - **l'imposition d'une plus-value** à la date de changement[2].

---

1. Sur le plan fiscal, lors de la levée de l'option d'achat, une fraction des loyers antérieurement déduits peut être réintégrée dans les résultats imposables de la SCI lorsque le prix de levée de l'option d'achat est inférieur à la valeur résiduelle de l'immeuble. La valeur résiduelle est la valeur initiale du bien diminuée des amortissements que la SCI aurait pratiqués si elle avait été propriétaire de l'immeuble. Le montant de cette réintégration est égale à la différence entre la valeur résiduelle de l'immeuble et le prix de levée de l'option d'achat.
2. La différence entre la valeur vénale de l'immeuble à la date de la levée de l'option d'achat et sa valeur résiduelle constitue une plus-value entièrement à court terme imposable dans la catégorie des bénéfices non commerciaux. Les associés de la SCI peuvent demander un report d'imposition de la plus-value jusqu'à la date de cession de l'immeuble ou des parts de la SCI.

◇ **Réintégration d'une quote-part des loyers et imposition d'une plus-value
quand la SCI lève l'option d'achat**

Une SCI qui n'a pas opté pour l'IS, signe le 1er janvier N un contrat de crédit-bail immobilier avec une SICOMI pour financer un ensemble immobilier dont le coût s'élève à 2 000 000 € (dont 500 000 € pour le terrain). La durée de vie probable de la construction est de 25 ans.

La durée du crédit-bail est de 18 ans. Les redevances sont trimestrielles, d'un montant de 57 000 € HT et payables d'avance (premier versement le 1er janvier N).

Une levée d'option est possible au 1er janvier N+18 pour une somme globale de 700 000 €.

La valeur vénale au 1er janvier N+18 est estimée à 2 000 000 €. ◇

Quand la SCI lève l'option d'achat :

- l'ensemble immobilier est inscrit à l'actif de la SCI pour le prix d'acquisition de 700 000 € ;
- la SCI est imposée sur la différence entre le prix de l'option d'achat et la valeur résiduelle de l'ensemble immobilier au 1er janvier N+18 (*N.B. :* le prix de la levée de l'option d'achat est affectée en priorité au terrain).

Terrain Valeur nette comptable au 1er janvier N+18	500 000 €
Construction Valeur nette comptable au 1er janvier N+18 Brut : 1 500 000 Amortissement : 1 500 000 × 4 % × 18 = (1 080 000) 420 000	420 000 €
Valeur résiduelle de l'ensemble immobilier ①	920 000 €
Prix de levée de l'option ②	700 000 €
Valeur vénale de l'immeuble ③	2 000 000 €
Réintégration fiscale d'une quote-part des loyers ① – ②	220 000 €
Imposition d'une plus-value ③ – ①	1 080 000 €

Si la SCI a opté pour l'IS, elle peut amortir l'immeuble sur la base de sa valeur résiduelle ①. Elle récupère ainsi l'impôt sur les sociétés qu'elle a payé à cause de la réintégration fiscale d'une quote-part des loyers.

En revanche, si la SCI n'a pas opté pour l'IS, elle est imposée dans la catégorie des revenus fonciers. L'amortissement des constructions n'est pas déductible en revenus fonciers. Elle ne récupère donc pas l'impôt payé à cause de la réintégration fiscale d'une quote-part des loyers.

La SCI doit-elle financer par crédit-bail immobilier l'acquisition de l'immeuble social ?	
Avantages	**Inconvénients**
• Ce type de financement offre une excellente garantie au créancier (la société de crédit-bail) puisqu'il est propriétaire de l'immeuble financé. • Le montage SCI permet au chef d'entreprise de constituer un patrimoine et de le transmettre à ses enfants. • La société commerciale loue l'immeuble dans le cadre d'un bail commercial.	• La société commerciale doit être bénéficiaire pour assurer le financement de l'immeuble au travers des loyers qu'elle verse à la SCI. • Si la durée du crédit-bail excède 12 ans, le montage a un coût élevé car la taxe de publicité foncière et le salaire du conservateur sont calculés sur la valeur totale des loyers. • Le montage a également un coût élevé à cause de l'imposition des plus-values. Cependant, cet inconvénient est réduit en de cas donation ou de cession des parts de la SCI du fait de l'abattement par année de détention. • Le crédit-bail ne peut pas permettre le financement d'un immeuble affecté à l'habitation.

7

L'ASSURANCE-VIE POUR UNE MEILLEURE GESTION DE VOTRE INVESTISSEMENT IMMOBILIER

I. L'assurance-vie pour adosser un prêt *in-fine*

Un investissement immobilier peut-être financé par un prêt *in-fine*. Pour pouvoir rembourser le prêt à l'échéance, l'investisseur réalise une <u>opération de capitalisation</u> en souscrivant un contrat d'assurance-vie à durée indéterminée. Le crédit est garanti par un nantissement sur l'assurance-vie.

Le contrat est donc destiné à se dénouer du vivant du souscripteur pour pouvoir rembourser l'emprunt. Le souscripteur est donc le bénéficiaire du contrat. Le souscripteur peut désigner un tiers en cas de décès.

Le prêt *in-fine* adossé à une assurance-vie offre une <u>double garantie fiscalement avantageuse</u> aux membres de la famille en cas de décès de l'investisseur :

- l'assurance décès invalidité qui rembourse l'emprunt garantie un capital au conjoint survivant en cas de décès : la valeur du bien immobilier qui n'est plus grevé d'un emprunt. L'ADI peut même porter sur 200 % du capital tout en restant déductible. De plus, les primes de l'assurance décès invalidité sont déductibles et permettent ainsi une économie d'impôt sur le revenu ;

- les capitaux de l'assurance-vie reviennent aux bénéficiaires désignés en exonération de droits de mutation à titre gratuit à concurrence de 152 500 € par bénéficiaire.

2. L'assurance-vie pour gérer la TVA récupérée sur le prix d'acquisition

Certains montages permettent de récupérer la TVA sur le prix d'acquisition. Si l'investissement est isolé au sein d'une SCI imposée aux revenus fonciers, la SCI récupère la TVA et la transfère ensuite à ses associés qui l'investissent dans un contrat d'assurance-vie exonéré d'imposition. Si un emprunt a financé l'acquisition TTC, ce transfert ne remet pas en cause la déductibilité des intérêts correspondant au financement de la TVA, car la SCI est transparente fiscalement.

La TVA injectée dans le contrat d'assurance-vie peut être investie dans des supports euros ou des unités de compte (SICAV actions). Les plus-values réalisées sont exonérées d'imposition grâce au cadre fiscal de l'assurance-vie. Si l'investissement est sur le long terme, les SICAV actions qui dégagent un rendement élevé sur le long terme seront privilégiées.

Ce montage assure une meilleure diversification du patrimoine : pour 120 empruntés, 100 sont consacrés à l'immobilier et 20 (la TVA récupérée) à un investissement mobilier.

De plus, c'est une manière de financer à crédit l'acquisition d'un portefeuille mobiliers : l'emprunt de 120 <u>dont les intérêts sont intégralement déductibles</u> du revenu foncier aura permis de financer à hauteur de 20 de TVA la constitution d'un portefeuille de valeurs mobilières dont les plus-values sont exonérées d'imposition.

Les 20 de TVA se transformeront en 43 au terme de 8 ans avec un rendement moyen de 10 %. Les 43 pourront alors être consommés par le contribuable. À défaut, il aurait du gagner au moins 120 de revenus pour disposer de 43 après les prélèvements sociaux (40 % de charges sociales et 40 % d'impôt sur le revenu) !

Voir cas « résidence étudiants » du thème 25.

3. L'assurance-vie : un cadre fiscal avantageux

L'assurance-vie offre un cadre fiscal avantageux pour la gestion des placements en valeurs mobilières.

Les plus-values sont exonérées d'imposition jusqu'à 9 200 € par an pour un couple, puis soumises à un prélèvement réduit de 7,5 % au-delà, si les fonds sont bloqués pendant au moins huit ans.

Exonération de droits de succession :

- Pour les versements effectués avant 70 ans : l'épargne est trans-mise en exonération totale de droits de mutation par décès jusqu'à 152 500 € par bénéficiaire. Au-delà, la transmission par l'assurance-vie bénéficie d'un taux de droits de mutation de seu-lement 20 % quel que soit le lien de parenté entre l'assuré et le bénéficiaire.
- Pour les versements effectués après 70 ans : seule la part de ver-sement excédant 30 500 € est soumise aux droits de mutation. Les intérêts sont transmis en totale franchise d'impôt.

De plus, l'investissement n'est pas bloqué pendant 8 ans ! L'épar-gnant peut retirer l'argent placé (effectuer un « rachat »), avant l'échéance des 8 ans, sans pour autant « casser » son contrat, sans perdre l'exonération d'imposition des plus-values acquises sur les montants qui restent investis. La fiscalité ne s'applique que sur les plus-values comprises dans le montant racheté.

Pour un besoin ponctuel de liquidités, l'épargnant peut demander une avance afin d'éviter de retirer des sommes du contrat d'assurance, et de payer une imposition éventuelle sur les plus-values comprises dans les sommes retirées.

Les plus-values sont exonérées d'imposition			
L'assurance-vie est un placement fiscalement intéressant dès 4 ans. L'avantage fiscal maximal est obtenu après 8 ans.			
	Retrait entre 0 et 4 ans	**Retrait entre 4 et 8 ans**	**Retrait après 8 ans**
Assiette	La plus-value comprise dans la somme retirée	La plus-value comprise dans la somme retirée	• La plus-value > 4 600 € par an pour un célibataire • La plus-value > 9 200 € pour un couple marié soumis à imposition commune
Taux	**35 %**[1]	**15 %**[1 & 2]	**7,5 %**[1]

Boursorama (www.boursorama.com) propose un contrat d'assurance-vie à la tarification intéressante : 0 % de droits d'entrée ; des frais de gestion annuels réduits : 0,6% sur le fonds en euros et 0,85 % sur les unités de compte ; pour les frais d'arbitrages en ligne : 0,25 % appliqués sur la somme désinvestie.

---

1. Hors CSG, CRDS et prélèvements sociaux qui s'appliquent sur la plus-value totale.
2. Si le retrait intervient au bout de 4 ans, le taux d'imposition sur les plus-values est plus avantageux avec l'assurance-vie que celui appliqué sur un compte titres.

8

LA GESTION DE L'IMMOBILIER PROFESSIONNEL

La séparation de l'actif immobilier du patrimoine professionnel est souvent un bon moyen de gestion de son patrimoine professionnel car il permet de préparer l'avenir en adoptant les structures juridiques appropriées.

1. Activité professionnelle exercée dans le cadre d'une entreprise individuelle

Les locaux professionnels peuvent être inscrits à l'actif de l'entreprise individuelle, ou affectés au patrimoine privé. Ils peuvent aussi être isolés au sein d'une SCI.

1.1. Immobilier professionnel inscrit à l'actif de l'entreprise ou affecté au patrimoine privé ?

Sur le plan juridique, il y a confusion entre le patrimoine privé de l'exploitant (sa maison d'habitation...) et son patrimoine professionnel (immobilier professionnel, stocks…). Si l'entreprise ne peut pas honorer ses échéances, les biens propres (maison…) du chef d'entreprise seront vendus pour permettre le remboursement des dettes de l'entreprise (c'est l'ensemble du patrimoine qui constitue le gage des créanciers).

Sur le plan fiscal, le patrimoine privé et le patrimoine professionnel sont distincts. Le chef d'entreprise est libre, en principe, d'inscrire l'immobilier professionnel à l'actif de son entreprise ou à son patrimoine privé. C'est la liberté d'affectation comptable qui a des incidences très importantes.

1.1.1. Liberté d'affectation de l'immobilier

Dans quelle mesure l'entrepreneur individuel peut-il librement affecter l'immobilier à son patrimoine privé ou à son patrimoine professionnel ?					
Professions	Régime d'imposition	Régime de déclaration[1]	Immobilier affecté par nature à l'exercice de la profession[2]	Immobilier affecté par destination à l'exploitation[3]	Immobilier non utilisé pour l'exercice de la profession[4]
Professions libérales	Bénéfices non commerciaux (BNC)	Déclaration contrôlée	Fait partie de l'actif professionnel	L'immeuble peut être affecté à l'actif professionnel ou maintenu dans le patrimoine privé	Fait obligatoirement partie du patrimoine privé
		Micro-BNC	Idem	Fait partie de l'actif professionnel	Idem

…/…

1. Le régime de déclaration est fonction du chiffre d'affaires.
2. L'immeuble ne peut être utilisé en tant que tel que pour l'exercice de la profession (atelier, boulangerie…).
3. Les locaux n'ont pas de spécificité, et pourraient être utilisés par d'autres professions (bureaux…).
4. Immeuble loué à un tiers.

.../...

Artisans, commerçants et industriels	Bénéfices industriels et commerciaux (BIC)	Bénéfices réels	Fait partie de l'actif professionnel	L'immeuble peut être affecté à l'actif professionnel ou maintenu dans le patrimoine privé	L'immeuble peut être affecté à l'actif professionnel ou maintenu dans le patrimoine privé
		Micro-BIC			Fait obligatoirement partie du patrimoine privé
Agriculteurs	Bénéfices agricoles (BA)	<td colspan="4">• **Les immeubles bâtis** affectés à l'exploitation doivent être obligatoirement inscrits à l'actif du bilan. • **Les immeubles non bâtis** affectés à l'exploitation agricole doivent en principe figurer à l'actif du bilan. Cependant, l'agriculteur peut les conserver dans son patrimoine privé s'il explique clairement son choix à l'administration fiscale dans les trois ans du passage du forfait au régime des bénéfices réels.</td>

1.1.2. L'inscription de l'immobilier au patrimoine professionnel ou au patrimoine privé est un choix lourd de conséquences

a) Déduction des charges et économie d'impôt

Déduction des charges et économie d'impôt	Bien inscrit à l'actif de l'entreprise[1]	Bien compris dans le patrimoine privé
Charges liées à la propriété • amortissement pour les biens amortissables (immeuble, local, à l'exclusion des terrains ou du fonds de commerce) • frais d'assurance	Charges déductibles	Charges non déductibles

.../...

---

1. S'il s'agit d'un local inscrit à l'actif, affecté à l'exploitation et à l'usage personnel de l'entrepreneur (usage mixte), les charges sont déductibles à hauteur de la quote-part de charges relative à l'exploitation (l'entreprise déduit l'intégralité des charges et réintègre dans son résultat imposable la quote-part de charges relative à l'usage personnel de l'entrepreneur).

...∕...

frais d'actes, honoraires de notaire et droits d'enregistrement, liés à l'acquisition d'un immeuble[1] • taxe foncière • intérêts d'emprunt[2]	Charges déductibles	Charges non déductibles
Charges locatives • frais de réparation • frais d'entretien courant	Charges déductibles	Charges déductibles

Si le bien est inscrit à l'actif du bilan de l'entreprise, il y a déduction de l'intégralité des charges et, donc, une diminution de l'impôt sur le revenu. Pour un bien maintenu dans le patrimoine privé, seules les charges locatives (réparation, entretien courant...) sont déductibles à l'exclusion des charges liées à la propriété (frais d'acquisition, amortissement...). Cependant, l'entreprise individuelle peut déduire un loyer de ses bénéfices imposables **si elle est imposée selon le régime des BIC** car l'administration fiscale et le Conseil d'État reconnaissent la réalité du patrimoine professionnel. Paradoxalement, le conseil d'État n'admet pas la déduction d'un loyer si l'entreprise est imposée selon le régime des BNC (profession libérale).

b) Taxe professionnelle

L'inscription à l'actif n'a aucune incidence en matière de taxe professionnelle pour les biens passibles d'une taxe foncière car la taxe professionnelle est calculée en fonction de la valeur locative. Si le local professionnel n'est pas inscrit à l'actif, la valeur du local utilisé pour l'exercice de l'activité est néanmoins retenue pour le calcul de la taxe professionnelle ; si un local à usage d'habitation est inscrit à l'actif, sa valeur n'est pas retenue pour le calcul de la taxe.

---

1. Peuvent être soit déduits pour leur totalité l'année d'acquisition, soit déduits de manière échelonnée sur une période maximale de cinq ans. Les frais d'acquisition d'un immeuble professionnel (non soumis à TVA) représentent environ 5 % de sa valeur. Il est donc important de pouvoir déduire cette somme.
2. En revanche, le capital de l'assurance-vie souscrite lors de l'emprunt ayant financé l'immobilier, sera taxé comme bénéfice imposable lors du décès de l'exploitant.

c) Taxation des plus-values

La plus-value réalisée sur la cession d'une immobilisation est imposée selon le régime des plus-values des particuliers si le bien fait partie du patrimoine privé de l'exploitant au moment de la cession, ou des plus-values professionnelles si le bien fait partie du patrimoine de l'entreprise.

	Bien inscrit à l'actif de l'entreprise (régime des plus-values professionnelles)	Bien compris dans le patrimoine privé (régime des plus-values des particuliers)
Exonération de la plus-value	La plus-value est exonérée de toute imposition : • si l'année de la cession, le chiffre d'affaires n'excède pas 250 000 € pour les ventes de marchandises et 90 000 € pour les prestataires de services (exonération partielle au-delà de ces limites) ; • et si l'activité est exercée depuis au moins 5 ans.	La plus-value est exonérée de toute imposition : • à compter de la 15ᵉ année de détention du bien[1] ; • par ailleurs le prix d'acquisition est majoré des frais d'acquisition à titre onéreux évalués à 7,5 % du prix d'acquisition. La cession est exonérée si elle ne dépasse pas 15 000 € par opération.
Détermination de la plus-value	La plus-value est égale à la différence entre le prix de cession et la valeur en comptabilité du bien (coût d'achat diminué des amortissements).	La plus-value est égale à la différence entre le prix de cession et le coût d'achat majoré des frais d'acquisition. La plus-value ainsi obtenue est diminuée d'un certain nombre d'abattements.[1 et 2]
Imposition de la plus-value	Les plus-values à court terme sont imposées comme le bénéfice à l'impôt sur le revenu avec possibilité d'étalement sur 3 ans ; Les plus-values à long terme sont imposées au taux de 27 %. La CSG de 5,10 % est déductible en N+1.	La plus-value est imposée à l'impôt sur le revenu au taux de 16 % majoré des prélèvements sociaux au taux de 11 %. La CSG de 5,10 % n'est pas déductible.

---

1. Abattement de 10 % annuel à compter de la cinquième année de possession du bien.
2. Abattement de 1 000 € par année et abattements spécifiques.

Zoom N° 14

Le transfert de l'immeuble professionnel est imposé

Si l'entrepreneur décide de transférer l'immeuble professionnel de son patrimoine privé dans celui de son entreprise, le bien doit figurer à l'actif pour sa valeur au jour du transfert. Si cette valeur est supérieure à la valeur d'acquisition du bien, il en résulte une plus-value privée qui n'est pas immédiatement taxable car les plus-values privées ne peuvent être imposées qu'en cas de cession à titre onéreux. Quand l'entreprise cédera ce bien, il y aura taxation d'une plus-value selon le régime des plus-values des particuliers (valeur d'inscription à l'actif moins valeur d'acquisition du bien) correspondant à la période de détention dans le patrimoine privé, et taxation d'une plus-value professionnelle (prix de cession moins valeur d'inscription à l'actif) correspondant à la période de détention dans le patrimoine professionnel.

d) Impôt de solidarité sur la fortune (ISF)

L'inscription à l'actif n'a aucune incidence sur l'impôt de solidarité sur la fortune (ISF) ; en effet, pour bénéficier de l'exonération d'ISF, les biens doivent être nécessaires à l'exploitation (locaux commerciaux...) et y être affectés. L'inscription des biens à l'actif du bilan n'est donc pas suffisante.

e) TVA

La TVA est déductible si le bien est réellement affecté à l'exploitation, même si le bien n'est pas inscrit à l'actif de l'entreprise.

f) Structure financière

L'inscription d'un bien à l'actif donne une meilleure structure financière au bilan et permet, en principe, de mieux négocier un emprunt bancaire.

g) Transmission de l'entreprise

Si le local professionnel est inscrit à l'actif de l'entreprise et que vous souhaitez le conserver au moment de la transmission de l'entreprise pour vous garantir des revenus locatifs et pour céder plus facilement l'entreprise, le transfert du local de l'actif de l'entreprise vers le patrimoine privé est assimilé à une cession et la plus-value dégagée est imposable.

I.2. Apporter le local professionnel à une SCI constitue un montage astucieux

L'apport[1] du local professionnel à une SCI permet de bénéficier d'avantages...	
Location des locaux professionnels à l'entreprise	La constitution d'une SCI permet de louer les locaux professionnels à l'entreprise individuelle. Cette location est cependant possible lorsque l'immeuble est inscrit directement dans le patrimoine privé si l'entreprise individuelle est imposée selon le régime des **BIC.** En revanche, si elle exerce une activité libérale (imposition selon le régime des **BNC**), elle ne peut pas déduire de loyer. L'entreprise individuelle déduit la totalité des loyers de son résultat imposable et l'entrepreneur déclare les loyers encaissés en tant que revenus fonciers.
Protection du patrimoine	La SCI permet de protéger l'immobilier si l'entreprise a des difficultés financières, à condition que la SCI ne se porte pas caution de l'entreprise.
Transmission du patrimoine	La constitution d'une SCI facilite la transmission du patrimoine.
Taxation des plus-values	Quand le chef d'entreprise cesse son activité professionnelle, il peut conserver l'immeuble professionnel afin d'obtenir des revenus réguliers liés à la location. Si le bien est inscrit à l'actif de son entreprise, le transfert du bien du patrimoine professionnel vers le patrimoine privé entraînera une imposition des plus-values professionnelles. La constitution d'une SCI permet d'éviter cette imposition car les parts de la SCI sont déjà dans le patrimoine privé.

...../...

---

1. L'immeuble apporté à une SCI imposée à l'IR ne supporte aucun droit d'enregistrement. Cependant, si le prêt ayant financé l'immeuble est transféré à la SCI, l'apport sera alors réputé à titre onéreux et taxé aux droits de mutation comme une vente ; il faut respecter un délai minimal de trois ans plus l'année en cours qui correspond au délai de reprise de l'administration fiscale pour éviter une remise en cause fiscale fondée sur l'abus de droit ; la plus-value taxable sur une courte durée sera négligeable par rapport au bénéfice de la déduction des droits d'enregistrement. L'emprunt effectué au nom propre de l'entrepreneur pourra difficilement être transféré à la SCI. Il est possible d'apporter l'immeuble à la SCI et de conserver au nom propre de l'entrepreneur le financement avec l'accord de la banque. L'administration fiscale admet la déduction des intérêts de l'emprunt car le prêt a permis l'acquisition des parts de la SCI.

mais ne permet pas la déduction des frais d'acquisition...	
Déduction des frais d'acquisition	Les frais d'acquisition sont déductibles si l'immobilier est inscrit au bilan de l'entreprise. Les frais d'acquisition ne sont pas déductibles si l'immobilier est apporté à une SCI car ce sont des dépenses liées à l'acquisition du capital. Cependant des solutions sont envisageables : • la SCI peut opter pour l'IS ⇒ les frais d'acquisition sont alors déductibles ; • dans un premier temps, l'immeuble est inscrit à l'actif du bilan, ce qui permet de déduire les frais d'acquisition, puis l'immeuble est apporté à une SCI[1] ; • Les parts de la SCI sont inscrites au bilan. Les frais d'acquisition du local professionnel sont alors déductibles[1].

1.3. Protéger son patrimoine des créanciers

Pour se protéger de ses créanciers, un particulier doit séparer son patrimoine privé de son activité professionnelle en apportant l'immobilier à la SCI. En contrepartie de l'apport immobilier à la SCI, l'associé reçoit des parts sociales. Comme la SCI a, dès son immatriculation, une personnalité juridique distincte de celle des associés, elle a aussi un patrimoine distinct (il y a une séparation entre le patrimoine de la SCI et celui des associés).

L'immeuble n'appartient plus aux associés mais à la SCI. Il en résulte que **seules les parts sociales peuvent être saisies par les créanciers.**

---

1. Les parts sociales de la SCI n'étant pas amortissables, leur retrait sera taxé uniquement au régime des plus-values à long terme. Pour les professions non commerciales, les frais d'acquisition du local professionnel ne sont pas déductibles car l'administration, dans une instruction du 17 février 1986 (5G-5-86), considère que des parts de SCI ne peuvent pas faire partie du patrimoine professionnel de l'intéressé.

Cette **situation est défavorable aux créanciers** car :

- la mise en vente des parts sociales de l'associé défaillant est beaucoup plus difficile et aléatoire que la mise en vente directe de l'immeuble : la SCI est très fermée (agrément préalable des autres associés et l'acquéreur n'a pas la libre disposition de l'immeuble (il en résulte que la valeur des droits sociaux est inférieure de 10 à 20 % à la quote-part correspondante de l'immeuble) ;
- il est plus difficile de connaître l'étendue du patrimoine de l'associé défaillant lorsqu'il a constitué une SCI, même si cette constitution entraîne l'accomplissement de certaines formalités de publicité. En effet, le créancier qui désire connaître le patrimoine immobilier de son débiteur dans un secteur géographique déterminé, peut demander au bureau des hypothèques une « fiche propriétaire » au nom de son débiteur, qui indique toutes les transactions immobilières effectuées. Si c'est une SCI qui acquiert l'immeuble, cette transaction n'apparaît pas sur la fiche propriétaire du débiteur.

La constitution d'une SCI pour protéger son patrimoine privé avant d'être endetté est un acte de bonne gestion. En revanche, la constitution d'une SCI pour diminuer la garantie de ses créanciers peut être remise en cause par les créanciers.

Les créanciers peuvent-ils remettre en cause l'apport de l'immeuble par leur débiteur à une SCI ?	
Mode d'acquisition de l'immeuble par la SCI	**Remise en cause par les créanciers**
1. L'immeuble n'a jamais appartenu au débiteur : la SCI est constituée pour acquérir l'immeuble.	La détention de l'immeuble par la SCI ne peut pas être remise en cause car le gage des créanciers n'a jamais été diminué.
2. L'immeuble appartient au débiteur et l'apport de l'immeuble à la SCI est intervenu : • avant la naissance des créances ; • après la naissance des créances.	• L'apport de l'immeuble à la SCI ne sera pas remis en cause. • L'apport de l'immeuble à la SCI sera remis en cause car le débiteur a essayé de nuire à ses créanciers.

2. Activité professionnelle exercée en société

Quand vous exercez votre activité professionnelle dans le cadre d'une société, vous pouvez inscrire l'immobilier de votre entreprise au bilan de votre société, ou l'isoler au sein d'une SCI. Vous pouvez aussi faire supporter le coût de l'immobilier à votre entreprise et conserver la propriété du terrain. Le terrain est alors donné en location à l'entreprise dans le cadre d'un bail à construction.

2.1. L'immobilier est inscrit au bilan de la société

2.1.1. Avantages de l'immobilier au bilan de la société

a) Moins d'impôts à payer

L'amortissement et les autres charges sont déductibles du résultat imposable et permettent ainsi à l'entreprise de payer moins d'impôts.

L'amortissement est déductible du résultat imposable. L'immeuble inscrit au bilan de la société (à l'exclusion du terrain) est amortissable, ainsi que toutes constructions ultérieures et travaux de rénovation. En principe, cet amortissement s'effectue sur une durée de vingt ans. L'entreprise peut donc déduire de son résultat imposable, chaque année, 5 % du coût de la construction. Dans une SCI, les revenus sont imposés en tant que revenus fonciers. Les amortissements ne peuvent pas être déduits des revenus fonciers.

Les autres charges sont déductibles du résultat imposable si elles sont engagées dans l'intérêt de l'exploitation (à défaut, elles constituent un acte anormal de gestion). Ainsi, les frais d'acquisition, les commissions versées, l'indemnité d'éviction éventuellement payée, et les charges (locatives et de propriété) sont totalement déductibles du revenu imposable de la société. Dans une SCI, les frais d'acquisition ne sont pas déductibles (régime des revenus fonciers).

b) Récupération de la TVA

La société, si elle est soumise à la TVA, récupère la TVA ayant grevé l'acquisition ou la construction de l'ensemble immobilier.

Une SCI ne peut récupérer la TVA que si le loyer est lui-même soumis à la TVA.

c) Simplicité de gestion

La création d'une SCI impose la tenue d'une comptabilité, d'assemblées... De plus, la conclusion d'un bail entre la SCI et la société sera soumise à l'application des règles prévues pour les conventions réglementées, si l'un des associés de la SCI exerce simultanément une fonction de gérance dans la société commerciale. Ces formalités sont évitées lorsque l'immeuble est inscrit au bilan.

d) Financement

L'inscription de l'immobilier à l'actif de la société commerciale élargit sa surface financière vis-à-vis des banquiers. La société peut offrir des sûretés immobilières sans l'intervention de tiers (surtout quand le crédit ayant financé l'immeuble est remboursé). En matière de crédit-bail, la société bailleresse est souvent une SICOMI. La SICOMI ne peut traiter qu'avec des sociétés commerciales, ce qui exclut la SCI (sauf si la SCI est détenue à concurrence de 10 % au moins par la société commerciale).

e) Protection du patrimoine personnel

Quand l'activité professionnelle est exercée par une société de capitaux (SA, SAS, SARL), la responsabilité des associés est limitée au montant de leurs apports. Dans une SCI, les associés sont indéfiniment responsables des dettes sociales de la société. Si l'immobilier est inscrit à l'actif de l'entreprise, les dettes engendrées par le patrimoine immobilier ne pourront pas se répercuter sur le patrimoine privé des associés.

Dans le cas d'une SCI, si la SCI ne peut pas rembourser l'emprunt qu'elle a contracté pour financer l'immobilier, les associés devront personnellement rembourser cet emprunt.

2.1.2. Inconvénients de l'immobilier au bilan de la société

a) Coût fiscal élevé quand l'immobilier sort de la société

- Si le chef d'entreprise souhaite conserver l'immobilier inscrit au bilan de l'entreprise, ce retrait de l'immobilier du bilan est assimilé à une cession imposée selon le régime des plus-values professionnelles.

- Si l'immobilier est isolé au sein d'une SCI, le chef d'entreprise n'a pas besoin de retirer l'immobilier de l'entreprise. La SCI permet donc d'échapper à la taxation sur les plus-values professionnelles. Cependant, si les locaux sont situés dans une zone économiquement défavorisée ou sont construits avec des matériaux légers, ils risquent de ne pas se valoriser. La constitution d'une SCI pour éviter l'imposition des plus-values perd de son intérêt.

b) Obstacle à la vente de l'entreprise

Si l'immeuble est détenu par l'entreprise, le prix de cession de l'entreprise sera plus élevé (surtout dans une petite entreprise où l'immobilier prend une place plus importante en valeur relative).

Le chef d'entreprise peut être obligé de « brader »[1] les murs dans les cas suivants :

- le repreneur est gêné pour l'obtention d'un financement ;
- le repreneur n'est pas intéressé par l'immobilier car il souhaite acquérir uniquement la branche d'activité commerciale.

c) Mauvaise protection du patrimoine immobilier

Si l'immobilier est inscrit à l'actif de la société exploitante, en cas de difficulté de la société, le patrimoine immobilier risque d'être vendu pour rembourser les dettes de la société.

Cependant, si l'immobilier est détenu par une SCI, le banquier peut exiger en garantie que la SCI se porte caution. La protection du patrimoine immobilier que permet la SCI est moins efficace.

---

1. Souvent, la différence entre le prix de vente d'une entreprise propriétaire de ses locaux et d'une entreprise locataire est inférieure à la valeur vénale de l'immeuble.

d) Mauvaise appréciation de la rentabilité de l'entreprise

Quand une société commerciale est propriétaire de ses murs, elle n'a aucun loyer à payer. L'entreprise évalue mal la valeur locative de ses locaux, notamment si l'immeuble s'est fortement revalorisé. Si l'entreprise devait changer d'emplacement et devenir locataire, elle risquerait de ne pas pouvoir faire face aux loyers pratiqués sur le marché.

2.2. L'immobilier est détenu par une SCI

Par comparaison, certains avantages et inconvénients de l'immobilier détenu par la SCI ont été exposés précédemment. Nous développons ici uniquement les éléments nouveaux.

a) Création de revenus

L'entrepreneur qui sépare l'immobilier de l'entreprise se constitue des revenus au travers des loyers perçus par la SCI. En cas de cession de l'activité commerciale, les revenus de la SCI constitueront un précieux complément de retraite (notamment quand l'emprunt qui a financé l'immobilier est remboursé). Cependant, il faut que l'immeuble détenu soit situé dans une zone économique dynamique et ne soit pas trop lié à l'activité de l'entreprise. À défaut, la SCI propriétaire des locaux serait totalement dépendante de l'entreprise commerciale. En cas de départ de l'entreprise, la SCI pourrait difficilement trouver un autre locataire, ou vendre l'immeuble.

b) Transmission du patrimoine à ses enfants

En dissociant l'immobilier de la société commerciale, le chef d'entreprise pourra attribuer les parts de la SCI aux enfants qui ne travaillent pas avec lui, et réserver les parts de la société commerciale aux enfants qui travaillent dans l'entreprise.

Cependant, comme les intérêts de la SCI et de la société commerciale sont étroitement liés, des conflits d'intérêt peuvent survenir entre les enfants (réparation et entretien de l'immeuble, révision ou résiliation du bail, faillite de la société commerciale...). Le chef d'entreprise doit donc essayer d'allotir avec d'autres biens les enfants qui ne travaillent pas avec lui.

2.3. Comment transférer un immeuble inscrit au bilan d'une société commerciale à une SCI ?

Si l'immeuble est déjà inscrit au bilan de la société commerciale, le transfert à une SCI est une opération délicate aux conséquences fiscales onéreuses	
1. La SCI achète l'immeuble à la société commerciale	**Les conséquences fiscales sont lourdes :** • la SCI paie les droits d'enregistrement (5 %) ou la TVA immobilière ; • la société exploitante est imposée sur les plus-values professionnelles de cession.
2. Un associé achète l'immeuble par l'intermédiaire de la SCI en le finançant avec son compte courant	**Mécanisme :** 1. l'associé apporte son compte courant à la SCI ; 2. la SCI achète l'immeuble par compensation avec le compte courant. **OU** 1. l'associé achète l'immeuble par compensation avec le compte courant ; 2. l'associé apporte directement l'immeuble à la SCI. **Les conséquences fiscales sont lourdes :** *Idem* n° 1
3. Réduction de capital pour attribuer l'immeuble à un associé	**Mécanisme :** 1. la société commerciale réduit son capital en annulant les parts de l'associé afin de lui attribuer l'immeuble[1] ; 2. l'associé apporte l'immeuble à une SCI. **Conséquences fiscales :** • l'associé paie le droit de partage de 1 %[2] ; • la société exploitante est imposée sur les plus-values professionnelles de cession ; • l'associé est exonéré du droit fixe d'apport de 230 €. .../...

---

1. La réduction de capital n'est réalisable que si la différence entre la valeur des parts sociales annulées et le montant de la réduction de capital peut s'imputer sur les réserves distribuables et les bénéfices non encore affectés.
2. Lorsque l'immeuble n'a pas été acquis par la société, mais apporté par un des associés, s'il est attribué à un associé autre que l'apporteur, cet associé devra acquitter les droits de mutation de 4,80 % (théorie de la mutation conditionnelle).

---/...

4. La société commerciale apporte l'immeuble à la SCI et attribue les parts de SCI à l'associé	**Mécanisme :** 1. la société commerciale apporte l'immeuble à une SCI et reçoit en contrepartie des parts de SCI qu'elle inscrit à l'actif du bilan ; 2. l'associé achète les parts de SCI à la société commerciale (l'associé peut utiliser son compte courant pour financer cette acquisition) ; **OU** 3. la société commerciale distribue des dividendes qu'elle paie aux associés par attribution de parts de SCI (dividendes en nature). **Conséquences fiscales :** 1. la société exploitante est imposée sur les plus-values professionnelles de cession. Elle est exonérée du droit fixe d'apport de 230 € ; 2. l'associé paie les droits d'acquisition de 5 % des parts de la SCI ; **OU** 3. l'associé est imposé sur la distribution de bénéfices (une distribution en nature est imposée comme une distribution en numéraire).

3. SCI et sociétés d'exploitation : cas pratiques

3.1. Vendre son immeuble à une SCI et son fonds de commerce à une SARL

La transformation d'une entreprise individuelle en société permet de réaliser d'importantes économies de charges sociales et d'impôt sur le revenu et de rebondir. Le montage est le suivant :

- vente du fonds de commerce à une SARL d'exploitation ;
- vente de l'immobilier professionnel à une SCI.

Vous exploitez un fonds de commerce ou une clientèle évalué à 700 000 € dans le cadre d'une entreprise individuelle. Votre entreprise dégage un bénéfice annuel de 70 000 € avant amortissement. Vous êtes propriétaires des locaux commerciaux qui sont inscrits à l'actif de votre entreprise individuelle pour une valeur de 100 000 €. La durée d'amortissement est de 20 ans. Leur valeur de marché est de 300 000 €. Votre taux marginal d'imposition est de 35 %. Les charges sociales sont de 42 %.

Vous constituez une SARL d'exploitation de famille qui opte pour l'impôt sur le revenu et une SCI pour l'immobilier qui n'opte pas pour l'IS. Vous vendez le fonds de commerce à la SARL d'exploitation et les locaux commerciaux à la SCI. La SARL et la SCI achètent avec un prêt *in-fine* au taux de 5 % (remboursement du capital en fin de période). La SCI loue les locaux pour un loyer annuel de 30 000 €. Vous investissez le prix de vente dans une assurance-vie investi en produits euros avec un rendement raisonnable de 4 % net de frais de gestion. La SARL est imposée à l'IR pour simplifier la comparaison au niveau des charges sociales.

Le montage proposé va permettre **une importante économie d'impôt sur le revenu et de charges sociales.** En effet, **les intérêts sur l'emprunt sont déductibles** au niveau de la SARL et de la SCI et permettent ainsi de faire une économie d'impôt sur le revenu (SARL et SCI) et de charges sociales (SARL uniquement). Alors que **les intérêts de l'assurance-vie ne sont pas imposables.** Seuls les prélèvements sociaux sont exigibles. On réalise ici une **économie globale** bien que le taux d'intérêt de l'emprunt soit supérieur (5 %) au taux de rendement de l'assurance-vie (4 %).

Le montage proposé est optimisé si on prend en compte l'économie de charges sociales et d'impôt sur le revenu lié au passage de l'entreprise individuelle vers une SARL imposée à l'IS. En effet, la simple mise en SARL d'une entreprise individuelle permet **une importante économie d'impôt sur le revenu et de charges sociales :**

- La transformation en SARL **diminue la base de calcul des charges sociales.** Dans une entreprise individuelle, tout le bénéfice est soumis à cotisations alors que dans une SARL, seule la rémunération attribuée au gérant (qu'il soit majoritaire avec un statut de travailleur indépendant, ou minoritaire avec un statut de salarié) est soumise à cotisation.

- Tout le bénéfice de l'entreprise individuelle est imposé à l'IR (dans la catégorie BIC ou BNC ou BA) alors que seule la rémunération du gérant est imposée à l'IR (dans la catégorie TS ou art. 62 du CGI). De plus, le bénéfice de la SARL est imposée à l'IS à un taux de 15 % alors que l'IR peut atteindre 40 %.

Au niveau de l'exploitation	Avant	Après
	Entreprise individuelle	SARL d'exploitation
Bénéfice avant amortissement	70 000 €	70 000 €
Amortissement		
• base amortissable	100 000 €	
• durée d'amortissement	20 ans	
• amortissement	− 5 000 €	
Loyers		− 30 000 €
Intérêts d'emprunt		
• montant		700 000 €
• taux		5 %
• intérêts		− 35 000 €
Bénéfice après amortissements	65 000 €	5 000 €
Charges sociales (42 %)	− 27 300 €	− 2 100 €
Bénéfice imposable	37 700 €	2 900 €
Impôt sur le revenu (TMI de 35 %)	− 13 195 €	− 1 015 €
Trésorerie disponible	**29 505 €**	**1 885 €**

Au niveau privé	Avant	Après
SCI de location		
Loyers		30 000 €
Intérêts d'emprunt		
• montant		300 000 €
• taux		5 %
• intérêts		− 15 000 €
Revenus fonciers		15 000 €
Impôt sur le revenu		− 5 250 €
Trésorerie disponible		**9 750 €**
Assurance-vie		
Capital		1 000 000 €
Taux de rendement		4 %
Intérêts capitalisés		40 000 €
Impôt sur le revenu		0 €
Prélèvements sociaux (10 %)		− 4 000 €
Trésorerie disponible		**36 000 €**

Trésorerie disponible	Avant	Après
• **Au final**	**29 505 €**	**47 635 €**
• **Gain de trésorerie de**		**18 130 €**
qui s'explique par :		
− *une économie d'IR sur l'exploitation*		*12 180 €*
− *une charge d'IR sur la SCI*		*− 5 250 €*
− *une économie de charges sociales*		*25 200 €*
− *une perte entre le taux de l'emprunt et le taux de l'assurance-vie*		*− 10 000 €*
− *des prélèvement sociaux sur l'assurance-vie*		*− 4 000 €*
		18 130 €

3.2. Démarrer son activité

Un jeune consultant salarié d'une prestigieuse société de « consulting »
décide de créer sa propre société de conseil. Il isole son activité au sein
d'une EURL[1] qui opte pour l'IS. Il se constitue un patrimoine immobilier en achetant un appartement neuf qu'il utilisera pour son usage professionnel et privé (moitié/moitié). La SCI opte pour la TVA.
L'appartement est acheté par une SCI qui n'opte pas pour l'IS. L'achat
est financé par emprunt à hauteur de 90 %. L'essentiel des parts est
détenu par l'EURL (99 %). Un loyer correspondant à la valeur locative
est facturé à l'EURL et au jeune consultant.

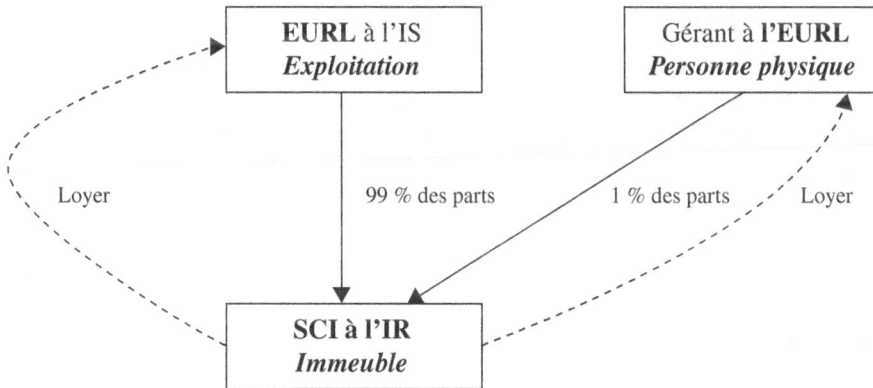

Analyse et conséquences en matière d'imposition

La SCI est transparente fiscalement car elle est imposée à l'IR. Son
résultat est donc déterminé selon les règles applicables à l'associé :

- IS pour la quote-part de résultat (99 %) revenant à l'EURL ;
- Revenus fonciers pour la quote-part de résultat (1 %) revenant au
  jeune consultant.

---

1. Voir le « Guide de la SARL et de l'EURL » aux Éditions d'Organisation.

Pour la quote-part de résultat (99 %) revenant à l'EURL

La SCI peut déduire l'intégralité des intérêts d'emprunt et l'amortisse-ment de l'immeuble car elle applique les règles IS. Elle sera donc défi-citaire. Le déficit de la SCI va remonter vers l'EURL puisque la SCI est transparente fiscalement (l'EURL déduit de manière extra-comptable sa quote-part de déficit). Ce déficit va ainsi s'imputer sur les bénéfices réalisés par l'EURL et permettre ainsi une substantielle économie d'impôt sur les sociétés.

Pour la quote-part de revenus fonciers (1 %) revenant au jeune consultant

La SCI peut déduire l'intégralité des intérêts d'emprunt mais pas l'amortissement de l'immeuble car elle applique les règles des revenus fonciers. Elle sera cependant déficitaire. Le déficit foncier de la SCI pourra s'imputer sur les autres revenus du jeune consultant, notam-ment sur la rémunération que lui attribue l'EURL, et permettre ainsi une économie d'impôt sur le revenu.

Au final

Le montage permet de financer pour partie l'acquisition grâce à une économie d'impôt. Le montage est justifié économiquement. Il n'a pas pour objectif unique de se soustraire au paiement de l'impôt. Il serait donc difficile pour l'administration d'invoquer l'abus de droit. Si le jeune consultant était resté sagement salarié de sa prestigieuse société de consulting, c'est son salaire net de charges sociale et d'impôt sur le revenu qui lui aurait permis d'acquérir un appartement. Il n'aurait pas bénéficié de cet effet de levier fiscal.

Le montage est relativement simple. La SCI pourrait opter pour l'IS et l'EURL pourrait pratiquer l'intégration fiscale. Au final, le résultat serait le même. Cependant, l'intégration fiscale compliquerait le suivi administratif (déclarations fiscales spécifiques) et l'option pour l'IS serait irrévocable. Enfin, aucun étranger n'intervient dans la SCI.

Analyse et conséquences en matière de TVA

La SCI a opté pour la TVA.

Pour le loyer facturé à l'EURL

Le loyer est facturé TTC. La TVA supportée par l'EURL est récupérée. C'est donc neutre. De plus, elle pourra récupérer la TVA immobilière qui a grevé l'acquisition de son appartement. Elle sera alors en crédit de TVA et pourra en demander le remboursement.

Pour le loyer facturé au jeune consultant

Le loyer est obligatoirement facturé HT car il s'agit d'une location à usage d'habitation. Le jeune consultant ne supporte pas une TVA qu'il n'aurait pas pu récupérer en tant que consommateur final.

Au final

Le montage aura permis de récupérer une partie de la TVA qui grève l'acquisition (19,6 % du coût) en fonction du prorata de déduction (voir cas n° 17). Cependant, l'immobilier neuf est plus cher que l'immobilier ancien. Pour l'ancien, les droits d'enregistrement s'appliquent au taux de 5 %. Ils ne peuvent pas être récupérés. En revanche, ils peuvent être déduits du résultat imposable de la SCI pour la partie déterminée selon les règles de l'IS.

3.3. SCI et association

Une association, sur le plan fiscal, est un organisme sans but lucratif (OSBL) qui n'est pas soumis aux impôts commerciaux (IS, TVA et taxe professionnelle). L'association n'est donc pas soumise à l'IS si elle ne poursuit pas de but lucratif.

Cependant, si l'association loue **un immeuble dont elle est propriétaire,** les revenus de la location sont imposé à **l'impôt sur les sociétés au taux de 24 %** en tant que revenu du patrimoine (art. 206-5 du CGI). La base d'imposition est déterminée en appliquant les règles des revenus fonciers. Cependant, l'association peut déduire le montant réel des frais de gestion (frais d'assurance et <u>amortissements</u>). Le déficit foncier s'impute sur l'ensemble des revenus du patrimoine (locations, exploitation agricole et revenus de capitaux immobiliers).

L'association peut apporter l'immeuble loué à une SCI. L'association fait un apport partiel d'actif à la SCI. Elle reçoit en contrepartie des parts sociales de la SCI. Ainsi, à l'actif de l'association, les parts sociales dans la SCI se substituent à l'immeuble. L'association reçoit donc une **quote-part du revenu foncier de la SCI qui échappe à l'impôt sur les sociétés** car l'association n'encaisse plus un revenu foncier d'un immeuble dont elle est propriétaire.

3.4. SCI et agritourisme

L'engouement pour le tourisme rural s'explique par les besoins des citadins de fuir un tourisme de masse au profit d'un tourisme de découverte et de qualité. Cette demande de tourisme rural permet la nécessaire reconversion de certains ruraux vers des activités nouvelles.

La structure immobilière touristique peut être isolée au sein d'une SCI. La SCI loue la structure touristique à l'exploitation agricole. La charge de location vient minorer le bénéfice imposable et la base de calcul pour les cotisations sociales. Le revenu encaissé par la SCI est imposé en tant que revenu foncier avec un abattement forfaitaire de 14 %. Au final, le montage permet une économie d'impôt et de cotisations sociales tout en assurant une meilleure gestion de l'immobilier (transmission...).

L'activité touristique peut être isolée de l'exploitation agricole dans une société afin d'en faciliter ultérieurement la location ou la transmission. En contrepartie, l'activité touristique ne peut plus être financée par les aides ou les prêts réservés aux exploitants agricoles (DJA, PAM...).

L'activité agritouristique isolée au sein d'une société permet une économie de charges sociales. Si la société est imposée à l'IS (SARL...), le gérant est soumis aux cotisations uniquement sur la rémunération que lui attribue la société. Si la société est imposée à l'impôt sur le revenu (EURL, SNC, SARL de famille...), l'associé exploitant est alors soumis aux cotisations sociales uniquement sur sa quote-part de revenu dans la société. L'activité agritouristique isolée au sein d'une société évite à l'exploitation agricole de basculer au régime du bénéfice agricole réel ou au régime des bénéfices industriels et commerciaux si l'activité touristique devient prépondérante.

9

CONSTRUIRE UN PLAN DE FINANCEMENT, UN COMPTE DE RÉSULTAT PRÉVISIONNELS, ET ARBITRAGE IS-IR

Cette partie est développée directement à partir des cas pratiques n° 13 et 14 pour vous permettre de :

- **construire un plan de financement :** est-ce que le montage passe au niveau trésorerie ?
- **choisir le mode d'imposition :** faut-il rester à l'IR (revenus fonciers) ou opter pour l'IS ?

Les tableaux de ce plan de financement sont disponibles sur le CD-Rom du « Guide pratique de la SCI » aux Éditions d'Organisation.

I. Constitution d'un patrimoine immobilier et arbitrage IS/IR

Zoom N° 15

Vous n'avez pas besoin d'être riche pour vous constituer un patrimoine immobilier !

Si vous n'avez pas beaucoup d'argent, vous pouvez acheter un studio en empruntant à 100 %. Le banquier prendra en compte la perception des loyers pour vous accorder l'emprunt. Compte-tenu des taux d'intérêt relativement faibles et des loyers relativement élevés (il faut acheter dans une zone à forte pression immobilière), les loyers encaissés vous permettront de rembourser l'emprunt. Pendant la période d'emprunt (15 ans en général), vous vous constituez un patrimoine immobilier (le montage ne dégage aucune trésorerie). Lorsque l'emprunt est remboursé, votre patrimoine s'est enrichi de la valeur du studio et vous encaissez alors un revenu mensuel voisin du loyer. Cependant, le fort taux de changement de locataire qui affecte les petites surfaces entraîne un risque de vacance du locataire important.

Si vous renouvelez l'opération plusieurs fois, vous vous constituez un beau patrimoine immobilier dégageant des revenus plus importants que ceux de votre travail ! Vous serez alors confronté au douloureux problème de la gestion d'un impôt sur le revenu que vous jugerez trop excessif !

Cas N° 13

Objectif : se constituer un patrimoine immobilier

Plan de financement de la SCI et arbitrage IS-IR

Un jeune couple, Monsieur et Madame Baglionni, souhaite se constituer un patrimoine immobilier pour s'assurer un complément de retraite. Il ne dispose pas de revenus importants. Leur taux marginal d'imposition est donc faible et ils n'ont pas beaucoup de trésorerie à consacrer à l'opération. Ils constituent une SCI pour acheter un studio d'une valeur de 50 000 €. La SCI emprunte 90 % de cette somme.

Besoins de financement de la SCI (en K€)	
La SCI achète : • un studio (1) • et devra payer les frais notariés (2) = (1) × 5 %	50 2,5
Soit un budget total de	**52,5**

Mode de financement de la SCI (en K€)	
Les associés apportent en numéraire (apport en capital) La SCI contracte un emprunt pour le solde	7,5 45
Soit un financement total de	**52,5**

Caractéristiques de l'emprunt Durée en années Taux Remboursement mensuel constant	15 5,00 % 356 €
Caractéristiques du studio Loyer mensuel Durée amortissement Charges propriétaire mensuelles	400 € 30 ans 20 €
Taux marginal d'impôt sur le revenu	20 %

Il faut d'abord construire **le tableau d'amortissement de l'emprunt.** Il vous suffit d'obtenir du banquier le remboursement mensuel (356 €) ou de le calculer avec une calculatrice financière ou un tableur. Nous obtenons pour les 12 premiers mois (en euros) :

Mois	Capital restant (1)	Remboursement mensuel		
		Intérêts (2) = (1) × 5 %/12	Capital (3) = (4) − (2)	Total (4)
1	45 000	188	168	356
2	44 832	187	169	356
3	44 663	186	170	356
4	44 493	185	170	356
5	44 322	185	171	356
6	44 151	184	172	356
7	43 979	183	173	356
8	43 807	183	173	356
9	43 633	182	174	356
10	43 459	181	175	356
11	43 285	180	176	356
12	43 109	180	176	356
Cumul		**2 203**	**2 067**	**4 270**

Nous obtenons ainsi pour la période de 15 ans :

Tableau de remboursement de l'emprunt (en euros)

Années	1	2	3	4	5	10	15
Intérêts	2 203	2 097	1 986	1 869	1 746	1 031	113
Capital	2 067	2 173	2 284	2 401	2 524	3 239	4 157
Décaissement total	4 270	4 270	4 270	4 270	4 270	4 270	4 270

La SCI est à l'IR (en euros)

Années	1	2	3	4	5	10	15
En trésorerie							
Loyers	4 800	4 800	4 800	4 800	4 800	4 800	4 800
Charges	– 240	– 240	– 240	– 240	– 240	– 240	– 240
Emprunt	– 4 270	– 4 270	– 4 270	– 4 270	– 4 270	– 4 270	– 4 270
Trésorerie annuelle (a)	**290**	**290**	**290**	**290**	**290**	**290**	**290**
Trésorerie cumulée	**290**	**579**	**869**	**1 159**	**1 449**	**2 897**	**4 346**
En résultat							
Loyers	4 800	4 800	4 800	4 800	4 800	4 800	4 800
Charges	– 240	– 240	– 240	– 240	– 240	– 240	– 240
Intérêts sur emprunt	– 2 203	– 2 097	– 1 986	– 1 869	– 1 746	– 1 031	– 113
Résultat net (c)	**2 357**	**2 463**	**2 574**	**2 691**	**2 814**	**3 529**	**4 447**
Impôts payés par les associés IR sur RF positifs payés par les associés (b) = (c) × 20 %	– 471	– 493	– 515	– 538	– 563	– 706	– 889
Prélèvements sociaux à 11 %	– 259	– 271	– 283	– 296	– 309	– 388	– 489
Imposition globale (d)	**– 731**	**– 763**	**– 798**	**– 834**	**– 872**	**– 1 094**	**– 1 378**
Trésorerie disponible pour l'associé • nette par année (a) – (d)	– 441	– 474	– 508	– 544	– 582	– 804	– 1 089
• en cumul	– 441	– 915	– 1 423	– 1 967	– 2 550	– 6 105	**– 10 951**

Commentaires

La SCI est transparente fiscalement. Son résultat est donc directement imposé en tant que revenus fonciers au niveau des associés à leur taux marginal d'IR (20 %). Ils doivent également payer un prélèvement de 11 % (CSG + CRDS + prélèvement social).

La trésorerie disponible pour l'associé correspond à la trésorerie de la SCI qu'il peut se distribuer sans imposition moins l'impôt qu'il doit payer.

À l'horizon de 15 ans, il aura décaissé en tout 10 951 € pour devenir propriétaire d'un studio d'une valeur de 50 000 €. Au-delà de 15 ans, le studio lui dégagera un résultat voisin du loyer (≈ 380 €).

N.B. : une partie de la CSG est déductible du revenu global et permet ainsi une économie d'impôt qui n'est pas prise en compte ici.

La SCI opte pour l'IS (en euros)

Années	1	2	3	4	5	10	15
En trésorerie							
Loyers	4 800	4 800	4 800	4 800	4 800	4 800	4 800
Charges	– 240	– 240	– 240	– 240	– 240	– 240	– 240
Emprunt	– 4 270	– 4 270	– 4 270	– 4 270	– 4 270	– 4 270	– 4 270
IS à payer	– 141	– 157	– 174	– 191	– 210	– 317	– 454
Trésorerie annuelle (a)	**149**	**133**	**116**	**99**	**80**	**– 27**	**– 165**
Trésorerie cumulée	**149**	**281**	**398**	**496**	**576**	**666**	**131**
En résultat							
Loyers	4 800	4 800	4 800	4 800	4 800	4 800	4 800
Charges	– 240	– 240	– 240	– 240	– 240	– 240	– 240
Intérêts sur emprunt	– 2 203	– 2 097	– 1 986	– 1 869	– 1 746	– 1 031	– 113
Amortissement immeuble et frais notariés[1]	– 1 417	– 1 417	– 1 417	– 1 417	– 1 417	– 1 417	– 1 417
Résultat avant IS	940	1 046	1 157	1 274	1 397	2 112	3 030
IS à payer à 15 %	141	157	174	191	210	317	454
Résultat net (c)	**799**	**889**	**984**	**1 083**	**1 187**	**1 795**	**2 575**
Trésorerie disponible pour l'associé							
• nette par année	149	133	116	99	80	– 27	– 165
• en cumul	149	281	398	496	576	666	**131**

Commentaires

La SCI paie elle-même l'IS au taux de 15 % car elle est opaque fiscalement. L'associé ne paie donc par d'impôt sur le revenu.

Bien qu'ayant un résultat positif, elle peut difficilement distribuer un dividende car sa trésorerie est proche de zéro (en cas de distribution de dividendes, l'associé aurait été imposé à l'IR dans la catégorie des « revenus de capitaux mobiliers » ainsi qu'au prélèvement de 11 % qui s'applique au dividende brut).

La trésorerie disponible pour l'associé correspond donc uniquement à la trésorerie de la SCI (la SCI lui appartient – on raisonne au niveau de son patrimoine).

---

1. Les frais notariés peuvent être déduits immédiatement ou être inclus dans la base amortissable. L'amortissement est obtenu en divisant la base amortissable (Construction – terrain estimé à 20 % + frais d'acquisition) par la durée d'utilisation (30 ans). Soit : (50 × 80 % + 2,5) / 30 ans = 1 417 € par an.

À l'horizon de 15 ans, il n'aura rien décaissé (il encaisse 131 €) pour devenir propriétaire d'un studio d'une valeur de 50 000 €. Au-delà de 15 ans, le studio lui dégagera un résultat voisin du loyer.

Conclusion

L'option pour l'IS semble favorable. En effet, à l'IR, l'investisseur a décaissé 11 K€ (10 951 €) pour devenir propriétaire d'un immeuble d'une valeur de 50 K€ alors que la SCI n'a rien décaissé (131 €). Cet avantage pour l'IS est lié à un différentiel de taux d'imposition (31 % à l'IR – IR de 20 % + PS de 11 % – contre 15 % à l'IS) et à la déduction de l'amortissement à l'IS. Mais en cas de cession au terme de 15 ans, la plus-value est totalement exonérée à l'IR alors qu'elle sera fortement imposée à l'IS. D'autres considérations doivent également être prises en compte pour cet arbitrage (voir thème n° 13).

2. Gestion d'un patrimoine immobilier et arbitrage IS/IR

<table>
<tr><td>Cas N° 14 ◇</td><td>**Objectif : gérer son patrimoine immobilier**</td></tr>
</table>

Plan de financement de la SCI et arbitrage IS-IR
Notre jeune couple, Monsieur et Madame Baglionni, a vieilli. Il est maintenant propriétaire de quatre studios d'une valeur globale de 200 000 € sans aucun endettement. Leur train de vie a augmenté : ils souhaitent prélever le maximum de trésorerie possible. ◇

Caractéristiques des studios

Loyers mensuels	1 600 €
Durée amortissement	30 ans
Charges propriétaire mensuelles	80 €
Taux marginal d'impôt sur le revenu	40 %

La SCI est à l'IR

La SCI est transparente fiscalement. Son résultat est donc directement imposé en tant que revenus fonciers au niveau des associés à leur taux marginal d'IR (40 %).

La trésorerie disponible pour l'associé correspond à la trésorerie de la SCI, qu'il peut se distribuer sans imposition, moins l'impôt sur le revenu et le prélèvement de 11 % qu'il doit payer.

À l'horizon de 15 ans, il aura encaissé en tout 134 064 € grâce à l'acquisition d'un patrimoine qui s'est entièrement autofinancé (voir cas n° 13).

Pour disposer d'une trésorerie annuelle de 18 240 € avant impôt, il faut gagner :

- 23 000 € de salaire brut si vous êtes un « simple » salarié (il faut décompter 20 % de retenues sur salaire) ;
- 29 000 € de coût salarial si vous êtes votre propre employeur (vous êtes salarié de l'entreprise que vous avez créée. Vous supportez 60 % de charges patronales et salariales).

La SCI est à l'IR (en euros)

Années	1	2	3	4	5	10	15
En trésorerie							
Loyers	19 200	19 200	19 200	19 200	19 200	19 200	19 200
Charges	− 960	− 960	− 960	− 960	− 960	− 960	− 960
Emprunt							
Trésorerie annuelle (a)	**18 240**	**18 240**	**18 240**	**18 240**	**18 240**	**18 240**	**18 240**
Trésorerie cumulée	**18 240**	**36 480**	**54 720**	**72 960**	**91 200**	**182 400**	**273 600**
En résultat							
Loyers	19 200	19 200	19 200	19 200	19 200	19 200	19 200
Charges	− 960	− 960	− 960	− 960	− 960	− 960	− 960
Intérêts sur emprunt	0	0	0	0	0	0	0
Résultat net (c)	**18 240**	**18 240**	**18 240**	**18 240**	**18 240**	**18 240**	**18 240**
Impôts payés par les associés							
IR sur RF positifs payés par les associés (b) = (c) × 40 %	− 7 296	− 7 296	− 7 296	− 7 296	− 7 296	− 7 296	− 7 296
PS à 11 %	− 2 006	− 2 006	− 2 006	− 2 006	− 2 006	− 2 006	− 2 006
Imposition globale	**− 9 302**	**− 9 302**	**− 9 302**	**− 9 302**	**− 9 302**	**− 9 302**	**− 9 302**
Trésorerie disponible pour l'associé							
• nette par année	8 938	8 938	8 938	8 938	8 938	8 938	8 938
• en cumul	8 938	17 875	26 813	35 750	44 688	89 376	**134 064**

La SCI opte pour l'IS (en euros)

Années	1	2	3	4	5	10	15
En trésorerie							
Loyers	19 200	19 200	19 200	19 200	19 200	19 200	19 200
Charges	− 960	− 960	− 960	− 960	− 960	− 960	− 960
Emprunt	0	0	0	0	0	0	0
IS à payer	− 1 936	− 1 936	− 1 936	− 1 936	− 1 936	− 2 736	− 2 736
	16 304	**16 304**	**16 304**	**16 304**	**16 304**	**15 504**	**15 504**
Dividende	− 10 971	− 10 971	− 10 971	− 10 971	− 10 971	− 15 504	− 15 504
Trésorerie annuelle de la SCI	**5 333**	**5 333**	**5 333**	**5 333**	**5 333**	**0**	**0**
Trésorerie cumulée de la SCI	**5 333**	**10 667**	**16 000**	**21 333**	**26 667**	**48 000**	**48 000**
En résultat							
Loyers	19 200	19 200	19 200	19 200	19 200	19 200	19 200
Charges	− 960	− 960	− 960	− 960	− 960	− 960	− 960
Intérêts sur emprunt	0	0	0	0	0	0	0
Amortissement immeuble[1]	− 5 333	− 5 333	− 5 333	− 5 333	− 5 333		
Résultat avant IS	**12 907**	**12 907**	**12 907**	**12 907**	**12 907**	**18 240**	**18 240**
IS à payer à 15 %	1 936	1 936	1 936	1 936	1 936	2 736	2 736
Résultat net	**10 971**	**10 971**	**10 971**	**10 971**	**10 971**	**15 504**	**15 504**
Distribution aux associés							
Dividende	10 971	10 971	10 971	10 971	10 971	15 504	15 504
Abattement de 40 %	− 4 388	− 4 388	− 4 388	− 4 388	− 4 388	− 6 202	− 6 202
Dividende imposable	**6 582**	**6 582**	**6 582**	**6 582**	**6 582**	**9 302**	**9 302**
IR à payer à 40 %	**2 633**	**2 633**	**2 633**	**2 633**	**2 633**	**3 721**	**3 721**
PS à 11 %	**1 207**	**1 207**	**1 207**	**1 207**	**1 207**	**1 705**	**1 705**
Trésorerie disponible pour l'associé							
• nette par année	7 131	7 131	7 131	7 131	7 131	10 078	10 078
• en cumul	7 131	14 262	21 393	28 524	35 655	74 256	**124 644**

Commentaires

La SCI paie elle-même l'IS au taux de 15 % car elle est opaque fiscalement. L'associé ne paie donc par d'impôt sur le revenu sur le bénéfice de la SCI.

---

1. L'amortissement est obtenu en divisant la base amortissable (Construction – terrain estimé à 20 %) par la durée d'utilisation (30 ans). Soit : (200 × 80 %) / 30 ans = 5 333 € par an).

   N.B. : nous supposons que l'amortissement de l'immeuble est terminé à la fin de la neuvième année (à cette date, l'immeuble est entièrement amorti).

Le résultat positif dégagé par la SCI est entièrement distribué sous forme de dividende. La trésorerie correspond alors au montant de l'amortissement des studios (l'amortissement est destiné au renouvellement de l'immeuble).

Le dividende distribué est imposé entre les mains de l'associé à l'impôt sur le revenu dans la catégorie des revenus de capitaux mobiliers ainsi qu'aux prélèvements sociaux.

La trésorerie disponible pour l'associé est de 124 644 €. Si on fait une consolidation de son patrimoine, et que l'on ajoute la trésorerie captive au sein de la SCI, la trésorerie disponible est alors de 172 644 €.

Conclusion

	Pour l'IR	Pour l'IS
Taux d'impôt	Le taux marginal d'IR (40 %) est très élevé…	… alors que le taux de l'IS (15 %) est faible.
Dividendes	Ils ne sont pas imposés….	… alors qu'ils sont imposés au taux de l'IR de 40 %. L'abattement de 40 % n'élimine pas la double imposition. De plus, ils subissent les prélèvements sociaux au taux de 11 %.
Conclusion	La différence entre les deux simulations est très ténue. D'autres considérations doivent donc être prises en compte pour cet arbitrage (voir thème 13).	

10

OPTIMISATION FISCALE
DE LA TVA

L'acquisition d'un immeuble ancien est soumise aux droits d'enregis-trement au taux de 5,09 % alors que l'acquisition d'un immeuble neuf[1] ou d'un terrain à bâtir est soumise à la TVA immobilière au taux de 19,6 %.

1. Conditions d'application de la TVA immobilière

La TVA immobilière s'applique aux acquisitions de terrains à bâtir et d'immeubles neufs faites par des entreprises ou par des particuliers (*N.B.* : les entrepreneurs de travaux immobiliers relèvent de la TVA de droit commun, en tant que prestataires de services).

Si l'acquéreur est un simple particulier, la TVA est payée au moment de la publication à la conservation des hypothèques de l'acte d'achat et ne peut pas être récupérée.

_____

1. Majoré de la taxe de publicité foncière de 0,60 % pour un immeuble neuf.

Si l'acquéreur est un assujetti réalisant par ailleurs d'autres opérations imposables, la TVA sera récupérée selon la procédure habituelle au moment du dépôt de la déclaration CA-3.

Indépendamment de la TVA, la taxe de publicité foncière est due au taux de 0,60 % sur le prix HT. Cependant, les acquisitions de terrains à bâtir et les apports immobiliers à des sociétés sont exonérés de cette taxe. La TVA se calcule sur le prix stipulé dans l'acte ou sur la valeur vénale si celle-ci est supérieure comme en matière d'enregistrement. La TVA est exigible à la date de signature de l'acte notarié.

La TVA immobilière	
La TVA immobilière s'applique aux acquistions de terrains à bâtir et d'immeubles neufs.	
Acquisition d'un terrain à bâtir	Les acquisitions de terrains à bâtir[1] sont soumises à la TVA si l'acquéreur, au pied de l'acte notarié, prend l'**engagement de construire dans les quatre ans.** À défaut de construction dans le délai de quatre ans, les droits d'enregistrement deviennent rétroactivement exigibles[2], majorés d'un droit supplémentaire de 1 % sans compter l'intérêt de retard de 0,40 % par mois. **La TVA immobilière ne s'applique plus aux terrains à bâtir acquis par un particulier en vue de la construction d'immeubles à usage d'habitation.** Ces acquisitions sont soumises aux droits d'enregistrement au taux de 5,09 %. **Cette mesure ne concerne pas les SCI.**
Acquisition d'un immeuble neuf	Les ventes d'immeubles neufs sont soumises à la TVA dans les deux hypothèses suivantes : • l'immeuble est vendu en l'état futur d'achèvement (en cours de construction) ; • il s'agit de la première vente dans le délai de cinq ans à compter de l'achèvement de l'immeuble. Les mutations suivantes quittent le champ de la TVA pour tomber sous le régime de l'enregistrement. Pour un immeuble **d'habitation** acheté par un particulier ou par une entreprise, la TVA payée à l'achat n'est pas déductible. La TVA payée à l'achat s'impute alors sur la TVA exigible à la revente. Cette imputation est interdite lorsqu'il s'agit d'un immeuble à usage professionnel car la TVA à l'achat a été déduite. .../...

1. Terrains nus ou recouverts de bâtiments destinés à être démolis ; immeubles inachevés ; droit de surélévation d'immeubles préexistants ; indemnités versées aux personnes qui exercent un droit sur le terrain (indemnités de cour commune, servitudes, indemnités d'éviction…).
2. Sous déduction de la TVA initialement acquittée.

...\...

Travaux de transformation d'un immeuble ancien	Si les travaux de transformation d'un immeuble ancien[1] apportent une modification importante au gros œuvre, ou accroissent son volume ou sa surface[2], ou changent la destination de l'immeuble[3], l'acquisition est alors soumise à la TVA immobilière et non aux droits d'enregistrement (article 257-7° du CGI –BOI 8 A-1131).

Zoom N° 16

○ **Rescrit et travaux de rénovation ou de restructurations d'un immeuble ancien**

Les immeubles préexistants sont considérés comme des terrains à bâtir soumis à la TVA immobilière, lorsque les travaux de rénovation ou de restructuration aboutissent à des **immeubles nouveaux.** Pour éviter une remise en cause de la TVA, l'acquéreur doit saisir l'administration fiscale préalablement à l'acquisition pour obtenir son appréciation. La décision de l'administration fiscale lui est alors opposable si la description de l'opération correspond à la réalité. La remise en cause de la TVA pourrait affecter la rentabilité de l'opération car les droits de mutation au taux de 4,89 % seraient exigibles. ○

2. TVA immobilière ou droits d'enregistrement pour une activité de location ?

Si l'activité de location est imposable à la TVA (location nue à usage professionnel, location équipée ou location avec prestations para-hôtelières), **l'acquisition d'un immeuble neuf est préférable** car la TVA sur le prix d'acquisition peut être récupérée (TVA à 19,6%). La taxe de publicité foncière de 0,60 % est alors la seule charge fiscale définitive.

---

1. Pour l'adapter à une exploitation hôtelière, dans le cadre de la loi Malraux…
2. La TVA s'applique également si les travaux sont des aménagements internes équivalent à une véritable reconstruction.
3. Le simple changement de destination n'est pas suffisant pour l'application de la TVA immobilière.

Par ailleurs, la TVA collectée sur les loyers peut être limitée à 5,5 % (location meublée avec des prestations para-hôtelières), alors que la TVA déductible sur l'acquisition est de 19,6 %. La contribution sur les revenus locatifs (CRL) a été supprimée dans la plupart des cas. Cependant, la CRL reste exigible si les trois conditions suivantes sont remplies : la SCI opte pour l'impôt sur les sociétés (IS) ou l'un de ses associés est imposée à l'IS ; les locaux loués sont achevés depuis plus de quinze ans ; les loyers ne sont pas soumis à la TVA. La CRL est alors de 2,5 % du montant des loyers perçus par la SCI. Cette contribution est à la charge de la SCI.

Cas N° 15 ◇

Récupération de la TVA sur l'acquisition d'un immeuble neuf

Un investisseur achète un appartement neuf de 100 000 € HT qu'il donne en location meublée avec des prestations para-hôtelières. Le taux des loyers HT est de 5 % du prix d'acquisition. ◇

Paramètres à prendre en compte :

% de loyers HT / prix d'acquisition HT	5,0 %
TVA sur l'acquisition	19,6 %
TVA sur les loyers	5,5 %

Bilan TVA encaissée sur l'acquisition / TVA décaissée sur les loyers :

TVA sur l'acquisition encaissée (a)		19 600 €
Loyers annuels	5 000 €	
TVA sur les loyers (b)	275 €	
Délai de récupération en années (a) / (b)		71

Le bilan est positif. Nous raisonnons en euros constants (pas d'actualisation) car la progression des loyers compense l'inflation. La TVA pourra être investie sur un contrat d'assurance-vie faiblement imposable.

Si l'activité de location n'est pas imposable à la TVA (location nue à usage d'habitation), **l'acquisition d'un <u>immeuble ancien</u> est préférable** car les taxes supportées par l'acquéreur sont de 5,09 % au lieu de 19,6 %. Si l'activité est imposée dans la catégorie des revenus fonciers (location nue en direct), les droits d'enregistrement ne sont pas déductibles. Si l'activité est imposée à l'IS (une SCI qui opte pour l'IS), les droits d'enregistrement sont déductibles immédiatement ou étalés sur la durée de vie de l'immeuble[1]. Cependant, l'acheteur peut récupérer la TVA que le vendeur a été obligé de reverser à l'État (voir page 114).

Zoom N° 17

Céder des parts sociales de SCI au lieu de l'immeuble permet des économies

Les taux de la taxe de publicité foncière sont raisonnables. Cependant, la constitution d'une SCI permet de réaliser des économies en cédant des parts de SCI au lieu d'un immeuble :
- la cession des parts d'une société civile immobilière n'a pas besoin d'un acte notarié et ne fait pas l'objet d'une publicité à la conservation des hypothèques ;
- la cession des parts sociales d'une SCI est également taxée à 5 %. La cession de l'immobilier professionnel est donc taxée au même taux que l'immeuble soit ou non logé dans une SCI. Cependant, la SCI permet de réduire la base d'imposition dans certains cas (voir thème 12).

Les frais d'acquisition de l'immeuble par la SCI sont-ils déductibles ?	La SCI est imposée à	
	l'impôt sur le revenu	**l'impôt sur les sociétés**
TVA immobilière	Si la SCI opte pour la TVA, elle peut récupérer la TVA sur l'acquisition (19,6 % × prix d'acquisition). Les loyers seront imposés à la TVA.	
Les droits d'enregistrement et les honoraires du notaire	Ces frais ne sont pas déductibles car ils constituent des dépenses liées à l'acquisition d'un capital.	Ces frais sont déductibles. Ils peuvent être étalés sur la durée de vie de l'immeuble.

1. Selon le règlement du CRC sur les actifs, les frais d'acquisition font partie du coût d'acquisition de l'immeuble.

TVA et locations d'immeubles
En principe, les locations immobilières constituent une activité économique relevant de la TVA.

Les locations exclues de la TVA	Les locations qui portent sur des immeubles à **usage d'habitation,** sans distinguer selon qu'elles sont nues ou meublées (le législateur n'a pas voulu que la TVA soit une cause d'augmentation des loyers).
Les locations obligatoirement soumises à la TVA	Les locations qui présentent un caractère commercial[1] : • les locations d'immeubles professionnels équipés, c'est-à-dire munis du mobilier et du matériel ; • les locations de garages et de parkings, sauf si elles constituent la dépendance d'un immeuble d'habitation ; • les locations de terrains équipés, à usage de camping par exemple ; • les locations commerciales par assimilation : les locations d'immeubles sont obligatoirement soumises à la TVA lorsqu'elles « constituent pour le bailleur un moyen de poursuivre, sous une autre forme, l'exploitation d'un actif commercial ou d'accroître ses débouchés ou lorsque le bailleur participe aux résultats de l'entreprise locataire » (art. 261-D-2° du CGI) ; • les locations meublées à usage d'habitation accompagnées de prestations para-hôtelières sont imposées à 5,5 %. Le contribuable doit offrir trois des prestations suivantes : le petit déjeuner, le nettoyage quotidien des locaux, la fourniture de linge de maison ou la réception de la clientèle, et doit être immatriculée au registre du commerce et des sociétés au titre de cette activité.
Les locations soumises à la TVA par option	L'option pour la TVA est possible lorsque la location porte sur des : • locaux nus à usage professionnel, qu'il s'agisse de locaux à usage industriel, commercial ou de bureaux loués à des assujettis. • terres et bâtiments d'exploitation à usage agricole.

---

1. Les locations à caractère commercial ne peuvent pas être consenties, en principe, par une SCI. À défaut, la SCI est imposée à l'IS.

3. Comment obtenir le remboursement de la TVA sur le prix d'acquisition de l'immeuble ?

3.1. Acquisition d'un immeuble neuf

Le remboursement de la TVA déductible s'obtient, en principe, par imputation : la TVA déductible s'impute sur la TVA collectée. La TVA exigible est à payer à l'État (TVA collectée > TVA déductible). Le crédit de TVA est reportable sur la prochaine déclaration ou remboursé (TVA collectée < TVA déductible).

La TVA qui grève **l'acquisition d'un immeuble** fait naître un **important crédit de TVA** dont l'investisseur doit demander le remboursement dans les meilleurs délais. Le **droit à remboursement** peut être exercé **trimestriellement**[1] si le crédit remboursable est au moins égal à 760 € et si la situation a été créditrice tout au long du trimestre.

La demande est présentée sur **l'imprimé n° 3519** en deux exemplaires. Elle doit être déposée au cours du mois suivant chaque trimestre civil[2], en même temps que le dépôt de la déclaration de TVA, au plus tard avant l'expiration du mois considéré. L'administration peut soumettre le bénéfice du remboursement à la présentation d'une caution (cas des entreprises nouvelles ou à moralité fiscale douteuse). La caution est engagée pour deux ans à compter du remboursement.

Cas N° 16 ◇

Remboursement du crédit de TVA

Un investisseur achète un immeuble neuf le 1er juin pour 100 000 € HT pour l'exercice une activité de location assujettie à la TVA. La location pourrait débuter le 25 juin ou le 1er juillet.

---

1. Annuellement si le crédit remboursable est au moins égal à 150 €.
2. Pour un remboursement trimestriel. Dans le courant du mois de janvier de l'année suivante pour un remboursement annuel.

(Suite cas n° 16)

Le droit à remboursement du crédit de TVA peut être exercé trimestriellement car le crédit remboursable (19 600 €) est supérieur à 760 €. En cas de création d'une activité nouvelle (ou d'un secteur distinct d'activité), en cours de trimestre, la situation doit rester créditrice jusqu'au terme du trimestre. Si la location débute le 25 juin le remboursement peut être demandé en juillet. Mais si la location débute le 1er juillet, le remboursement ne pourra être demandé qu'en octobre.   ◇

Zoom N° 18

○   **Attention aux loyers anormalement bas !**

Une location d'immeuble assujettie à la TVA de droit ou par option, permet de déduire intégralement la TVA grevant l'acquisition de l'immeuble loué. Cependant, si les loyers sont « manifestement en dessous du prix normal du marché », la location est réputée non assujettie car elle n'a pas la nature d'une « opération économique »[1]. La TVA déduite devrait alors être restituée… Ce qui peut remettre en cause l'équilibre financier de l'investissement.   ○

3.2. Construction d'un immeuble neuf

En cas de **construction d'un immeuble affecté à une activité imposable à la TVA**[2 et 3] (location équipée…), l'investisseur doit **imposer la livraison de l'immeuble** à la date de l'achèvement.

---

1. L'Administration s'appuie sur une interprétation de la CJCE selon laquelle seules les activités économiques, c'est-à-dire intervenant dans des conditions normales de marché, entrent dans le champ d'application de la TVA.
2. Pour une activité exonérée de TVA (location à usage d'habitation), la livraison de l'immeuble n'est pas imposée. En contrepartie, la TVA sur les travaux n'est pas récupérable.
3. Une redevance pour la construction de bureaux ou de locaux de recherche en Île-de-France est exigible.

La TVA exigible est calculée à 19,6 % sur le prix de revient total hors taxes de l'immeuble[1]. La TVA exigible est immédiatement récupérable car l'activité est imposable à la TVA. Il n'y a donc **aucun décaissement.** Si l'immeuble n'est pas entièrement affecté à une activité imposable (location à usage d'habitation et location à usage professionnel), la TVA n'est récupérable qu'à hauteur du prorata de déduction. Pour une location nue, il faudra opter pour la TVA <u>avant l'achèvement de l'immeuble</u> pour récupérer l'intégralité de la TVA[2].

En contrepartie, l'investisseur peut **récupérer la TVA au fur et à mesure de l'avancement des travaux**[3] dès qu'un bail soumettant la location à la TVA est conclu[4]. Ainsi, la TVA sur le terrain à bâtir, est récupérable au titre du mois de l'acquisition. La TVA sur les travaux immobiliers est récupérable le mois du paiement des prestataires de services ou des entrepreneurs (sauf option de ces prestataires ou entrepreneurs pour le paiement de la TVA d'après les débits).

Zoom N° 19

○   **SCI à déconseiller pour la construction
                d'un immeuble à usage d'habitation**

L'acquisition d'un terrain à bâtir par un particulier en vue de la construction d'un immeuble à usage d'habitation est soumise aux droits d'enregistrement au taux de 5 % au lieu d'être imposée à la TVA immobilière au taux de 19,6 %. Le particulier réalise ainsi une économie de 15 % du prix d'acquisition (19,6 % – 5 % ≈ 15 %). En revanche, si le particulier crée une SCI qui acquiert le terrain à bâtir, la TVA immobilière s'applique obligatoirement. Cette TVA ne peut pas être récupérée.   ○

---

1. À l'achèvement, l'investisseur remplit une déclaration provisoire n° 940. Il remplit ensuite la déclaration CA3 mensuelle ou trimestrielle qui fait apparaître la TVA collectée et la TVA déductible. Il n'y a alors aucune TVA à liquider.
2. Pour un immeuble achevé en décembre N et une option exercée en janvier N+1, une TVA exigible de 100 sera récupérée à hauteur de : $100 - 100 \times 2/20 = 90$.
3. Pour une activité exonérée de TVA (location à usage d'habitation), la livraison de l'immeuble n'est pas imposée. En contrepartie, la TVA sur les travaux n'est pas récupérable.
4. Si l'investisseur exerce une activité de location soumise à TVA, il peut récupérer la TVA avant la signature du bail.

4. Comment augmenter le droit à déduction de la TVA sur l'acquisition de l'immeuble ?

Si un immeuble est affecté exclusivement à une activité de location imposable à la TVA, la TVA sur l'acquisition est entièrement récupérable.

Si un immeuble est affecté exclusivement à une activité de location exonérée de TVA, la TVA sur l'acquisition n'est pas récupérable.

Mais si un immeuble est affecté à une activité de location imposable à la TVA ET à une activité de location exonérée de TVA, seule **une fraction de la TVA** sur l'acquisition est récupérable. En principe, cette fraction est égale au rapport existant annuellement entre les loyers HT imposables à la TVA et la totalité des loyers HT. Cette fraction est appelée **prorata général de déduction.**

Cependant, selon la doctrine administrative, la TVA grevant l'acquisition d'un immeuble est toujours récupérable par application du prorata général de déduction, même si l'immeuble est affecté exclusivement à une activité de location imposable à la TVA ou à une location exonérée de TVA[1]. Cette doctrine est opposable à l'administration.

Un contribuable qui exerce, au sein de la même structure, plusieurs activités qui ne sont pas soumises aux mêmes règles en matière de TVA a l'obligation de constituer des **secteurs distincts d'activité**[2]. Ainsi une entreprise qui exerce une activité de négoce et une activité de location d'immeuble doit isoler chaque activité au sein d'un secteur distinct d'activité. Pour apprécier le droit à déduction, on raisonne au sein de chaque secteur d'activité. Pour un immeuble, on applique le prorata de déduction spécifique au secteur d'activité concerné.

---

1. En principe, compte tenu de la jurisprudence du Conseil d'État et de la Cour de Justice des Communautés européennes (CJCE), cette règle n'est que supplétive : elle ne devrait s'appliquer en droit que si le bien n'est pas exclusivement affectable, en tout ou partie, à une opération imposable ou à une opération exonérée.
2. On a ainsi l'obligation fiscale de constituer un secteur unique pour les immeubles dont la location est exonérée de la TVA ; un autre pour les immeubles dont les loyers sont entièrement ou partiellement soumis à TVA de plein droit (immeubles équipés notamment) ; un autre pour les immeubles dont les loyers sont soumis à la TVA par option.

◇ ## TVA récupérable lors de l'acquisition

Un immeuble locatif est affecté pour une partie à l'habitation et pour l'autre partie à usage de bureaux. Les loyers d'habitation sont exonérés de TVA sans possibilité d'option. Les loyers de bureaux sont assujettis à la TVA.

Prix d'acquisition HT de l'immeuble	200 000 €
TVA à 19,6 % sur l'acquisition	39 200 €

	Surface louée	Taux des loyers	Montant des loyers
Location à usage d'habitation exonérée de TVA	40 %	5 %	4 000 €
Location à usage de bureaux imposable à la TVA	60 %	10 %	12 000 €
	100 %	**8 %**	**16 000 €**

◇

Pour la partie de l'immeuble affectée exclusivement à une activité de location imposable à la TVA, la TVA sur l'acquisition est entièrement récupérable. Le montant de la TVA récupérable devrait donc se calculer en fonction de nombre de mètres carrés affectés à usage de bureau :

TVA déductible en fonction du prorata des surfaces

TVA sur l'acquisition	39 200 €
% des surfaces de l'immeuble affecté à une activité de location imposable à la TVA	60 %
TVA récupérable	**23 520 €**

Cependant, selon la doctrine administrative, la TVA grevant l'acquisition d'un immeuble est toujours récupérable par application du prorata général de déduction :

TVA déductible en fonction du prorata général de déduction

Prorata de déduction (a) / (b)	75 %
– Loyers HT imposables à la TVA (a)	12 000 €
– Totalité des loyers HT (b)	16 000 €
TVA sur l'acquisition	39 200 €
Prorata général de déduction	75 %
TVA récupérable	**29 400 €**

L'application de cette doctrine permet donc d'optimiser la récupération de la TVA sur l'acquisition.

Si cet immeuble est constitué en secteur distinct d'activité, la TVA est déductible en fonction du prorata de déduction spécifique au secteur d'activité. Le droit à déduction est donc identique.

Zoom N° 20

Faire de la location équipée pour financer la location de son chalet

Un investisseur constitue une SA imposée à l'IS. Cette société achète un chalet neuf et des locaux destinés à une location équipée. Le chalet est loué à usage d'habitation au dirigeant aux conditions du marché (loyers de 4 % du prix d'acquisition). La location équipée est beaucoup plus rentable (loyers de 15 % du prix d'acquisition) que la location à usage d'habitation.

- Une partie de la **TVA** sur le chalet pourrait être récupérée, bien qu'il soit à usage d'habitation, par application du prorata général de déduction. Cependant, l'investisseur pourrait avoir l'obligation de constituer deux secteurs distincts d'activité : la TVA sur le chalet ne serait alors pas récupérable. La location du chalet pourrait être assortie de prestations para-hotelières : la TVA sur l'acquisition serait alors entièrement récupérable.
- Les loyers élevés de la location équipée vont permettre l'autofinancement de l'ensemble des acquisitions. Si le dirigeant avait acquis le chalet en direct, il aurait dû financer l'acquisition avec ses deniers personnels qui auraient subi au préalable une forte imposition à l'IR.
- Les loyers d'emprunt sont intégralement déductibles car ils sont engagés dans l'intérêt de l'activité de location.

---

5. Régularisation de la TVA sur l'acquisition d'un immeuble d'habitation par un particulier

◇ **Achat et revente d'un immeuble d'habitation**

Une SCI achète le 15 octobre 2002 sur plan, un appartement pour le prix HT de 500 000 €. L'immeuble est achevé le 31 décembre 2002.

Hypothèse ① :
La SCI revend l'immeuble social en 2004 pour un prix HT de 700 000 €.
Hypothèse ② :
La SCI revend l'immeuble social en 2009 pour un prix HT de 800 000 €. ◇

Acquisition en 2002

- L'immeuble est en cours de construction $\Rightarrow$ c'est la TVA qui s'applique. Elle n'est pas récupérable car il s'agit d'un immeuble à usage d'habitation : 500 000 × 19,60 % = 98 000 €.
- Il faut y ajouter la taxe de publicité foncière au taux de 0,60 % : 500 000 × 0,60 % = 3 000 €.

Revente en 2004

Il s'agit de la première mutation réalisée dans les cinq ans qui suivent la date d'achèvement de l'immeuble. La revente reste soumise à la TVA avec imputation de la TVA payée à l'achat puisque l'immeuble est à usage d'habitation :

- TVA : (700 000 × 19,60 %) – 98 000 = 39 200 €.
- Taxe de publicité foncière : 700 000 × 0,60 % = 4 200 €.

Revente en 2009

La vente ne se situe plus dans le délai de cinq ans de la date d'achèvement de l'immeuble. L'immeuble a donc quitté le champ de la TVA. La vente sera soumise aux droits d'enregistrement au taux de 5 % : 800 000 × 5 % = 40 000 €.

La TVA sur l'achat ne sera pas reversée car elle n'a jamais été déduite.

6. Reversement de la TVA déduite lors de l'acquisition

La TVA sur l'acquisition d'un immeuble est récupérable si l'immeuble est affecté à une activité imposable à la TVA (location équipée…). Si l'immeuble cesse d'être affecté à une activité imposable à la TVA, la TVA déduite lors de l'acquisition doit être reversée *prorata temporis* au Trésor.

Le reversement de la TVA intervient en cas de vente de l'immeuble non soumise à TVA, en cas de cessation d'activité… En cas de transfert de l'immeuble d'un secteur imposable vers un secteur non imposable (exemple : une location nue à usage de bureau est transformée en location nue à usage d'habitation), il n'y a pas régularisation de la TVA mais taxation de la livraison à soi-même.

La vente de l'immeuble n'est pas soumise à la TVA immobilière si elle intervient plus de cinq ans après l'achèvement[1]. Elle est alors imposée aux droits d'enregistrement (5,09 %).

Le vendeur de l'immeuble doit reverser la TVA initialement déduite. Ce reversement est atténué d'autant de vingtièmes qu'il y a d'années civiles ou fractions d'années civiles écoulées.

De plus, le vendeur doit délivrer à l'acquéreur, s'il est assujetti à la TVA, une attestation, mentionnant la TVA reversée. L'acquéreur pourra alors récupérer la TVA figurant sur cette attestation selon ses propres conditions d'exploitation, si l'immeuble est affecté à l'exploitation[2].

---

1. Ou s'il s'agit de la deuxième mutation dans le délai de 5 ans qui suit l'achèvement.
2. Un **marchand de biens** ne peut pas récupérer la TVA reversée par le vendeur car l'immeuble a la nature d'un **stock.** L'interposition d'un marchand de biens rompt le circuit de la TVA.

Si l'**immeuble** est **détenu par une société,** la vente des parts sociales évite la régularisation de la TVA car l'immeuble n'est pas vendu.

Si l'**immeuble** est **apporté à une société,** la TVA sur l'acquisition n'est pas à régulariser si l'acte d'apport comprend l'engagement par la société de procéder aux régularisations ultérieures auxquelles aurait été tenu l'apporteur.

Cas N° 19 ◇

Régularisation de la TVA initialement déduite sur un immeuble

Une SCI achète en juin 2002 un local commercial qu'elle loue équipé à une société commerciale. La SCI récupère la TVA qui a grevé l'acquisition (8 000 €). La SCI revend cet immeuble en avril 2005.

Quand la TVA immobilière a été déduite lors de l'acquisition, cette déduction est remise en cause en cas de vente de l'immeuble plus de cinq ans après l'achèvement de l'immeuble. La cession est alors soumise aux droits d'enregistrement, ce qui entraîne l'obligation de régulariser la TVA initialement déduite si la cession intervient dans le délai de vingt ans qui suit l'acquisition. La régularisation se fait alors par vingtième[1].

Il s'agit de la deuxième mutation à compter de l'achèvement. La revente est donc exonérée de TVA pour être soumise aux droits d'enregistrement. De plus, l'opération a lieu à l'intérieur du délai de régularisation de 20 ans, l'entreprise devra reverser une partie de la taxe initialement déduite : le nombre d'années civiles ou de fractions d'années civiles écoulées depuis l'acquisition est de quatre (2002, 2003, 2004 et 2005) ⇒ le montant de la TVA à reverser sera de : 8 000 € × (20 − 4)/20 = 6 400 €. Si la **cession** porte sur les **parts sociales**, il n'y a **pas** lieu de **régulatiser la TVA** initialement déduite. ◇

---

1. Si l'immeuble a été acquis avant 1996, le délai de régularisation est de dix ans et la régularisation se fait alors par dixième.

○ **Le prix de vente doit inclure la TVA à reverser !**

Le vendeur doit majorer son prix de vente du montant de la TVA à reverser. Si le vendeur n'a pas prévu de majorer le prix de vente de l'immeuble, le montant de la TVA à reverser est réputé compris dans le prix de vente. **Quelle aubaine pour l'acheteur** car il aura acheté en dessous du prix du marché (il paie le prix du marché puis récupère le montant de la TVA régularisée par le vendeur !). Le montant de la TVA à reverser augmente la base de calcul des droits d'enregistrement. Si l'immeuble est détenu par une SCI ou une SARL, la vente des parts sociales n'entraîne pas de régularisation de la TVA car l'immeuble n'est pas vendu. ○

7. Déduction complémentaire de TVA

Si la vente de l'immeuble est imposable à la TVA et que l'investisseur n'a pas pu récupérer toute la TVA lors de l'acquisition (activité partiellement assujettie à la TVA), il peut récupérer la TVA non déduite lors de l'acquisition.

Ce complément de déduction est atténué d'autant de vingtièmes qu'il y a d'années civiles ou fractions d'années civiles écoulées. Le complément de déduction ne peut excéder la TVA collectée sur la vente.

◇ **Complément de déduction**

Un immeuble locatif acheté le 30 juin N en l'état futur d'achèvement pour 200 000 € HT est affecté pour une partie à l'habitation et pour l'autre partie à usage de bureaux. La TVA sur l'acquisition (TVA = 39 200 €) a été récupérée par application du prorata général de déduction (75 %) à hauteur de 29 400 € (c'est la suite du cas n° 17). Cet immeuble est revendu en mars N+5 pour un prix de 250 000 €. ◇

La vente est imposable à la TVA car il s'agit de la première mutation dans le délai de cinq ans qui suit l'achèvement. Cette vente ouvre droit à un complément de déduction atténué de six fractions d'années :

TVA sur l'acquisition	39 200 €
TVA récupérée	– 29 400 €
TVA non récupérée	9 800 €

Nombre d'années ou fractions d'années écoulées	6
Déduction complémentaire : 9,800 € × 14/20 =	**6 860 €**
Plafond du complément	39 200 €

11

LA GESTION DES DÉFICITS

I. L'imputation des déficits pour défiscaliser

Un investissement immobilier géré dans le cadre d'une structure IS (SARL, SCI qui opte pour l'impôt sur les sociétés…) **génère un déficit BIC** captif au sein de la société (opacité fiscale). Il est reportable sur les bénéfices futurs de la société sans limitation de durée. Il ne remonte pas au niveau des associés et ne permet donc pas de réaliser d'économie d'impôt sur le revenu.

Un investissement immobilier géré dans le cadre d'une structure IR (en direct ou au sein d'une société imposée à l'impôt sur le revenu : SCI, SNC, SARL de famille qui opte pour l'IR…) **génère un déficit imputable sur le revenu global** du contribuable. La nature du déficit dépend de la nature de l'investissement immobilier.

Un **investissement immobilier** géré dans le cadre d'une structure IR, peut générer :

- un déficit foncier pour une location nue ;
- un déficit BIC pour une location équipée…
- une moins-value immobilière des particuliers suite à la cession d'un immeuble…

Le **déficit** est **imputable sur le revenu global** dans certaines limites :

- Le déficit foncier est imputable dans la limite de 10 700 € ;
- Le déficit d'un BIC non professionnel n'est pas imputable ;
- La moins-value immobilière des particuliers est définitivement perdue ;
- Le déficit agricole n'est pas imputable sur le revenu global si les revenus nets non agricoles sont supérieurs à 53 360 €.

Un déficit catégoriel non imputé sur le revenu global n'est pas perdu : il est seulement reportable sur les bénéfices catégoriels de même nature des années suivantes :

- un déficit foncier non imputé est reportable sur les revenus fonciers des dix années suivantes ;
- un déficit BIC non professionnel non imputé est reportable sur les revenus des BIC non professionnels des six années suivantes.

Si le déficit imputable excède la somme de tous les autres revenus du contribuable, le déficit global qui en résulte est reportable sur le revenu global du contribuable des six années suivantes. Passé ce délai, il est perdu.

Le déficit imputé sur le revenu global permet de diminuer le revenu imposable et l'impôt sur le revenu. Cette **économie d'impôt** sur le revenu est proportionnelle au taux marginal d'imposition[1] de l'investisseur. Un investissement qui génère un déficit imputable sur le revenu global permet de **défiscaliser.** Au final, **son investissement est payé pour partie par l'économie d'impôt sur le revenu.**

De plus, **un déficit catégoriel imputable sur le revenu global permet de diminuer l'impôt de solidarité sur la fortune (ISF)** au travers du mécanisme du plafonnement. En effet, le total formé par

---

1. Le taux marginal d'imposition (TMI) est le taux du barème de l'impôt correspondant à la tranche de revenu la plus élevée du contribuable dans ce barème.

l'impôt sur le revenu[1] et l'ISF ne peut excéder 85 % du revenu global net de frais professionnels du contribuable (article 885-V *bis* du CCI) :

$$\text{IR}_{N-1} + \text{ISF}_{\text{au } 01/01/N} \leq 85\% \text{ du revenu imposable}_{N-1}$$

Cependant, pour les contribuables dont le patrimoine taxable excède la limite supérieure de la troisième tranche du barème (2,30 M€), la réduction d'ISF ne peut excéder 50 % de l'ISF normalement exigible après abattement pour enfants à charge ou 10 970 €.

À ce plafonnement spécifique à l'ISF, s'ajoute le **bouclier fiscal.** Le total formé par l'impôt sur le revenu, l'ISF, la taxe foncière et la taxe d'habitation de l'habitation principale ne peut excéder 60 % du revenu global net de frais professionnels du contribuable.

Au final, **l'investisseur doit privilégier les investissements dont le déficit est imputable sur le revenu global afin de défiscaliser.** Son **investissement** sera ainsi **financé** pour partie **par l'économie d'impôt sur le revenu et l'impôt de solidarité sur la fortune.**

Les investissements permettant de défiscaliser sont :

- La location nue mais dans la limite d'un déficit foncier imputable de 10 700 € (de Robien, Demessine…) ;
- Le loueur en meublé professionnel mais les amortissements ne sont pas déductibles s'ils créent un déficit ;
- La restauration immobilière dans le cadre de la loi Malraux.

La location meublée assortie de prestations para-hôtelières risque d'être qualifiée de BIC non professionnel. Le déficit n'est alors pas imputable sur le revenu global. Pour défiscaliser, l'investisseur peut alors **louer meublé** par bail commercial à une société commerciale (SARL) qui loue et assure les prestations para-hôtelières. L'investisseur bénéficie ainsi du **statut de loueur en meublé professionnel (LMP)** qui lui permet d'imputer les déficits sur son revenu global.

---

1. Y compris les contributions et prélèvements sociaux (CSG, CRDS et prélèvement de 3 %).

Déficit pour défiscaliser		
Déficit catégoriel	Activité	Sort du déficit
BIC non professionnel	• Loueur en meublé non professionnel (**LMnP**). • Location équipée[1] sans implication **continue** du contribuable.	Le déficit n'est **pas imputable** sur le revenu global. Le déficit est seulement **reportable** sur les BIC non professionnels de même nature des **six années** suivantes. Le déficit non imputé à l'issue de cette période est perdu définitivement.
BIC professionnel	Location équipée avec implication **continue** du contribuable.	Le déficit est entièrement **imputable** sur le revenu global. Cependant, l'amortissement n'est pas déductible s'il crée un déficit pour la location équipée[2].
	Location meublée avec prestations para-hôtelières, avec implication **continue** du contribuable.	Le déficit est entièrement **imputable** sur le revenu global. L'**amortissement** est **entièrement déductible.**
Revenus fonciers	Location **nue** d'un immeuble dans le patrimoine privé.	Le déficit foncier est **imputable** sur le revenu global **dans la limite de 10 700 €.** Le déficit foncier non imputé est **reportable** sur les revenus fonciers des **dix années suivantes.** Le déficit non imputé à l'issue de cette période est perdu définitivement.
LMP	Loueur en meublé professionnel (**LMP**).	Le déficit est entièrement **imputable** sur le revenu global. Cependant, l'amortissement n'est pas déductible s'il crée un déficit[2].
Déficit agricole	Exploitation d'une propriété rurale.	Le déficit agricole n'est pas imputable sur le revenu global si les revenus nets non agricoles sont supérieurs à 53 360 €.

---

1. Ou location meublée avec prestations para-hôtelières.
2. L'amortissement déductible est plafonné à la différence entre les loyers et les autres charges. L'amortissement non déduit n'est pas perdu : il est reportable sans limitation de durée. Il sera généralement reporté en fin de période d'amortissement de l'emprunt.

2. Réduction d'impôt ou imputation d'un déficit ?

Certains investissements (Demessine, souscription au capital de PME…) ouvrent droit à une **réduction d'impôt** calculée en pourcentage de la valeur de l'investissement. Cet **avantage fiscal** est **fixe** car il est **indépendant du taux marginal d'imposition (TMI)** de l'investisseur. La réduction d'impôt s'impute uniquement sur l'impôt sur le revenu au taux progressif[1]. La réduction d'impôt est définitivement **perdue** si le contribuable n'a pas assez d'impôt sur le revenu à payer pour pouvoir l'imputer. En effet, la réduction d'impôt non imputée, ne peut être ni restituée, ni reportée sur l'impôt sur le revenu des années suivantes.

D'autres investissements permettent l'imputation d'un déficit catégoriel sur le revenu global du contribuable (LMP, déficit foncier…). L'économie d'impôt qui en résulte augmente avec le taux d'imposition du contribuable. Ce type d'investissement est alors plus intéressant pour les contribuables fortement imposés.

L'investisseur devra veiller à combiner les deux types d'investissements pour pouvoir utiliser **toute** la réduction d'impôt.

3. BIC professionnel ou BIC non professionnel ?

Quand un BIC est professionnel, le déficit est imputable sur le revenu global et permet ainsi de réaliser une économie d'impôt sur le revenu et d'impôt de solidarité sur la fortune grâce au plafonnement. L'économie d'impôt permet ainsi de financer l'investissement.

Mais le BIC est professionnel uniquement si l'activité est réellement professionnelle : un boulanger, un hôtelier… En revanche, un montage de défiscalisation sous couvert d'une activité BIC est non professionnel.

---

1. Un entrepreneur individuel qui réalise une plus-value professionnelle à long terme imposée à l'impôt sur le revenu au taux proportionnel de 16 % ne peut imputer sur cet impôt la réduction d'impôt.

3.1. Le BIC est professionnel si l'activité est réellement professionnelle

Un hôtelier est imposé dans la catégorie des BIC (Bénéfices industriels et commerciaux). C'est un commerçant qui exerce une **véritable activité professionnelle.** Son **BIC** est **professionnel.** Si son activité est exercée dans le cadre d'une entreprise individuelle ou d'une société imposée à l'IR, le **déficit** dégagée par son activité est alors **imputable sur les autres revenus** de son foyer fiscal, et lui permet ainsi de réduire son impôt sur le revenu et son impôt de solidarité sur le fortune grâce au plafonnement.

3.2. Le BIC est non professionnel s'il s'agit d'un investissement de défiscalisation

Un investisseur dans une résidence hôtelière dont le lot de copropriété est exploité dans le cadre d'un mandat de gestion[1], se contente de **gérer son patrimoine privé.** Il ne participe pas de manière « personnelle, continue et directe » **(art. 156-1-1° du CGI et BOI 4 A-7-96)** dans la gestion de l'hôtel. Son **BIC** est **non professionnel.** Le déficit généré par son investissement (+ loyers – intérêts d'emprunt – amortissement accélérés calculés en dégressif – autres charges d'exploitation = déficit) n'est pas imputable sur les autres revenus du contribuable et ne lui permet donc pas de réduire son imposition… Le **déficit** est **« tunnélisé ».** Le déficit n'est pas perdu : il est seulement reportable sur les BIC non professionnels <u>de même nature</u>[2] des six années suivantes. Le reliquat de déficit non imputé à l'issue de cette période de six ans est <u>perdu définitivement</u>.

---

1. D'un mandat de gestion, d'un contrat de travail ou de toute autre convention.
2. Un déficit non professionnel de l'exploitation d'une résidence hôtelière peut s'imputer sur le résultat positif d'une activité de loueur en meublé non professionnel car les deux activités sont imposées dans la catégorie BIC.

3.3. Mais comment bénéficier du statut de BIC professionnel ?

Un investisseur qui développe une activité de **location équipée** ou de **location meublée avec des prestations para-hotelières** doit « participer de manière personnelle continue et directe » à son activité de location pour que le **BIC** soit **professionnel.** Le **déficit** est alors **imputable sur les autres revenus** lui permettant une économie d'IR et d'ISF grâce au plafonnement.

- Le contribuable doit s'impliquer dans la **gestion opérationnelle de l'entreprise** en accomplissant les **actes nécessaires à l'activité :** conception et production des produits ou des services, prospection des clients, gestion du personnel, gestion financière de l'entreprise ou gestion comptable et administrative... La simple participation au financement de l'entreprise ne suffit pas à caractériser l'accomplissement d'actes nécessaires à l'activité.

- La **participation** doit être **personnelle.** Cependant, le contribuable peut embaucher des salariés, travailler conjointement avec d'autres associés... De plus, la participation personnelle est appréciée au niveau du foyer fiscal[1].

- La **participation** doit être **directe.** L'investisseur ne s'implique pas directement dans la gestion en participant uniquement à des conseils de direction ou à des assemblées générales, en confiant la gestion à une société détentrice d'un mandat de gestion. L'investisseur ne doit donc pas exercer son activité par l'intermédiaire d'un tiers[2].

- La **participation** doit être **continue.** Le contribuable doit être présent de manière régulière sur le lieu de l'activité, tout au long de l'année. Si l'activité est saisonnière, l'intervention doit s'éche-

---

1. « Il suffit que la participation de l'un des membres du foyer fiscal à une activité revête un caractère professionnel pour que cette activité soit considérée comme exercée à titre professionnel par le titulaire des droits sur les résultats de l'activité en cause » (BOI 4 A-7-96).
2. L'investisseur ne doit donc pas exercer son activité par l'intermédiaire d'un tiers dans le cadre d'un mandat de gestion, d'un contrat de travail ou de toute autre convention.

lonner sur toute la période de l'activité. La participation doit donc être importante en terme de temps. Cependant, cette activité ne doit pas nécessairement constituer la seule activité professionnelle du contribuable ou son activité principale.

Cas N° 21 ◇ **Participation personnelle pour un BIC professionnel**

- Un investisseur détient les parts d'une société de personnes qui exerce une activité BIC. Il ne participe pas personnellement à l'activité. Son conjoint ou un enfant membre de son foyer fiscal participe à l'accomplissement des actes nécessaires à l'activité au sein de la société. Le déficit est professionnel et imputé sur le revenu global.
- Un investisseur détient les parts d'une société de personnes imposée à l'IR qui exerce une activité BIC. Il participe personnellement à l'activité. Son BIC est professionnel. La quote-part de bénéfices des associés étrangers au foyer fiscal, simples apporteurs de capitaux et qui ne participent pas de manière « personnelle, continue et directe » dans la gestion de l'activité est considérée comme un BIC non professionnel.
- Un investisseur[1] a créé une EURL qui détient les parts de la SNC qui exerce l'activité BIC. Si l'investisseur ou un membre de son foyer fiscal participe personnellement aux actes nécessaires à l'activité de la SNC, le déficit peut être considéré comme professionnel. Le déficit de la SNC remonte alors au niveau de l'EURL pour s'imputer ensuite sur le revenu global de l'investisseur. ◇

3.4. Le déficit LMP reste imputable sur le revenu global

La location meublée est une simple activité de gestion de patrimoine. Le déficit BIC est non professionnel. Ce déficit n'est pas imputable sur les autres revenus du contribuable mais seulement reportable sur les bénéfices de même nature des six années suivantes. Cependant, si le contribuable réalise plus de 23 000 € de loyers annuels et s'inscrit au

---

1. Une société interposée entre la personne physique et la société qui exerce l'activité commerciale est nécessaire pour un contribuable dont le statut est incompatible avec le statut de commerçant (fonctionnaire, profession réglementée…) ET **pour limiter sa responsabilité.**

registre du commerce et des sociétés (RCS), il devient loueur en meublé « *professionnel* » (LMP). Le déficit de l'activité de LMP est alors imputé sur les autres revenus du contribuable.

3.5. Le déficit non professionnel redevient imputable sur le revenu global en cas de liquidation judiciaire

Un investissement de défiscalisation non rentable peut conduire à la **liquidation judiciaire.** Dans le cadre d'une société de personnes, la liquidation judiciaire est ouverte à l'encontre de tous les associés car ils sont indéfiniment et solidairement responsables du passif social. Pour limiter sa responsabilité, un investisseur a donc intérêt d'interposer une EURL avec la société qui exerce l'activité commerciale.

Dans le cadre d'une liquidation judiciaire, l'investisseur peut imputer sur son revenu global les déficits non professionnels constatés l'année de la liquidation, et les déficits des six années antérieures[1].

Cependant, l'investissement affecté à l'exercice de l'activité mise en liquidation doivent cesser d'appartenir au contribuable ou au membre de son foyer fiscal.

---

1. Les déficits nés au cours des six années antérieures qui ne sont pas encore imputés à la date du jugement prononçant l'ouverture de la liquidation judiciaire.

12

OPTIMISATION FISCALE DES DROITS D'ENREGISTREMENT

1. Les droits d'apport à une société

Pour constituer une société[1], les associés doivent réaliser des apports en numéraire (de l'argent) ou des apports en nature (un immeuble...) :

- Ces apports sont en principe rémunérés par des parts sociales de la société : ce sont les **apports « à titre pur et simple »** ;
- Cependant, un associé peut apporter un immeuble dont il a financé l'acquisition par un emprunt qui n'est pas encore remboursé au moment de l'apport. L'associé peut demander à la société la prise en charge du remboursement de cet emprunt. L'apport est alors rémunéré par des parts sociales de la société et par la prise en charge du passif. La partie de l'apport rémunéré par la prise en charge de l'emprunt est un **apport « à titre onéreux »**.

---

1. SCI, SARL, SNC...

Cas N° 22 ◇ **Constitution d'une société et répartition des apports**

Deux associés, Graccus et Enak, constituent une société. Graccus apporte 100 000 €. Enak apporte un immeuble de bureaux d'une valeur de 700 000 € et grevé d'un emprunt de 300 000 € qui sera pris en charge par la société.

Procéder à la répartition des apports. ◇

Répartition des apports :

Associés	Nature de l'apport	Montant de l'apport	Apport à titre pur et simple	Apport à titre onéreux	Capital de la SCI	Répartition des parts sociales
Graccus	Numéraire	100 000 €	100 000 €		100 000 €	20 %
Enak	Immeuble Emprunt	700 000 € – 300 000 €	400 000 €	300 000 €	400 000 €	80 %
		500 000 €	500 000 €	300 000 €	500 000 €	100 %

Bilan de départ de la société :

Actif		Passif	
Immeuble	700 000 €	Capital	500 000 €
Trésorerie	100 000 €	Emprunt	300 000 €
	800 000 €		800 000 €

Les apports à titre onéreux (rémunérés par la prise en charge d'un passif) **sont imposés comme les ventes.** Ainsi, l'apport à titre onéreux d'un immeuble est imposé comme une vente d'immeuble à 5 %.

La **taxation des apports à titre pur et simple** (rémunérés par des parts sociales) dépend de la nature du bien apporté, du régime d'imposition de l'apporteur et du régime d'imposition de la société (voir page 133) :

* Les apports à une **société soumise à l'impôt sur le revenu** sont exonérés.

- Si la **société relève de l'impôt sur les sociétés,** les **apports en numéraire** sont exonérés. En revanche, l'apport d'un **immeuble** par un associé personne physique[1] à une société soumise à l'IS est taxé au taux de 5 %.

Pour certains apports, **la TVA immobilière** se substitue aux droits d'enregistrement :

- terrains à bâtir lorsque la société prend l'engagement de construire dans un délai de quatre ans et qu'elle est assujettie à la TVA ;
- immeubles construits depuis moins de cinq ans et dont c'est la première mutation depuis l'achèvement.

Si la société opte pour la TVA (voir thème 10), les loyers seront soumis à la TVA **et la SCI pourra récupérer la TVA payée sur l'achat.** En cas de vente de l'immeuble social plus de cinq ans après l'achèvement de l'immeuble, la cession est soumise aux droits d'enregistrement et la TVA initialement déduite devra être reversée pour partie à l'État (voir thème 10).

Par ailleurs, **la mise en société d'une entreprise individuelle est exonérée de droits d'enregistrement** si :

- l'apporteur prend l'engagement de conserver pendant trois ans au moins les titres remis en contrepartie de l'apport ;
- l'immeuble est affecté à l'exploitation et apporté en même temps que les autres éléments du fonds professionnel.

Zoom N° 22

La mise en société d'une entreprise individuelle est gratuite

L'exonération de droits d'enregistrement ne s'applique pas si l'exploitant décide de dissocier l'actif professionnel apporté à une société d'exploitation (SARL…) et l'actif immobilier apporté à une SCI (voir cas n° 23).

---

1. L'apport d'un immeuble par une société relevant de l'IS à une société relevant de l'IS est exonéré.

Cas N° 23

◇ **Mise en société d'une entreprise individuelle et constitution d'une SCI**

Un boulanger apporte son fonds de commerce à une SARL soumise à l'IS et décide d'isoler les « murs » au sein d'une SCI qui opte pour l'IS.

Quels sont les droits d'apport ? ◇

L'apport du fonds à la SARL est exonéré si le boulanger prend l'engagement de conserver les parts sociales de la SARL pendant trois ans au moins. En revanche, l'apport de l'immeuble à la SCI sera taxé au taux de 5 % (si l'apport est à titre pur et simple).

Cas N° 24

◇ **Constitution d'une société et calcul des droits d'apport**

Deux associés, Graccus et Enak, constituent une société. Graccus apporte 100 000 €. Enak apporte un immeuble de bureaux d'une valeur de 700 000 € et grevé d'un emprunt de 300 000 € qui sera pris en charge par la société.

Calculer les droits d'enregistrement payés par la société en retenant les deux hypothèses suivantes :
• **Hypothèse n° 1 : la société est imposée à l'impôt sur le revenu.**
• **Hypothèse n° 2 : la société est imposée à l'impôt sur les sociétés.** ◇

Hypothèse n° 1 : la société est imposée à l'impôt sur le revenu

À partir de la répartition des apports effectuée précédemment (cas n° 22), les droits d'enregistrement payés par la société sont les suivants :

1. **Apport en numéraire de 100 000 € :** apport à titre pur et simple ⇒ pas d'imposition ;
2. **Apport de l'immeuble de bureaux d'une valeur de 700 000 € et grevé d'un emprunt de 300 000 € qui sera pris en charge par la société :**
   • apport à titre onéreux pour 300 000 € ⇒ imposé comme une vente ⇒ 300 000 € × 5 % = 15 000 € ;
   • apport à titre pur et simple pour 400 000 € ⇒ pas d'imposition.

> **Au final, la société paiera 15 000 € de droits d'enregistrement**

Hypothèse n° 2 : la société est imposée à l'impôt sur les sociétés

Les droits d'enregistrement sont identiques. Cependant l'apport à titre pur et simple pour 400 000 € est imposé au taux de 5 % $\Rightarrow$ 400 000 € $\times$ 5 % = 20 000 €.

> **Au final, la société paiera 35 000 € de droits d'enregistrement**

Pour les apports à titre onéreux, lorsque l'apport porte sur un bien unique (un immeuble comme dans l'exemple précédent), l'imputation du passif ne pose aucun problème. En revanche, **lorsque l'apport porte sur une masse de biens de nature différente, les associés peuvent librement choisir** (le choix doit être indiqué dans l'acte de société) **les éléments d'actif qui seront considérés comme apportés à titre onéreux.** Ils effectueront ce choix de façon à **payer le moins possible de droits.**

Droits d'enregistrement sur les apports à titre pur et simple à une société

Les droits d'enregistrement sur les apports à titre pur et simple à une société (rémunérés par des droits sociaux) dépendent de la nature du bien apporté, du régime d'imposition de l'apporteur et du régime d'imposition de la société.

Type d'apport	Apporteur	Société bénéficiaire de l'apport imposée à	
		l'impôt sur le revenu	l'impôt sur les sociétés
Numéraire[1]	Personne physique[2]	Exonération	Exonération
	Société imposée à l'IS		Exonération
Immeuble à usage professionnel	Personne physique[2]	Exonération	5 % que l'apport soit à titre pur et simple ou à titre onéreux
	Société imposée à l'IS		Exonération
Immeuble à usage d'habitation	Personne physique[2]	Exonération	5 % que l'apport soit à titre onéreux ou à titre pur et simple
	Société imposée à l'IS		Exonération

---

1. Ainsi que les meubles corporels, les créances, les valeurs mobilières…
2. Ou personne morale imposée à l'impôt sur le revenu (SNC…).

Pour cela, le passif sera imputé par priorité sur les biens d'actif dont la vente ne supporterait pas de droits de mutation (espèces, créances...) ou encore sur des biens relevant de la TVA (terrains à bâtir, immeubles dont l'achèvement remonte à moins de cinq ans). Lorsque cette imputation est épuisée, il faut se résigner à imputer le solde du passif sur les immeubles, ce qui entraîne l'exigibilité des droits de mutation.

Cas N° 25

◇ **Calcul des droits en cas de constitution d'une SCI – Cas de synthèse**

Jacques Héraklion est propriétaire de quelques biens immobiliers qu'il souhaite rassembler au sein d'une société civile immobilière relevant de l'IR afin d'en faciliter la gestion et d'en préparer la transmission à titre gratuit au profit de ses deux enfants. Il apporte à la SCI les éléments suivants :

- un immeuble à usage de bureaux, évalué à 4 400 000 €, et grevé d'un passif hypothécaire de 2 300 000 € qui sera pris en charge par la SCI ;
- un terrain à bâtir évalué à 400 000 €, sur lequel la SCI prend l'engagement de construire un ensemble immobilier dans les quatre ans. La SCI est assujettie à la TVA ;
- un apport en numéraire de 500 000 € destiné à financer en partie la construction à édifier sur le terrain à bâtir.

Les deux enfants de Jacques Héraklion apporteront chacun 15 000 € en numéraire.

Calculer les droits exigibles.
- **Hypothèse n° 1 : la SCI est imposée à l'impôt sur le revenu.**
- **Hypoyhèse n° 2 : la SCI opte pour l'imposition sur les sociétés.** ◇

Bilan de départ de la SCI :

Immeuble de bureaux	4 400 000 €	Capital	3 030 000 €
Terrain à bâtir	400 000 €	Emprunt	2 300 000 €
Trésorerie	530 000 €		
	5 330 000 €		**5 330 000 €**

Calcul des droits exigibles :

Hypothèse n° 1 : la SCI est imposée à l'impôt sur le revenu

Jacques Héraklion apporte des éléments dont la valeur brute est de 5 300 000 €. Ses apports sont à titre onéreux à concurrence du passif pris en charge par la société, soit 2 300 000 € ; ils sont à titre pur et simple pour le surplus, soit 3 000 000 €. Dans les statuts, il faut prévoir l'imputation du passif d'abord sur le numéraire apporté par Jacques Héraklion (500 000 €), ensuite sur le terrain à bâtir (400 000 €), le solde (1 400 000 €) étant imputé sur l'immeuble à usage de bureaux. L'imputation sur le numéraire n'entraîne l'exigibilité d'aucun droit de mutation. Pour les autres imputations, les droits à payer seront les suivants :

- TVA sur le terrain à bâtir : 400 000 € × 19,60 % = 78 400 € qui sont récupérables par la SCI si elle a opté pour la TVA.
- Droits de mutation sur les apports à titre onéreux (sur le terrain) : 1 400 000 € × 5 % = 70 000 €.

Associés	Apports				Droits exigibles sur apports	
	Nature	Montant	À titre pur et simple	À titre onéreux	À titre pur et simple	À titre onéreux
Héraklion père	Immeuble à usage de bureaux	4 400 000	3 000 000	1 400 000	0	**Droits de mutation :** + 1 400 000 × 5 % = 70 000 €
	Passif hypothécaire	– 2 300 000				
	Terrain à bâtir	400 000		400 000		**TVA immobilière :** + 400 000 × 19,6 % = 78 400 €
	Numéraire	500 000		500 000		0
	Total	**3 000 000**	**3 000 000**	**2 300 000**		
Héraklion fils	Numéraire	30 000	30 000		0	
	Total	**30 000**	**30 000**			

Hypothèse n° 2 : la SCI est imposée à l'IS

Si la SCI opte pour l'IS, les apports à titre onéreux sont taxés de la même manière. En revanche, les apports à titre pur et simple portant sur l'immeuble à usage de bureaux supportent les droits de mutation au taux de 5 %, soit : 3 000 000 € × 5 % = 150 000 €.

Zoom N° 23

○ **Pour ne pas aggraver les droits d'apport à une SCI**

- Si les associés ne prévoient pas la répartition du passif dans les statuts, l'administration impute le passif sur les différents éléments apportés proportionnellement à leur valeur. Les droits d'enregistrement sont alors plus élevés.
- Si la SCI opte pour l'IS, il en résulte une aggravation des droits lorsque des immeubles sont apportés à une SCI par des personnes physiques (voir cas n° 25).
- En revanche, il est interdit d'imputer le passif propre à un apporteur sur des éléments apportés par un autre associé (dans le cas n° 25, le passif hypothécaire ne peut pas être imputé sur les 30 000 € de numéraire apportés par les deux enfants).
- Séparez bien les meubles et l'immeuble car l'apport ou la vente de meubles n'est pas soumis aux droits d'enregistrement (dans la cas d'un appartement ancien avec des meubles de valeur : une bibliothèque…).
- Si l'immeuble est grevé d'un emprunt, apportez uniquement l'immeuble à la SCI et conservez l'emprunt. L'apport « à titre pur et simple » sera ainsi exonéré de droits d'enregistrement. Vous pourrez quand même imputer les intérêts d'emprunt sur vos revenus fonciers. ○

Cas N° 26

◇ **Intérêts d'emprunt et droits d'enregistrement**

Monsieur Foujita détient un immeuble d'une valeur vénale de 1 000 000 € grevé d'un emprunt de 600 000 €. Il souhaite constituer une SCI imposée à l'impôt sur le revenu.

Deux hypothèses sont envisagées :
1. **Apport de l'immeuble et de l'emprunt à la SCI.**
2. **Apport uniquement de l'immeuble à la SCI.** ◇

Hypothèse n° 1 : apport de l'immeuble et de l'emprunt à la SCI

L'apport de l'immeuble d'une valeur de 1 000 000 € est un apport à titre onéreux à hauteur de l'emprunt (600 000 €) et à titre pur et simple pour le solde (400 000 €). L'apport à titre onéreux est taxé comme une vente alors que l'apport à titre pur et simple par une personne physique à une société imposée à l'IR n'est pas taxé.

Nous obtenons :

Apport à titre onéreux	600 000	5 %	30 000
Apport à titre pur et simple	400 000	0 %	0
Apport total	**1 000 000**		**30 000**

Pour déterminer son revenu foncier, la SCI peut déduire des loyers encaissés les intérêts de l'emprunt.

Hypothèse n° 2 : apport uniquement de l'immeuble à la SCI

L'apport de l'immeuble d'une valeur de 1 000 000 € est entièrement un apport à titre pur et simple qui n'est pas taxé.

Conclusion

L'apport uniquement de l'immeuble à la SCI a permis de faire une économie de droits d'enregistrement de 30 000 € tout en offrant la possibilité de pouvoir déduire les intérêts d'emprunt du revenu foncier de l'associé.

Le cédant réalise une plus-value qui est imposée, et le cessionnaire doit payer des droits d'enregistrement sur l'acquisition des parts sociales.

2. Les droits d'enregistrement sur l'acquisition des parts sociales

La personne qui acquiert les parts sociales d'une société à prépondérance immobilière[1] doit payer un **droit d'enregistrement au taux de 5 % sur le prix d'acquisition des parts sociales,** quel que soit le

---

1. Une société est à prépondérance immobilière quand plus de 50 % de son actif est composé d'immeubles.

régime d'imposition de la société (impôt sur le revenu ou impôt sur les sociétés) :

- l'acte de cession des parts sociales doit être enregistré dans le mois de la signature à la recette des impôts du domicile de l'une des parties (ou de celui du notaire lorsque l'acte est authentique) ;
- l'enregistrement de l'acte donne lieu à la perception d'un droit de 5 % sur le montant exprimé dans l'acte, augmenté des charges s'y ajoutant éventuellement, **ou sur la valeur réelle des titres cédés si elle est supérieure** (CGI, art. 654).

Zoom N° 24

SA, SAS, SARL ou SCI pour faire une économie de droits d'enregistrement lors de la cession des titres ?

Quelle que soit sa forme juridique (SA, SAS, SARL ou SCI), une société dont plus de la moitié de l'actif est composé d'immeubles donnés en location est une société à prépondérance immobilière. La cession de titres de société à prépondérance immobilière est toujours soumise aux droits d'enregistrement de 5 %. Ainsi, la cession d'actions d'une SA ou d'une SAS ne sera pas imposée au taux de 1 % plafonné à 3 049 € par transaction mais à 5 %. La neutralité fiscale est parfaite. De plus, l'abattement de 23 000 € sur le prix de cession des parts de la SARL ne s'applique pas.

Cas N° 27

La cession des parts d'une SCI est plus simple et plus économique que la cession d'un immeuble

Une SCI soumise à l'impôt sur le revenu détient un immeuble à usage professionnel estimé par un expert à 700 000 €. Vous trouverez ci-dessous le dernier bilan de la SCI. Monsieur Kessel souhaite acquérir l'immeuble.

- **Hypothèse n° 1 : Monsieur Kessel achète l'immeuble à la SCI.**
- **Hypothèse n° 2 : Monsieur Kessel achète les parts sociales de la SCI aux associés.**

Actif		Passif	
Immeuble	500 000 €	Capital (100 parts)	10 000 €
Amortissement	− 130 000 €	Réserves	120 000 €
Banque	10 000 €	**Capitaux propres**	**130 000 €**
		Emprunt	250 000 €
	380 000 €		**380 000 €**

Valeur vénale réelle des parts sociales cédées

Actif net comptable (= capitaux propres de la SCI)		130 000 €
Plus-value latente sur l'immeuble		330 000 €
• estimation de l'expert	700 000 €	
• valeur au bilan	370 000 €	
	330 000 €	
Prix d'acquisition des parts sociales		**460 000 €**

Droits de mutation à payer par l'acquéreur

	Base	Taux	Montant
• vente de l'immeuble	700 000 €	5 %	35 000 €
• vente des parts sociales	460 000 €	5 %	23 000 €
• **Économie**	240 000 €	5 %	**12 000 €**

Hypothèse n° 1 : Monsieur Kessel achète l'immeuble à la SCI

L'acte de cession est obligatoirement un acte notarié qui fait l'objet d'une publicité à la conservation des hypothèques.

La taxe de publicité foncière à payer s'élève à 35 000 €.

Hypothèse n° 2 : Monsieur Kessel achète les parts sociales de la SCI aux associés

L'acte de cession peut être un acte sous seing privé et ne fait pas l'objet d'une publicité à la conservation des hypothèques.

La taxe de publicité foncière à payer s'élève à 23 000 €.

En conclusion :

La constitution d'une SCI permet à l'acquéreur de réaliser une économie de 12 000 € de droits d'enregistrement. Il sera donc plus facile pour le vendeur de négocier un prix de vente plus élevé.

Zoom N° 25

○   **Adieu à la présomption irréfragable
de l'article 727 du CGI**

Les droits de mutation sur immeuble étaient voisins de 19 %. Pour échapper à ces droits élevés, le contribuable réalisait le montage suivant : il apportait l'immeuble à une SCI imposée à l'IR en payant un droit fixe de 230 €, puis il vendait les parts sociales de la SCI. L'acquéreur payait alors des droits d'enregistrement à 5 % au lieu de 19 %. Mais il fallait attendre trois ans. À défaut, grâce à la présomption irréfragable de l'article 727 du CGI, la vente était réputée porter sur un immeuble et donc taxée à 19 %. Comme les droits de mutation sur un immeuble sont également de 5 %, ce montage ne présente plus aucun intérêt.

Cependant, si des biens meubles ont été apportés à la SCI, la vente qui est réputée porter sur ces biens meubles est exonérée de droits d'enregistrement alors que la vente des parts sociales correspondantes aurait été imposée à 5 %.   ○

La cession des comptes courants est enregistrée au droit fixe de 230 € car elle est assimilée à une cession de créance.

La constitution d'une SCI avec un capital faible pour acquérir un immeuble financé par des comptes courants permet de transmettre les parts sociales de la SCI avec une fiscalité pour le cessionnaire très faible (5 % sur le montant du capital qui est faible et 230 € sur le compte courant).

Cas N° 28

◇   **La cession des parts sociales d'une SCI avec un capital faible et un compte
courant élevé permet de réduire les droits de mutation**

Une SCI au capital faible possède un immeuble financé par des comptes courants d'associés. Les associés cèdent leurs parts sociales et leurs comptes courants. Le bilan de la SCI vous est communiqué ci-après.   ◇

Actif		Passif	
Immeuble	500 000 €	Capital (100 parts)	10 000 €
Amortissement	− 130 000 €	Réserves	20 000 €
		Capitaux propres	**30 000 €**
		Comptes courants	340 000 €
	370 000 €		**370 000 €**

Valeur des parts sociales cédées	30 000 €
Montant du compte courant cédé	340 000 €

Droits de mutation à payer par l'acquéreur

	Base	Taux	Montant
• cession des parts sociales	300 000 €	5 %	15 000 €
• cession du compte courant	340 000 €	Droit fixe de 230 €	230 €

Attention ! L'administration fiscale peut recourir à l'abus de droit en démontrant que la SCI est fictive car elle a été créée pour éviter de payer les droits de mutation à titre onéreux sur les immeubles sociaux (voir thème 2).

13

GÉRER L'IMMOBILIER DANS UNE SOCIÉTÉ IMPOSÉE À L'IMPÔT SUR LES SOCIÉTÉS

Un investissement immobilier peut se gérer :

- Comme un **patrimoine privé.** Cette gestion relève de la **fiscalité des ménages :** les loyers sont imposés dans la catégorie des revenus fonciers à l'impôt sur le revenu ; les plus-values de cession relèvent du régime des plus-values des particuliers…
- Ou comme **une entreprise.** Cette gestion relève de la **fiscalité des entreprises :** les loyers sont imposés dans la catégorie des bénéfices industriels et commerciaux à l'impôt sur le revenu ou à l'impôt sur les sociétés ; les plus-values relèvent du régime des plus-values professionnelles…

La gestion d'un patrimoine immobilier en direct, ou par le biais d'une **société imposée à l'IR** (SARL de famille qui opte pour l'IR, EURL, SCI, SNC…) rend l'activité imposable selon la **nature de l'activité exercée :** les revenus fonciers pour une location nue, les Bénéfices industriels et commerciaux pour une location équipée ou meublée. Les règles fiscales dépendent alors de l'activité exercée : l'exonération des plus-values de cession des PME profite à la location équipée qui est commerciale et non à la location nue qui est civile…

La gestion d'un patrimoine immobilier au travers d'une **société imposée à l'IS** (SARL, SCI ou SNC qui opte pour l'IS…) rend l'activité imposable selon les **règles commerciales** (« Bénéfices industriels et commerciaux – BIC ») même si l'activité est civile (location nue). Les règles fiscales sont alors identiques : l'immeuble est amortie que la location soit nue ou équipée, une réduction d'IR est accordée au souscripteur du capital de la société que l'activité soit civile ou commerciale…

Zoom N° 26

Acquérir un chalet, déduire les charges et récupérer la TVA

Monsieur et Madame Vautrin désirent acquérir un chalet pour se constituer un patrimoine immobilier et l'utiliser pendant leurs vacances. Ils souhaitent acquérir un chalet neuf, en assurer la transmission, le financer par emprunt, le donner en location en dehors de leurs périodes d'occupation personnelle, ne pas payer trop d'impôt sur le revenu, et adopter un mode de gestion simple. Monsieur et Madame Vautrin constituent une SCI.

- *Objectif n° 1 : assurer la transmission.* Ils donnent la nue-propriété des parts à leurs enfant mineurs et conservent l'usufruit afin d'assurer la transmission optimale des parts de leur SCI.
- *Objectif n° 2 : récupérer la TVA sur le coût d'acquisition.* La SCI emprunte et fait construire le chalet. Le coût de la construction est donc soumis à la TVA immobilière. Pour récupérer la TVA sur le coût d'acquisition, la SCI loue le chalet dans le cadre d'une location meublée accompagnée de prestations para-hôtellières imposée à 5,5 %.
- *Objectif n° 3 : ne pas payer trop d'impôt.* La SCI est obligatoirement imposée à l'IS. Elle bénéficie du taux réduit de 15 % et peut déduire les intérêts de l'emprunt ainsi que l'amortissement de l'immeuble.
- *Objectif n° 4 : mode de gestion simple.* La SCI peut donner un mandat de gestion et négocier une rémunération globale pour l'ensemble de la période de location.

I. La société imposée à l'IS est idéale en période de constitution de patrimoine

Un investisseur peut détenir ses immeubles en direct ou *via* une société imposée à l'IR (SNC, SCI, EURL…).

Il peut également isoler ses immeubles dans une société imposée à l'IS (SCI qui opte pour l'IS, SARL, SAS…).

La société imposée à l'IS permet de réduire le bénéfice imposable par rapport à une location nue imposée en revenus fonciers. En effet, les charges déductibles à l'IS sont plus élevées qu'en revenus fonciers. Notamment, dans une société imposée à l'IS, le résultat est minoré d'un amortissement économique qui n'est pas déductible en revenus fonciers. En revanche, les charges déductibles sont presque les mêmes pour une location meublée ou équipée (on applique les règles fiscales BIC comme pour l'IS).

La société imposée à l'IS permet de réduire l'imposition car le résultat est imposé à 15 % au lieu de 51 %. En effet, le résultat est imposé à l'IS au taux de 15 % au lieu d'être imposé à l'IR qui peut atteindre 40 % majoré des prélèvements sociaux de 11 %. Mais le **déficit reste captif** au sein d'une société IS alors qu'il s'impute sur le revenu global de l'investisseur à l'IR, lui permettant de faire ainsi une économie d'IR immédiate.

Au final, l'économie d'impôt qui résulte de l'IS peut être **consacrée à l'autofinancement** pour développer le patrimoine immobilier. La société IS permet de **capitaliser les revenus de l'immeuble :** un revenu foncier fortement imposé à l'impôt sur le revenu isolé au sein d'une société IS devient faiblement imposé.

De plus, la trésorerie dégagée par l'investissement financé par un emprunt à remboursement constant peut être nulle : les loyers assurent le remboursement de l'emprunt. En fin de période d'amortissement de l'emprunt, les décaissements pour rembourser l'emprunt sont toujours identiques, mais les intérêts déductibles sont beaucoup plus faibles. Le résultat est plus élevé ainsi que l'imposition. **À l'IR, l'associé se trouve « coincé » :** il devra payer un impôt sur le revenu très important (calculé à son TMI de 40 %) alors que son investissement ne dégage aucune trésorerie. C'est la même chose dans une société imposée à l'IS mais l'impôt sur les sociétés n'est que de 15 %.

2. Mais il sera difficile de sortir les richesses accumulées sans imposition

- Si la société IS distribue un dividende, il est imposé à l'impôt sur le revenu chez l'associé dans la catégorie des RCM après un abattement de 40 % à son taux marginal d'imposition qui peut atteindre 40 % et majoré des prélèvements sociaux de 11 %. En revanche, les dividendes distribués par une société IR ne sont pas imposés chez l'associé car ils correspondent à des bénéfices qui ont déjà été imposés chez l'associé.

- La société IS peut également payer un salaire au dirigeant s'il souhaite bénéficier d'une **couverture sociale** en tant que salarié (gérant minoritaire d'une SARL) ou en tant que travailleur indépendant (gérant majoritaire d'une SARL). Un **arbitrage** entre **salaire** et **dividendes** est nécessaire.

- Si la société IS vend l'immeuble, la plus-value est calculée sur la valeur nette comptable (prix d'achat – amortissements déduits). En fin de période d'amortissement (VNC=0), la plus-value est égale au prix de vente ! L'économie d'IS générée par la déduction des amortissements est alors restituée lors de la taxation des plus-values. En revenus fonciers, la plus-value est calculée à partir du prix d'acquisition. La **plus-value est exonérée au bout de 15 ans de détention.** En LMP ou location[1] équipée à l'IR, la plus-value bénéficie de **l'exonération des petites entreprises au bout de 5 ans d'activité.**

- La société peut vendre l'immeuble. La plus-value est alors imposée à l'IS au taux de 15 %. Puis les associés peuvent **vendre les droits sociaux.** La plus-value de cession des droits sociaux est imposée selon le régime des plus-values mobilières des particuliers à l'IR à 16 % majorés des prélèvements sociaux au taux de 11 %. Cependant, **la plus-value de cession de droits sociaux de sociétés à l'IS est exonérée au bout de neuf ans de détention.**

---

1. Si le BIC est professionnel (voir thème 11).

En effet, on applique un abattement d'un tiers par année de détention à partir de la septième[1].

3. Cependant, la sortie en location meublée ou équipée permet l'exonération des plus-values de cession !

Une société imposée à l'IS détient un immeuble. La transformation de la société IS en SNC à l'IR entraîne un changement de régime fiscal. La plus-value latente sur l'immeuble à la date de la transformation devrait être imposée. Cependant, cette **plus-value latente** est **exonérée** si :

- Aucune modification n'est apportée à la valeur nette comptable de l'immeuble.
- L'imposition des plus-values demeure possible dans le cadre de la SNC.

La SNC imposée à l'IR exerce alors une activité de loueur en meublé professionnel (LMP – plus de 23 000 € de loyers annuels appréciés au niveau de l'associé – thème 28) ou de location équipée (pas de condition de chiffre d'affaires minimum – thème 27). Ce sont des activités BIC dont les plus-values de cession relèvent du régime des plus-values professionnelles : l'imposition des plus-values demeure donc possible.

Pour une location LMP ou équipée, **la plus-value est exonérée** si l'activité est exercée depuis au moins 5 ans et si les loyers facturés ne dépassent pas 250 000 € TTC pour un LMP pu 90 000 € TTC pour une location équipée (application du régime d'exonération des plus-values professionnelles des petites entreprises commerciales). Ces limites s'apprécient au niveau de chaque associé. Le BIC doit être professionnel pour la location équipée (voir thème 11).

---

1. Cet abattement est réservé aux personnes physiques qui, dans le cadre de la gestion de leur patrimoine privé, cèdent à titre onéreux directement ou par personne interposée, leurs droits sociaux, l'usufruit ou la nue-propriété de leurs droits sociaux.

Cette exonération est d'autant plus appréciable que la plus-value, cal-culée sur la valeur nette comptable, est proche du prix de vente en fin de période d'amortissement.

4. Une société imposée à l'IS permet de jouer sur les distributions de dividendes pour minorer l'impôt sur le revenu des associés

Le dividende distribué par une SARL[1] à un associé personne physique est ajouté à ses autres revenus. Son revenu global est imposé à l'impôt sur le revenu qui est progressif (barème par tranche). Le dividende est donc imposé au taux marginal d'imposition (TMI) du contribuable. Le contribuable peut avoir des revenus annuels qui fluctuent beaucoup, notamment s'il exerce une activité indépendante. Si l'année N, les revenus du contribuable sont faibles, il aura intérêt de distribuer le maximum de dividendes pour qu'ils soient imposés à un TMI relative-ment faible. Si la SARL[1] a des problèmes de trésorerie, elle n'est pas obligée de décaisser le dividende : elle peut se contenter de l'inscrire en compte courant (l'inscription en compte courant vaut paiement).

Sur le site www.minefi.gouv.fr vous pouvez faire des simulations de calcul d'IR.

5. La société imposée à l'IS est idéale pour compenser les déficits d'une activité avec les bénéfices d'une autre activité

Une société peut exercer plusieurs activités : une activité en phase d'investissement peut dégager des pertes alors qu'une activité mature dégage en général des bénéfices.

---

1. D'une manière générale, une société imposée à l'IS : SARL, SNC ou SCI qui opte pour l'IS…

Dans une société imposée à l'IR, chaque activité est imposable selon sa nature : une location nue est imposée selon les « revenus fonciers », une location équipée ou meublée est imposée selon les « Bénéfices industriels et commerciaux », la gestion de la trésorerie est imposable dans la catégorie des « Revenus des capitaux mobiliers », la cession d'un immeuble est imposée selon le régime des « Plus-values immobilières des particuliers »… Il n'y a donc pas de compensation entre le bénéfice d'une activité avec le déficit d'une autre activité au sein de la société. Chaque associé devra alors déclarer à l'impôt sur le revenu sa quote-part dans la société de revenus fonciers, de BIC, de RCM, de PV immobilière… L'imputation des déficits sur les autres revenus sera souvent limitée : un déficit foncier s'impute dans la limite de 10 700 € ; un déficit BIC non professionnel est seulement reportable sur les BIC de même nature ; une moins-value immobilière est définitivement perdue. C'est l'application de la **transparence fiscale.**

Dans une société imposée à l'IS, toutes les activités sont imposables selon les mêmes règles des Bénéfices industriels et commerciaux. Le résultat imposable se détermine au niveau de la société : l'ensemble des charges est imputé sur l'ensemble des produits de la société **sans aucun cloisonnement.** Ainsi, la moins-value de la cession de l'immeuble, le déficit généré par la location équipée, s'imputent sur les produits de la gestion de la trésorerie ou sur le bénéfice dégagé par la location nue ; les intérêts d'emprunt contracté pour l'acquisition d'un immeuble loué nu s'imputent sur les loyers de la location équipée… C'est l'application de **l'opacité fiscale.**

6. Arbitrage IS – IR
pour une location nue

La location nue peut être isolée au sein d'une société imposée à l'impôt sur le revenu (SCI, SNC…) ou d'une société imposée à l'IS (une SCI qui opte pour l'IS, une SARL, une SA…). Pour la suite de l'exposé, nous partons du principe que la structure retenue est la société civile immobilière (SCI).

	SCI imposée à l'IR	SCI imposée à l'IS
L'option pour l'IS est avantageuse pour un associé ayant d'importants revenus	Le résultat de la SCI est imposé à l'impôt sur le revenu au niveau des associés. Chaque associé ajoute à son revenu global dans la catérogie « revenus fonciers » sa quote-part de résultat dans la SCI. Le résultat de la SCI est donc soumis au taux progressif de **l'impôt sur le revenu qui peut atteindre 40 %.**	Le résultat de la SCI est imposé à l'impôt sur les sociétés au niveau de la société au taux de 15 %. C'est la SCI qui paie l'IS.
Déductibilité des droits d'enregistrement	Les droits d'enregistrement et les frais de notaire ne sont **pas déductibles** car ils constituent des dépenses liées à l'acquisition d'un capital.	Les droits d'enregistrement et les frais de notaire sont **déductibles** et peuvent être étalés sur la durée de vie de l'immeuble.
Taxation de l'apport d'un immeuble à la SCI	L'apport d'un immeuble à titre pur et simple par une personne physique à une SCI soumise à l'IR n'est soumis à aucun droit.	L'apport d'un immeuble à titre pur et simple par une personne physique à une SCI soumise à l'IS est soumis **au droit de 5 %.**
L'amortissement de l'immeuble est plus avantageux	La SCI ne pratique aucune déduction au titre de l'amortissement [1].	La SCI peut déduire de son résultat imposable l'amortissement[2] de l'immeuble et les frais réels. Cependant, si la SCI loue les locaux à son gérant, **l'amortissement n'est pas entièrement déductible :** l'amortissement déductible est plafonné à la différence entre le loyer[3] et les autres charges. L'amortissement non déductible peut être déduit ultérieurement sans limitation de durée dès que le plafond ne s'applique plus.

.../...

1. L'amortissement de l'immeuble est possible pour les immeubles acquis à l'état neuf dans le cadre du dispositif de Robien (voir thème 22).
2. L'amortissement est égal à 4 % du coût d'acquisition de l'immeuble si l'immeuble a une durée de vie estimée à vingt-cinq ans. **Le terrain n'est pas amortissable.** Il peut-être estimé à 20 % du coût d'acquisition de la construction.
3. Majoré de l'avantage en nature.

	SCI imposée à l'IR	SCI imposée à l'IS
Distribution de dividendes	**Les dividendes** distribués par la SCI aux associés **ne sont pas imposés** au niveau de l'associé car ils correspondent à des bénéfices de la SCI qui ont déjà été imposés au niveau de l'associé.	**Les dividendes** distribués par la SCI aux associés **sont imposés** au niveau de l'associé dans la catégorie des revenus de capitaux mobiliers. Les bénéfices distribués subissent donc une double imposition (IS au niveau de la SCI + IR au niveau de l'associé). Cependant, l'abattement de 40 % permet d'atténuer cette double imposition. Si la SCI distribue tout son bénéfice il faut comparer le **niveau global d'imposition** (IS de la SCI + IR sur dividendes de l'associé).
Report des déficits	Le déficit est imputable sur les autres revenus de l'associé dans la limite de 10 700 €. Au-delà, le déficit foncier est reportable sur les revenus fonciers des **dix années suivantes.**	Le déficit est reportable sur les bénéfices des exercices suivants **sans limitation de durée** et/ou sur les bénéfices des trois années précédentes.
Bénéfices mis en réserve et autofinancement des investissements	Que les bénéfices soient mis en réserve ou distribués aux associés, ils sont toujours imposés au niveau de l'associé à **l'impôt sur le revenu.** Même si les associés ne prélèvent pas les bénéfices de la SCI sous forme de dividendes, ils sont quand même imposés. L'associé de la SCI peut donc **décaisser un impôt sur le revenu** élevé **sans encaisser le revenu** correspondant, notamment si la SCI est endettée.	Les bénéfices mis en réserve sont imposés uniquement à 15 % au niveau de la société. La **marge dégagée** par cette imposition plafonnée pourra être **investie dans d'autres acquisitions immobilières.** Cependant, il faudra bien désinvestir un jour. Les dividendes distribués ou le boni de liquidation seront alors imposés au niveau des associés à **l'impôt sur le revenu.**
Imposition de la plus-value de cession de l'immeuble	Le régime des **plus-values des particuliers** s'applique. La plus-value de cession est imposée au niveau de l'associé à **l'impôt sur le revenu** au taux de 16 % majoré des prélèvements sociaux au taux de 11 %. Soit une **imposition** globale **de 27 %.** La plus-value de cession est égale au prix de vente moins le **coût d'achat.** La plus-value est ensuite diminuée d'un certain nombre d'abattements. La **plus-value de cession est exonérée au bout de 15 ans de détention.**	Le régime des **plus-values professionnelles** s'applique. La plus-value de cession est imposée **à l'IS au taux de 15 %.** La plus-value de cession est égale au prix de vente moins la **valeur comptable de l'immeuble** (prix d'acquisition – amortissements). Au final, l'**économie d'IS** générée par la déduction des amortissements est **restituée** lors de la taxation des plus-values !

.../...

	SCI imposée à l'IR	SCI imposée à l'IS
Retour à la case départ	L'option pour l'IS est toujours possible.	Le retour à l'IR[1] est impossible car l'option pour l'IS est irrévocable.
Comptabilité	La SCI n'est pas obligée de tenir une comptabilité.	Obligations comptables plus contraignantes.
Imposition de la plus-value de cession des parts sociales	La SCI est une société à **prépondérance immobilière imposée à l'IR** : la plus-value de cession des parts sociales est imposée comme la **cession d'un immeuble** selon le régime des plus-values immobilières des particuliers. La plus-value de cession est diminuée d'un certain nombre d'abattements. Puis elle est imposée à l'IR au taux de 16 % majorée des prélèvements sociaux au taux de 11 %. Soit une **imposition** globale **de 27 %**.	La SCI est une société à **prépondérance immobilière imposée à l'IS** : la plus-value de cession des parts sociales est imposée selon le régime des **plus-values mobilières** des particuliers. Si les cessions dépassent 15 000 € par an, la plus-value de cession est imposée à l'IR au taux de 16 % majorée des prélèvements sociaux au taux de 11 %. Soit une **imposition** globale **de 27 %**. Cependant, **la plus-value de cession est exonérée au bout de neuf ans de détention** (voir thème 13).
Réduction d'impôt	Pas de réduction d'impôt sur le revenu.	La souscription au capital d'une SCI imposée à l'IS ouvre droit à une **réduction d'impôt** plafonnée à 5 000 € (célibataire) ou 10 000 € (couple marié).
Capital non libéré	Les intérêts qui rémunèrent les comptes courants des associés sont déductibles.	Les intérêts qui rémunèrent les comptes courants des associés ne sont pas déductibles.
Monuments historiques	Les parts de SCI détenant des monuments historiques ouverts au public sont exonérées de droits de succession[2].	Si la SCI opte pour l'IS, l'exonération ne s'applique pas.

.../...

---

1. Une SCI qui cesse de louer **meublé** ou **équipé** retourne automatiquement à l'IR car elle était à l'IS de fait (activité commerciale) et non sur option.
2. Ainsi que les meubles en constituant le complément. Les héritiers, donataires ou légataires doivent souscrire une convention à durée indéterminée. Certaines contions particulières doivent être remplies relatives au lien de parenté des associés et à l'ancienneté de détention des parts (CGI art 795 A, ann III art 281 *ter*).

	SCI imposée à l'IR	SCI imposée à l'IS
Dépenses de travaux	• **Les dépenses d'entretien et de réparation** qui permettent de maintenir l'immeuble en bon état **sont déductibles.** • **Les dépenses d'amélioration ne sont pas déductibles.** Cependant, si elles concernent des **locaux à usage d'habitation**, elles sont immédiatement déductibles.	• **Les dépenses d'entretien et de réparation** qui permettent de maintenir l'immeuble en bon état **sont déductibles.** • **Les dépenses d'amélioration**[1] sont immobilisées et **déduites** ensuite du résultat **sous forme d'amortissements.**
Intérêts d'emprunt	Les intérêts des emprunts contractés pour l'**acquisition, la construction, la réparation ou l'amélioration de l'immeuble** donné en location sont déductibles.	Les intérêts d'emprunt sont déductibles s'ils sont engagés dans l'**intérêt de l'entreprise,** même si l'emprunt n'est pas affecté à l'acquisition de l'immeuble. À défaut, ils constituent un **acte anormal de gestion** et ne sont pas déductibles[2].
Plafonnement ISF	Si la société réalise un déficit imputable sur le revenu global de l'associé à hauteur de sa quote-part, l'ISF de l'associé est plafonné car son revenu imposable est diminué.	Si la société ne distribue pas de dividendes, l'ISF de l'associé est plafonné car son revenu imposable est diminué (voir thème 16).
Exonération des plus-values de cession	Pour une location nue, **exonération de la plus-value de cession au bout de 15 ans de détention** (régime des plus-values des particuliers)	Pas d'exonération des plus-values de cession de l'immeuble. Cependant, **la plus-value de cession des droits sociaux est exonérée au bout de neuf ans de détention** (voir thème 13).
Cloisonnement des activités	**Cloisonnement** : le résultat de chaque activité est déterminé selon les règles des revenus catégoriels concernés (revenus fonciers pour les loyers, RCM pour la gestion de la trésorerie…). Un déficit catégoriel est alors imputable sur un bénéfice catégoriel de manière restrictive.	**Pas de cloisonnement** : **le déficit d'une activité s'impute sur le bénéfice d'une autre activité** selon les règles BIC. Le résultat global est alors imposé à l'IS au niveau de la société.

---

1. Dépenses qui augmentent la valeur de l'immeuble ou qui prolongent sa durée d'utilisation.
2. En cas d'emprunt à taux dégressif, un taux prohibitif pendant une première période conduirait l'Administration à rejeter la déduction d'une partie des intérêts sur la base du principe de l'acte anormal de gestion.

À partir du tableau précédent, les associés devront comparer le montant de l'IR et de l'IS pour prendre leur décision en considérant, notamment, les éléments suivants :

1. **Apport effectué.** Si un associé apporte un immeuble, l'option pour l'IS est défavorable car l'apport sera taxé à 5 % au lieu d'être exonéré.
2. **Taux personnel d'impostion des associés à l'impôt sur le revenu.** Le principal avantage de l'IS est son taux d'imposition relativement faible. Les associés auront intérêt à opter pour l'IS si leur taux marginal à l'impôt sur le revenu est supérieur, et si la SCI ne distribue pas de bénéfice.
3. **Le financement de la SCI.** Lorque la SCI a emprunté pour acquérir l'immeuble social, elle ne pourra généralement pas distribuer car elle aura une trésorerie insuffisante. Les bénéfices comptables seront mis en réserve. Dans cette situation, la SCI soumise à l'IS sera taxée à 15 % seulement.
4. **Les objectifs de la SCI.** Si les associés envisagent la cession de l'immeuble social, l'option pour l'IS risque d'entraîner l'imposition d'une importante plus-value. Cependant, si les associés envisagent de céder uniquement les parts sociales, le régime de l'IS n'est pas trop pénalisant car la cession des parts sociales est taxée au taux de 27 % avec exonération au bout de neuf ans de détention.

Zoom N° 27

La SCI doit-elle opter pour l'IS ?

La gestion fiscale est l'art des choix fiscaux. Pour un arbitrage chiffré IS/IR, reportez-vous aux cas pratiques du thème n° 9.

Zoom N° 28

SCI imposée à l'IS sans opter pour l'IS

Une SCI peut opter pour l'IS. Mais, cette option est irrévocable. Une SCI imposée à l'IS peut aussi détenir les parts sociales d'une autre SCI qui n'a pas opté pour l'IS. En vertu de la transparence fiscale de la SCI, la SCI filiale sera imposée selon les mêmes règles que la SCI mère. Le résultat de la SCI fille sera donc calculé selon les règles IS, bien que n'ayant pas opté pour l'IS, et sera imposé directement au niveau de la SCI mère.

Zoom N° 29

○ ### SCI à l'IS et réduction d'impôt sur le revenu

Les associés peuvent bénéficier d'une réduction d'impôt sur le revenu au titre de la souscription au capital ou aux augmentations de capital d'une SCI imposée à l'IS. La réduction d'impôt est de 25 % du montant investi dans le capital de la SCI plafonné à 20 000 € ou 40 000 € selon que le contribuable est célibataire ou marié. <u>La réduction d'impôt maximale est donc de 5 000 € ou 10 000 €</u>. La fraction des investissements excédant les limites ouvre droit à une réduction d'impôt dans les mêmes conditions au titre des trois années suivantes. ○

Zoom N° 30

○ ### SCI et IS à taux réduit

Le taux de l'IS est de $33^{1/3}$ %. Cependant, une **petite SCI** peut être imposée à l'**IS au taux réduit de 15 %** pour la partie de son bénéfice inférieure à 38 120 €. Les conditions suivantes doivent être respectées :
- chiffre d'affaires HT inférieur à 7 630 000 €,[1]
- capital entièrement libéré,
- capital détenu directement ou indirectement pour 75 % au moins par des personnes physiques[2]. ○

Cas N° 29

◇ ### Distribution de dividendes par une SCI et imposition globale

Une SCI réalise un bénéfice de 10 000 €. Elle distribue l'intégralité de son bénéfice à ses associés. Ses associés ont un taux d'imposition marginal de 30 %.

Calculer le niveau global d'imposition selon que la SCI est imposée à l'IR ou à l'IS. ◇

---

1. CA HT réalisé au cours du premier exercice pour lequel la société demande à bénéficier du taux réduit.
2. Le capital peut être détenu par une société si elle satisfait à l'ensemble des conditions.

Pour bien comprendre ce cas, nous vous invitons à lire le cas pratique page 160.

SCI imposée à l'IR		
Bénéfice de la SCI imposé au niveau des associés		
– Bénéfice	10 000	
– Taux marginal d'imposition	30 %	
– IR	3 000	3 000
– Taux des prélèvements sociaux	11 %	
– Prélèvements sociaux	1 100	1 100
Dividende non imposé		0
Imposition au niveau des associés		**4 100**
Net encaissé par l'associé		**5 900**
SCI imposée à l'IS		
Bénéfice de la SCI imposé au niveau de la SCI		
– Bénéfice	10 000	
– Taux IS	15 %	
– IS	1 500	1 500
Imposition au niveau de la SCI		**1 500**
Dividende distribué aux associés		
– Bénéfice	10 000	
– Impôts	– 1 500	
– Bénéfice distribuable	8 500	
Abattement de 40 %	– 3 400	
Dividende imposable	5 100	
– Taux marginal d'imposition	30 %	
– IR	1 530	1 530
– Taux des prélèvements sociaux	11 %	
– Prélèvements sociaux	935	935
Imposition au niveau des associés		**2 465**
Net encaissé par l'associé		**6 035**
Gain de trésorerie pour l'associé si option pour l'IS		
– avec un taux marginal d'IR de 30 %		**135**
– avec un taux marginal d'IR de 40 %		625

L'option pour l'IS : un choix qu'il faut mûrir

- **L'option pour l'IS est irrévocable** : une SCI qui opte pour l'IS sera toujours imposée à l'IS. Le retour à la case départ est interdit. Même si le taux de l'IS augmente, la SCI est condamnée à supporter cette augmentation.
- Si l'option est exercée après la constitution de la SCI, ce changement de régime fiscal entraîne les mêmes conséquences **qu'une cessation d'activité avec imposition immédiate des plus-values latentes.**
- L'option pour l'IS entraîne un **complément de droit d'apport de 5 %** sur la valeur actuelle de l'immeuble social car il s'agit alors de l'apport d'un immeuble par une société soumise à l'IR à une société soumise à l'IS (voir thème 12).
- Mais une SCI qui fait de la location meublée est à l'IS de plein droit tant que la location reste meublée. Dès que la location devient nue, **la SCI bascule à nouveau à l'IR** (revenus fonciers). Le passage IS vers IR équivaut à une liquidation sur le plan fiscal.
- Si un particulier vend ses parts de SCI à une société imposée à l'IS (SARL, SA…), **la SCI bascule des revenus fonciers à l'IS sans option.** En effet, quand les parts d'une société transparente (la SCI) sont inscrits à l'actif d'une entreprise, c'est le régime d'imposition de l'entreprise qui détermine le régime d'imposition de la société transparente. La société imposée à l'IS réintègre alors sa quote-part de bénéfice dans la SCI déterminée selon les règles IS (déduction d'un amortissement…).

7. Arbitrage IS – IR pour une location meublée ou équipée

La location meublée ou équipée peut être isolée au sein d'une société imposée à l'impôt sur le revenu (SARL de famille qui opte pour l'IR, SNC…) ou d'une société imposée à l'IS (une SARL, une SA…). Pour la suite de l'exposé, nous partons du principe que la structure retenue est la SARL de famille (SARL).

	SARL de famille imposée à l'IR	SARL imposée à l'IS
Plafonnement ISF	Si la société réalise un déficit imputable sur le revenu global de l'associé à hauteur de sa quote-part, l'ISF de l'associé est plafonné car son revenu imposable est diminué.	Si la société ne distribue pas de dividende, l'ISF de l'associé est plafonné car son revenu imposable est diminué (voir thème 16).
Exonération des plus-values de cession	Pour une location LMP ou équipée, **la plus-value est exonérée** si l'activité est exercée depuis au moins 5 ans et si les loyers <u>facturés</u> ne dépassent pas 250 000 € TTC pour un LMP pu 90 000 € TTC pour une location équipée[1].	Pas d'exonération des plus- values de cession de l'immeuble. Cependant, **la plus-value de cession des droits sociaux est exonérée au bout de neuf ans de détention** (voir thème 13).
Cloisonnement des activités	<u>**Pas de cloisonnement** :</u> la trésorerie gérée dans le cadre d'un LMP est imposée selon les règles BIC. Le résultat global est alors imposé à l'IR dans la catégorie BIC-LMP au niveau des associés.	<u>**Pas de cloisonnement** :</u> **le déficit d'une activité s'impute sur le bénéfice d'une autre activité** selon les règles BIC. Le résultat global est alors imposé à l'IS au niveau de la société.
Déduction des amortissements	Pour une location LMP ou équipée, **l'amortissement n'est pas déductible s'il crée un déficit**[2].	**L'amortissement est entièrement déductible** sauf si les locaux sont loués au dirigeant de la société[2].
Droits d'enregistrement et frais notariés	Déductibles immédiatement ou étalés sur la durée de vie de l'immobilisation pour une location LMP ou équipée.	Déductibles immédiatement ou étalés sur la durée de vie de l'immobilisation.

---

1. C'est l'application du régime d'exonération des plus-values professionnelles des petites entreprises commerciales (voir thème 28). Cependant, **la location équipée <u>doit être professionnelle</u>** (voir thème 11 pour la définition du BIC professionnel) **pour bénéficier de l'exonération.**
2. L'amortissement déductible est plafonné à la différence entre les loyers et les autres charges. L'amortissement non déduit n'est pas perdu : il est reportable sans limitation de durée. Il sera généralement reporté en fin de période d'amortissement de l'emprunt.

8. Modalités d'imposition à l'IS

Lorsqu'une SCI[1] relevant de l'impôt sur les sociétés donne en location un immeuble dont elle est propriétaire, les loyers qu'elle perçoit sont imposables au niveau de la SCI selon le régime des bénéfices industriels et commerciaux (BIC). Nous exposons les principales caractéristiques de ce régime par rapport aux « revenus fonciers » dans le tableau page suivante.

Si la SCI distribue ses bénéfices, les associés sont imposés à l'impôt sur le revenu au titre des dividendes encaissés dans la catégorie des revenus de capitaux mobiliers. Les dividendes distribués par une SCI soumise à l'IS bénéficient d'un abattement de 40 % de leur montant.

Calcul de l'imposition d'une SCI		
	La SCI est imposée à...	
	l'impôt sur les sociétés (IS)	l'impôt sur le revenu (IR)
Régime applicable	**Bénéfices industriels et commerciaux (BIC)** + particularités liées à l'IS.	Revenus fonciers.
Loyers imposables	Dans les recettes doivent figurer toutes **les créances acquises.** Si le locataire ne paie pas son loyer pendant une année, la SCI soumise à l'IS sera imposée comme si elle l'avait encaissé.	Les loyers à déclarer au titre d'une année sont ceux qui ont été effectivement **encaissés,** même s'ils se rapportent à une autre année. Si le locataire ne paie pas son loyer pendant une année, la SCI soumise à l'IR ne sera pas imposée au titre des revenus fonciers.
Charges déductibles[2]	Les charges sont déductibles si elles sont **engagées dans l'intérêt de l'exploitation.** À défaut, elles constituent **un acte anormal de gestion.**	Les charges déductibles sont limitativement **énumérées par la loi** (CGI). Elles doivent être **décaissées** (voir thème 19). ...∕...

---

1. Ou une SARL, une SNC qui opte pour l'IS, une SAS…
2. La SCI n'est pas redevable de la **taxe professionnelle** car elle se contente de gérer un patrimoine privé.

	La SCI est imposée à...	
	l'impôt sur les sociétés (IS)	**l'impôt sur le revenu (IR)**
Charges déductibles	Par conséquent, les charges de propriété (frais d'acquisition, commissions payées, tous les travaux...), ainsi que l'amortissement de l'immeuble sont déductibles.	Les frais d'acquisition ne sont pas déductibles.
Impôt à payer	Impôt sur les sociétés (IS) au niveau de la SCI au taux de 15 %. En principe, la SCI ne paie pas l'IFA[1].	Impôt sur le revenu (IR) au niveau des associés. Le résultat de la SCI est donc soumis au taux progressif de **l'impôt sur le revenu qui peut atteindre 40 %.**
Résultat imposable	Le résultat est déterminé **pour l'ensemble des immeubles** donnés en location.	Le revenu foncier doit être déterminé **pour chaque immeuble.** La somme des revenus nets des différents immeubles permet de dégager le revenu net foncier imposable.

Cas N° 30

◇ **Imposition du dividende payé par une SCI soumise à l'IS**

Un associé imposé à l'impôt sur le revenu au taux marginal de 40 %, perçoit un dividende de 10 000 € payé par une SCI imposée à l'IS. ◇

Le mode d'imposition est le suivant :

Dividende	10 000
Abattement de 40 %	− 4 000
Dividende imposable[2]	6 000

---

1. L'IFA est un impôt exigible quand le chiffre d'affaires HT dépasse 300 000 €. L'IFA est <u>déductible</u> du résultat imposable.
2. Un abattement de 1 525 € ou 3 050 € selon que le contribuable est célibataire ou marié s'applique à condition que le revenu net imposable du foyer fiscal n'excède pas la dernière tranche du barème de l'IR pour un célibataire ou le double de cette limite pour un couple marié.

Taux marginal d'imposition	40 %
Impôt sur le revenu[1]	**2 400**
Taux des prélèvements sociaux	11 %
Prélèvements sociaux[2]	**1 100**
Imposition globale	
– en €	**3 500**
– en %	**35 %**

Si la SCI est imposée à l'IR, le dividende distribué par la SCI n'est pas imposé au niveau des associés car chaque associé a déjà été imposé sur sa quote-part de revenus fonciers dégagé par la SCI.

Zoom N° 32

○   **Dividendes et SCI imposés à l'IS**

- Si la SCI s'est endettée pour acquérir l'immeuble social, elle ne peut pas verser de dividendes aux associés, qui ne sont donc pas imposés directement.
- Si au contraire, sa trésorerie lui permet de distribuer des dividendes, la distribution des bénéfices par la SCI entraîne l'imposition des associés au titre des revenus mobiliers à leur taux personnel d'imposition. L'abattement de 40 % atténue cependant la double imposition.   ○

---

1. Un crédit d'impôt de 115 € est imputé.
2. Calculés sur le dividende perçu.

Zoom N° 33

CSG, CRDS et prélèvement social : pas d'évasion fiscale possible !

Le prélèvement total de 11 % s'applique :

- aux revenus fonciers dégagés par une SCI imposée à l'IR,
- aux dividendes bruts avant abattement distribués par une SCI imposée à l'IS,
- aux plus-values immobilières lors de la cession des parts sociales de la SCI ou de l'immeuble.

La partie déductible de ce prélèvement (5,10 %) payé par le contribuable en année N vient s'imputer sur le revenu global imposable réalisé en année N.

	Total	Déductible	Non déductible
CSG	8,50 %	5,10 %[1]	3,40 %
CRDS	0,50 %		0,50 %
Prélèvement social	2,00 %		2,00 %
	11,00 %	**5,10 %**	**5,90 %**

L'amortissement de l'immeuble

Quand la location de l'immeuble est imposée selon les règles des revenus fonciers (location nue), l'amortissement de l'immeuble n'est pas déductible.

En revanche, quand la location de l'immeuble est imposée selon les règles commerciales « BIC » (location équipée, LMP, société qui opte pour l'IS…), l'investisseur peut déduire un amortissement économique qui permet de constater la dépréciation de l'immeuble.

L'amortissement est pratiqué sur la durée normale d'utilisation de l'immeuble. La durée d'utilisation s'apprécie au jour de l'entrée de l'immeuble dans le patrimoine de l'investisseur : même si le vendeur a

---

1. La CSG de 5,10 % n'est pas déductible pour les plus-values immobilières.

totalement amorti l'immeuble, l'acquéreur peut décider de l'amortir selon sa propre durée d'utilisation.

Taux d'amortissement admis par l'Administration fiscale et la jurisprudence		
Immeubles	**Taux**	**Durées**
Immeubles en général	2 à 5 %	de 50 ans à 20 ans
Immeubles à usage de bureaux	4 %	25 ans
Magasins de détail	5 %	20 ans
Hôtels restaurants	2,5 %	40 ans
Bâtiments industriels	5 %	20 ans
Entrepôts/hangars	5 à 10 %	20 ans à 10 ans
Agencements	10 à 20 %	10 ans à 5 ans

Pour un bail à construction, la durée d'amortissement est la durée du bail ou la durée normale d'utilisation. Pour une construction sur sol d'autrui, l'amortissement est toujours calculé en fonction de la durée normale d'utilisation même si elle est supérieure à la durée du bail.

L'amortissement est calculé uniquement sur la valeur de la construction[1] car le terrain n'est pas amortissable. Le prix de revient du terrain représente en général entre 15 et 25 % de la valeur de l'immeuble.

L'immeuble peut être ventilé en **composants :** chaque composant est amorti selon sa durée d'utilisation spécifique. Les **frais d'acquisition** (droits d'enregistrement de 5 % + frais notariés de 2 %) peuvent être comptabilisés en charges déductibles, ou être comptabilisés dans le coût d'acquisition de l'immeuble. Ils seront alors amortis sur la durée d'utilisation de l'immeuble.

Les dépenses d'amélioration qui augmentent la valeur de l'immeuble ou qui prolongent sa durée d'utilisation, sont immobilisées et déduites ensuite du résultat sous forme d'amortissements : création d'installa-

---

1. Coût d'acquisition ou de production à l'exclusion des frais financiers.

tions sanitaires, renforcement du chauffage central et modification de la distribution des pièces ; aménagement et décoration d'un magasin ; aménagement du plafond d'un hangar, travaux de maçonnerie, menuiserie, plomberie, électricité et peinture pour l'installation d'une succursale, remplacement d'un dallage par un revêtement différent ; aménagement d'un placard, suppression d'une porte ; bitumage d'une cour.

La construction s'amortit selon le mode linéaire : l'annuité est donc constante tout au long de la période d'amortissement (amortissement annuel = prix d'acquisition / durée d'utilisation). Par dérogation, un amortissement dégressif peut être calculé pour les immeubles hôteliers (locations meublées avec prestations para-hôtelières) et pour les bâtiments industriels[1] dont la durée d'utilisation n'excède pas 15 ans. L'amortissement dégressif s'applique aux immeubles neufs : immeubles construits par l'investisseur ou acquis avant l'achèvement[2].

Cas N° 31

◇ **Amortissement dégressif d'un investissement hôtelier**

Un investissement hôtelier peut être amorti en linéaire ou en dégressif.

Immeuble	100 000 €
Taux d'imposition (IR ou IS)	30 %
Durée d'amortissement[3]	10 ans
Taux linéaire d'amortissement	10 %
Coefficient dégressif	2,25
Taux dégressif d'amortissement	22,5%

◇

---

1. Constructions légères dont les matériaux sont de qualité inférieure.
2. Cette interprétation est restrictive car un immeuble acheté à un promoteur après son achèvement reste un bien neuf puisqu'il figurait dans le stock du promoteur.
3. Durée courte pour une présentation simplifiée des calculs.

Années	Amortissement			Trésorerie	
	Linéaire (1)	Dégressif (2)	(2) − (1)	Gain	Restitution
1	10 000 €	22 500 €	12 500 €	3 750 €	
2	10 000 €	17 438 €	7 438 €	2 231 €	
3	10 000 €	13 514 €	3 514 €	1 054 €	
4	10 000 €	10 473 €	473 €	142 €	
5	10 000 €	8 117 €	− 1 883 €		− 565 €
6	10 000 €	6 291 €	− 3 709 €		− 1 113 €
7	10 000 €	5 417 €	− 4 583 €		− 1 375 €
8	10 000 €	5 417 €	− 4 583 €		− 1 375 €
9	10 000 €	5 417 €	− 4 583 €		− 1 375 €
10	10 000 €	5 417 €	− 4 583 €		− 1 375 €
	100 000 €	**100 000 €**	**0 €**	**7 177 €**	**− 7 177 €**

Les premières années, l'amortissement dégressif permet d'amortir plus rapidement, de déduire plus de charges, de payer moins d'impôt et de réaliser ainsi un gain de trésorerie qu'il faudra restituer en fin de période d'amortissement. C'est donc un jeu à somme nulle. L'objectif étant de réinjecter cette économie de trésorerie dans un autre investissement.

14

LES RÉGIMES MICRO : UNE SIMPLIFICATION COÛTEUSE ?

Les régimes micro ont pour objectif de simplifier la vie du contribuable : au lieu de déclarer le résultat réellement réalisé au moyen d'une déclaration sophistiquée, le contribuable reporte le montant de ses loyers sur sa déclaration de revenu et l'administration applique un abattement forfaitaire pour charges.

Location et régimes micro *Le bénéfice imposable est égal aux loyers minorés d'un abattement forfaitaire pour frais professionnels.*				
Location	**Meublée**	**Équipée**	**Nue**	**Sous-location**
Régime d'imposition	Micro-BIC	Micro-BIC	Micro-foncier	Micro-BNC
Limites de loyer HT	76 300 €	27 000 €	15 000 €	27 000 €
Abattement pour frais professionnels	68 %	45 %	30 %	25 %
Revenu imposable	32 %	55 %	70 %	75 %
Déclaration n° 2042	5 C NO	5 C NP	4 BE	5 E KU

1. Le micro-BIC à éviter en LMP

Le loueur en meublé professionnel dont les loyers ne dépassent pas 76 300 € relève **obligatoirement** du micro-BIC. Il peut cependant opter pour le réel simplifié ou le réel normal. Pour le régime micro-BIC, le bénéfice imposable est égal aux loyers minorés d'un abattement forfaitaire de 68 % pour frais professionnels.

Le micro-BIC qui dégage toujours un résultat positif ne permet pas de défiscaliser. Il n'est intéressant qu'en fin de période d'amortissement de l'emprunt ou pour un bien autofinancé. Pour un montage de défiscalisation dégageant un déficit, **il faut impérativement opter pour un régime réel d'imposition afin de pouvoir imputer le déficit BIC sur les autres revenus du contribuable.**

De plus, l'option pour un régime réel permettra de **récupérer la TVA qui a grevé l'acquisition** pour un LMP dans le cadre d'un investissement hôtelier.

Le problème ne se pose pas si l'activité LMP est exercée dans le cadre d'une société (SARL de famille, SNC, EURL) car le régime micro-BIC ne s'applique pas aux sociétés.

Si un contribuable, propriétaire de quatre studios dont les emprunts sont remboursés, veut développer une activité de LMP, il peut louer les studios meublés dans le cadre d'un micro-BIC (32 % seulement des loyers seront imposés) et investir dans d'autres studios (achat par emprunt pour défiscaliser) pour développer son activité LMP dans le cadre d'une SARL de famille.

2. Le micro-foncier : une simplification à éviter

Lorsque le revenu brut foncier annuel du foyer fiscal est inférieur à 15 000 €, le régime du micro-foncier s'applique. Le contribuable porte alors directement le revenu brut sur sa déclaration de revenus. L'administration applique un abattement de 30 % qui couvre l'ensemble des charges (aucune autre déduction ne peut être opérée). Au final, 70 % des loyers encaissés sont imposés. La SCI[1] est en principe exclue du micro-foncier. Cependant, si le contribuable est propriétaire d'un immeuble qu'il loue nu et de parts de SCI qui donne en location nue un autre immeuble, le micro-foncier s'applique. Mais le **micro-foncier** n'est pas avantageux : vous êtes **toujours bénéficiaire !** Vous ne pouvez pas déduire les intérêts d'emprunt, les travaux d'entretien ou d'amélioration… et au final vous ne pouvez pas imputer l'éventuel déficit sur votre revenu global… Vous avez donc intérêt à **opter pour le régime réel d'imposition** (revenus fonciers). L'option est globale[2] et s'applique pour une période de trois ans. L'option résulte de la souscription de la déclaration n° 2044.

De plus, l'option pour un régime réel permettra de **récupérer la TVA qui a grevé l'acquisition** pour une location nue d'un local professionnel. Le problème ne se pose pas si la location nue est exercée dans le cadre d'une SCI car le régime micro-foncier ne s'applique pas, en principe, aux SCI.

Pour apprécier la limite de 15 000 €, il faut prendre en compte l'ensemble des revenus bruts fonciers encaissés par le foyer fiscal, hors taxes pour les locations nues à un professionnel, sans ajustement *prorata temporis* pour les locations qui débutent ou cessent en cours d'année, augmenté de la valeur locative des locaux professionnels qui sont mis à la disposition gratuite d'un tiers ou du propriétaire, augmenté de la quote-part du revenu brut de l'associé d'une SCI.

Le micro-foncier ne peut pas s'appliquer aux propriétaires[3] qui bénéficient d'avantages fiscaux liés à des régimes de revenus fonciers de faveur : de Robien, Besson ancien, Malraux, monuments historiques ou immeubles détenus en nue-propriété (article 156-I-3° du CGI).

---

1. Ou une société de personnes non soumise à l'IS, ayant un objet civil, qui donne un immeuble en location nue et qui ne bénéficie pas d'un régime de revenus fonciers de faveur.
2. L'option s'applique donc **à tous les revenus fonciers** perçus par le foyer fiscal.
3. Ou à une société de personnes non soumise à l'IS et ayant un objet civil.

3. Le micro-BIC intéressant pour une vente financée par un crédit-vendeur

Un investisseur achète un appartement[1]. Le vendeur lui fait crédit : ce crédit-vendeur sera remboursé sur une durée de 10 ans. L'investisseur loue le bien. Sur les loyers encaissés, le vendeur ne peut pas imputer d'intérêts d'emprunt. En effet, le remboursement du crédit vendeur correspond uniquement au remboursement du capital. En faisant de la location meublée, la location relève de plein droit du micro-BIC. Au lieu d'être imposé sur 100 de loyer, l'investisseur est imposé seulement sur 32 (100 − 100 × 68 % = 32).

---

1. L'investisseur doit acheter en direct car une société est exclue du micro.

15

OPTIMISATION FISCALE DES PLUS-VALUES DE CESSION

1. Imposition des plus-values de cession de parts sociales d'une SCI

Une activité de location nue peut être exercée au sein d'une SCI. Notre étude se limite ici aux parts sociales de SCI. La cession des parts sociales d'une SARL excerçant une activité de location meublée ou équipée est développée dans les thèmes 27 et 28.

L'associé qui cède ses parts sociales est imposé sur les plus-values de cession de ses parts sociales. Le régime d'imposition de la plus-value dépend de la qualité de l'associé.

Le régime d'imposition de la plus-value de cession des parts d'une SCI dépend de la qualité de l'associé[1]		
L'associé est...		La plus-value est imposée selon...
Un particulier	Un particulier gère son patrimoine privé dans le cadre d'une SCI.	Le régime des plus-values **immobilières** des particuliers (fiscalité des ménages).
Une entreprise	Les parts sociales de la SCI sont inscrites à l'actif d'une entreprise individuelle ou d'une société.	Le régime des plus-values professionnelles (fiscalité des entreprises).

I.I. L'associé qui cède ses parts sociales est un particulier

Lorsque l'associé qui cède ses parts sociales est une personne physique qui gère son patrimoine personnel dans le cadre d'une SCI, la plus-value de cession est imposée selon le régime des plus-values immobilières des particuliers. La cession des parts sociales est alors imposée **comme une cession d'immeuble,** avec cependant des règles spécifiques car la cession porte sur des parts sociales et non sur un immeuble.

Zoom N° 34

SA, SAS ou SCI pour faire une économie d'imposition des plus-values lors de la cession des titres ?

Quelle que soit sa forme juridique (SA, SAS ou SCI) et son régime fiscal (IS ou IR), une société dont plus de la moitié de l'actif est composé d'immeubles donnés en location est une société à prépondérance immobilière. La cession de titres de société à prépondérance immobilière est imposée comme une cession d'immeuble selon le régime des plus-values immobilières, uniquement **si la société est imposée sur l'impôt sur le revenu.**

---

1. Si l'associé est un **marchand de biens,** l'administration fiscale considère que les parts cédées constituent un stock. Les profits réalisés sont imposés comme un simple résultat selon les règles du régime des BIC.

> Si la société est imposée à l'impôt sur les sociétés, la plus-value est imposée selon le régimes des plus-values mobilières des particuliers. Ce régime s'applique uniquement si les associés sont des personnes physiques.
>
> Si la société n'est pas à prépondérance immobilière (cas très rare), la plus-value de cession des titres de la société est imposée selon le régime des plus-values mobilières des particuliers.

La plus-value est égale à la différence entre le prix de cession des parts sociales et leur prix d'acquisition. Le prix d'acquisition est majoré des frais d'acquisition pour leur montant réel[1].

La plus-value est ensuite minorée d'un abattement de 10 % par année de détention au-delà de la cinquième année. La plus-value est donc exonérée au bout de 15 ans de détention des parts sociales (5 ans × 0 % + 10 ans × 10 % = 100 %).

La plus-value ainsi obtenue bénéficie d'un abattement de 1 000 € par cession.

La plus-value est imposée à l'impôt sur le revenu au taux de 16 % majoré des prélèvements sociaux de 11 %. Soit une **imposition globale de 27 %.** Mais la CSG de 5,10 % qui est déductible du revenu imposable l'année suivante pour les autres revenus (dividendes, revenus fonciers…) ne l'est pas pour les plus-values immobilières.

La plus-value doit être déclarée sur l'**imprimé n° 2048 M** et l'impôt doit être payé à la recette des impôts du domicile du vendeur. Aucune déclaration n'est à souscrire en l'absence de plus-value imposable.

Si la différence entre le prix de cession des parts sociales et leur prix d'acquisition dégage une **moins-value,** cette moins-value est **définitivement perdue** car elle ne peut pas être imputée sur d'autres plus-values immobilières ou sur le revenu global (elle ne permet donc pas de faire d'économie d'impôt).

---

1. Les frais d'acquisition à titre onéreux peuvent être évalués à 7,5 % du prix d'acquisition pour le calcul des plus-values sur cession d'immeubles.

Zoom N° 35

○　　　　**Cession de parts sociales et d'un compte courant**

En cas de cession de parts sociales assortie d'une cession de comptes courants (la SCI a distribué des bénéfices qui ont été crédités aux comptes courants des associés), le prix de cession comprend souvent le montant des comptes courants. Pour le calcul de la plus-value, seule la fraction du prix de vente correspondant aux parts sociales doit être prise en compte.　　　○

Cas N° 32

◇　　　　**Calcul d'une plus-value sur cession de parts sociales d'une SCI**

Deux époux ont constitué en janvier 1997 une SCI avec un capital de 100 000 € pour acquérir en janvier 1997 un immeuble pour un prix de 500 000 € financé par un emprunt de 450 000 € au taux de 6 % remboursable par annuités constantes sur 15 ans. Les loyers annuels correspondent aux annuités. L'immeuble est amorti sur 30 ans. Les époux veulent vendre l'immeuble pour un prix de 700 000 € en janvier 2006. Vous trouverez ci-dessous le bilan de la SCI au moment de la cession.
- **Hypothèse n° 1 : les époux vendent leurs parts sociales.**
- **Hypothèse n° 2 : les époux vendent l'immeuble social.**　　◇

Actif		Passif	
Immeuble	500 000 €	Capital (100 parts)	100 000 €
Amortissement	– 150 000 €	Réserves	20 000 €
Frais d'acquisition	0 €	**Capitaux propres**	**120 000 €**
		Emprunt	230 000 €
	350 000 €		**350 000 €**

Hypothèse n° 1 : vente des parts sociales

Valeur vénale réelle des parts sociales cédées

Actif net comptable (= capitaux propres de la SCI)		120 000 €
Plus-value latente sur l'immeuble		350 000 €
• estimation de l'expert	700 000 €	
• valeur au bilan	350 000 €	
	350 000 €	
Valeur vénale réelle des parts sociales		**470 000 €**
Prix de cession des parts sociales		470 000 €
Valeur d'acquisition des parts sociales		– 100 000 €
Plus-value		370 000 €
Abattement de 10 % par année au-delà de la cinquième (10 % × 4 ans = 40 %)		– 148 000 €
		222 000 €
Abattement général		– 1 000 €
Plus-value imposable		**221 000 €**
Impôts (16 % + 11 %)		**59 670 €**

Hypothèse n° 2 : vente de l'immeuble social

Prix de cession de l'immeuble social		700 000 €
Valeur d'acquisition de l'immeuble social		– 462 500 €
• Prix d'acquisition	500 000 €	
• Frais d'acquisition[1]	37 500 €	
	462 500 €	
Plus-value		237 500 €
Abattement de 10 % par année au-delà de la cinquième (10 % × 4 ans = 40 %)		– 95 000 €
		142 500 €
Abattement général		– 1 000 €
Plus-value imposable		**141 500 €**
Impôts (16 % + 11 %)		**– 38 205 €**

___
1. Ils peuvent être évalués à 7,5 % du prix d'acquisition.

Conclusion : la plus-value imposable dans le cas de la vente des parts sociales est plus importante car le capital de la SCI est faible.

1.1.1. Incidence de la date d'acquisition des parts sociales sur la plus-value imposable

La date d'acquisition des parts sociales est importante car elle détermine le montant de la plus-value imposable. En effet, le montant de la plus-value est réduit de 10 % par année de détention des parts sociales au-delà de la cinquième.

- Même si les parts sociales n'ont pas été libérées au moment de la constitution de la SCI, la date d'acquisition correspond à la date de souscription des parts et non à la date de libération du capital social. Les parts sociales doivent cependant être libérées au moment de la cession.
- Même si l'immeuble est acquis par la SCI juste avant la cession des parts sociales, la réduction de 10 % par année de détention se calcule par rapport à la date d'acquisition des parts sociales.

◇ Cas N° 33

Incidence de la date d'acquisition des parts sociales sur la plus-value imposable

Deux époux ont constitué une SCI en janvier 1983 pour réaliser un projet immobilier qu'ils ont finalement abandonné. Cependant, ils décident d'acquérir par l'intermédiaire de la SCI un appartement d'une valeur de 900 000 € en juillet 2005. Ils revendent en mars 2006 l'ensemble de leurs parts sociales et réalisent, à cette occasion, une plus-value de 200 000 €. ◇

Bien que l'immeuble soit acquis depuis moins d'un an, **la plus-value est exonérée d'imposition** car les parts sociales ont été acquises depuis plus de 15 ans.

1.1.2. Fixer le capital social au maximum pour réduire les plus-values

La plus-value est égale à la différence entre le prix de cession des parts sociales et leur prix d'acquisition. Pour réduire la plus-value imposable, il faut augmenter le prix d'acquisition des parts sociales :

- **Fixer le capital social initial au maximum :** en fixant le capital social au maximum lors de la constitution de la SCI, les associés augmentent la valeur de souscription des parts sociales, et donc le prix d'acquisition des parts sociales (les associés peuvent fixer le capital à un montant correspondant au prix d'acquisition ou de construction de l'immeuble social). Le prix d'acquisition correspond toujours au prix de souscription même si la libération du capital est fractionnée sur plusieurs années. Les associés peuvent libérer au départ le capital en fonction des fonds dont ils disposent (la loi ne prévoit aucune obligation en matière de libération du capital dans les SCI). Quand les emprunts sont remboursés, les associés peuvent libérer le capital au fur et à mesure de la réalisation des bénéfices par la SCI grâce à l'encaissement des loyers.

- **Procéder à une augmentation de capital si le capital initial est faible :**

  1. **Par incorporation de réserves :** l'augmentation de capital par incorporation de réserves est inefficace et peut même être défavorable à l'associé.

  2. **Par un apport complémentaire des associés :** l'administration prend en compte la valeur et la date de cet apport complémentaire pour le calcul de la plus-value.

Zoom N° 36

Augmentation de capital pour réduire les plus-values

Procéder à l'augmentation de capital par augmentation de la valeur nominale des titres, afin de bénéficier de la date d'origine d'acquisition des parts sociales pour l'abattement pour durée de détention.

---

  3. **Par compensation des comptes courants d'associés.**

Zoom N° 37

○ **La tenue d'une comptabilité est importante**

La tenue d'une comptabilité est importante pour prouver que les bénéfices comptables de la SCI ont été distribués sous forme de comptes courants, et que l'augmentation de capital résulte d'une incorporation des comptes courants (à défaut, l'administration peut estimer que les bénéfices ont été mis en réserve et incorporés dans le capital social. Cette augmentation de capital serait alors inopérante pour minorer les plus-values). ○

Augmentation du capital de la SCI réalisée par incorporation de réserves	
Le nominal des parts sociales est augmenté	Il n'est pas tenu compte de cette augmentation pour le calcul de la plus-value (instruction administrative du 7 décembre 1978).
Le nombre de parts sociales est augmenté	Les parts sociales attribuées gratuitement doivent être comptées pour une valeur nulle et la date d'acquisition à retenir est celle de la distribution. Par voie de conséquence, la situation de l'associé cédant ses titres est plus défavorable que s'il n'y avait pas eu d'augmentation de capital.

Cas N° 34

◇ **Fixer le capital social au maximum pour réduire les plus-values**

Nous reprenons les chiffres du cas n° 32. La SCI dispose de 20 000 € de réserves correspondant aux bénéfices qu'elle a réalisés (loyers – intérêts – amortissement). Elle décide de distribuer ces réserves à ses associés. Elle est obligée de les inscrire en compte courant car elle n'a pas la trésorerie nécessaire pour les payer (les loyers encaissés correspondent aux annuités décaissées). Les associés décident d'augmenter le capital par incorporation de leurs comptes courants. ◇

Le bilan se présente ainsi :

Actif		Passif	
Immeuble	500 000 €	Capital (100 parts)	120 000 €
Amortissement	– 150 000 €	Réserves	0 €
Frais d'acquisition	0 €	**Capitaux propres**	**120 000 €**
		Emprunt	230 000 €
	350 000 €		**350 000 €**

Calculons la plus-value :

Valeur vénale réelle des parts sociales cédées

Actif net comptable (= capitaux propres de la SCI)		120 000 €
Plus-value latente sur l'immeuble		350 000 €
• estimation de l'expert	700 000 €	
• valeur au bilan	350 000 €	
	350 000 €	
Valeur vénale réelle des parts sociales		**470 000 €**
Prix de cession des parts sociales		470 000 €
Valeur d'acquisition des parts sociales		– 120 000 €
Plus-value		350 000 €
Abattement de 10 % par année au-delà de la cinquième (10 % × 4 ans = 40 %)		– 140 000 €
		210 000 €
Abattement général		– 1 000 €
Plus-value imposable		**209 000 €**

Plus-value imposable

• avec incorporation des comptes courants d'associés	209 000 €
• sans incorporation des comptes courants d'associés	221 000 €
Économie réalisée en base	**12 000 €**

1.1.3. SCI et exonérations des plus-values

SCI et exonération des plus-values		
Exonération	**Immeuble détenu directement par un particulier**	**Immeuble détenu par l'intermédiaire d'une SCI**
Résidence principale	Toute plus-value réalisée à l'occasion de la cession d'une résidence principale est **exonérée**[1].	
Durée de détention	Les plus-values sur la cession d'immeubles, de terrains ou de parts de SCI acquis depuis plus de 15 ans sont **exonérées**.	
Cessions inférieures à 15 000 €	Les plus-values sur des **ventes annuelles** d'immeubles et/ou de parts de SCI **inférieures à 15 000 €** par opération sont **exonérées**.	

1.2. L'associé qui cède ses parts sociales est une entreprise

Si les parts sociales de la SCI sont inscrites à l'actif d'une entreprise individuelle ou d'une société, la cession des parts sociales est imposée selon le régime des plus-values professionnelles.

---

1. La jurisprudence et l'administration fiscale considèrent que la plus-value de cession est exonérée en cas de vente de l'immeuble social par la SCI. En cas de vente des parts de la SCI par l'associé, seule la jurisprudence considère que la plus-value de cession est exonérée.

Le régime des plus-values professionnelles		
	Les parts de la SCI sont inscrites à l'actif de l'entreprise depuis…	
L'entreprise est une…	**Moins de deux ans** ⇒ la plus-value est à court terme	**Plus de deux ans** ⇒ la plus-value est à long terme
Entreprise individuelle ou une société soumise à l'IR (SNC…)	La plus-value est un simple produit ajouté au résultat de l'entreprise qui est imposé à l'impôt sur le revenu au niveau de l'entrepreneur individuel ou de l'associé (pour la quote-part qui lui revient). **Le taux de l'IR peut atteindre 40 %.**	La plus-value est imposée au taux de **27 %.**
Une société soumise à l'IS (SA, SARL…) ET les titres sont comptabilisés en titres de participation	La plus-value est un simple produit ajouté au résultat de l'entreprise qui est imposé à l'impôt sur les sociétés au niveau de la société. **Le taux de l'IS peut atteindre 15 % ou $33^{1/3}$ %.**	La plus-value est imposée au taux de **15 %.**
Une société soumise à l'IS ET les titres ne sont pas comptabilisés en titres de participation	La plus-value est un simple produit ajouté au résultat de l'entreprise qui est imposé à l'impôt sur les sociétés au niveau de la société. **Le taux de l'IS peut atteindre 15 % ou $33^{1/3}$ %.**	

2. Donation pour effacer les plus-values immobilières

Cas N° 35

◇ Trois associés ont apporté en capital 100 000 € à une SCI pour financer l'acquisition d'un immeuble durant l'année N. Cet apport est prélevé sur des biens communs. Cet immeuble a une valeur de marché de 1 600 000 € en N+11.

(Suite cas n° 35)

Les associés décident de vendre les parts sociales. Les associés sont mariés et ont chacun trois enfants.

- **Hypothèse n° 1 : les associés ont conservé les parts sociales.**
- **Hypothèse n° 2 : les associés ont donné les parts sociales à leurs enfants.** ◇

Hypothèse n° 1 : les associés ont conservé les parts sociales

La plus-value réalisée est imposée selon le régime des plus-values mobilières des particuliers à l'impôt sur le revenu au taux de 16 % majoré des prélèvements sociaux au taux de 11 % :

Plus-value

Prix de vente	1 650 000 €
Prix d'acquisition	− 100 000 €
	1 550 000 €

Imposition

Impôt sur le revenu à 16 %	248 000 €
Prélèvements sociaux à 11 %	170 500 €
	418 500 €

Hypothèse n° 2 : les associés ont donné les parts sociales à leurs enfants

Quand l'associé donne ses parts sociales à ses enfants, la plus-value latente (valeur vénale des parts sociales transmises – prix d'achat) n'est pas imposée car elle ne procure aucun enrichissement au cédant. En effet, en fiscalité des ménages, les plus-values ne sont imposées qu'en cas de cession à titre onéreux.

Mais la donation est imposée aux droits de donation. Cependant, chacun des parents peut donner en franchise de droits de donation 50 000 € par enfant tous les six ans. Chaque associé peut donc donner **600 000 €** sans payer de droits de donation (50 000 € × 2 parents ×

3 enfants × 2 période de 6 ans = 600 000 €). Les associés peuvent donc donner globalement **1 800 000 € sans payer de droits de donation** (600 000 € × 3 associés = 1 800 000 €).

Quand les enfants vendent les parts sociales, la plus-value est calculée par rapport à la valeur vénale des parts sociales au moment de la donation. Seule la nouvelle plus-value acquise par les parts sociales depuis la donation est imposable. **La plus-value de 1 550 000 € est donc définitivement effacée.**

Si les enfants sont mineurs, les parents en tant que tuteurs légaux pourront librement gérer le prix de la vente net d'impôt.

Plus-value

Prix de vente	1 650 000 €
Valeur lors de la donation	− 1 650 000 €
	0 €

Imposition

Impôt sur le revenu à 16 %	/
Prélèvements sociaux à 11 %	/

Au final, la donation a permis d'effacer une importante plus-value latente sans payer de droits de donations.
L'économie s'élève à 139,5 K€ par associé.

16

OPTIMISATION FISCALE DE L'ISF

L'impôt de Solidarité sur la Fortune s'applique si la fortune du contribuable dépasse **750 000 €.** En principe, tous les biens sont soumis à l'ISF. Cependant, il existe des biens qui sont exonérés de façon expresse. Ce sont essentiellement les biens professionnels. Les biens professionnels sont les biens qui sont affectés à l'exercice d'une activité professionnelle.

I. Les modalités d'imposition

L'ISF est calculé sur la valeur vénale **du patrimoine du foyer fiscal** au 1er janvier de l'année d'imposition. Il faut donc déclarer à l'ISF les biens :

- **Du couple** marié[1], PACSé ou en concubinage notoire ;

---

1. Les couples mariés ne font pas l'objet d'une imposition commune lorsqu'ils sont séparés de biens et ne vivent pas sous le même toit ; ou lorsqu'étant en instance de divorce ou de séparation de corps, ils sont autorisés à avoir résidence séparée.

- Et des **enfants mineurs.** On ne prend donc pas en compte les biens des enfants majeurs <u>même s'ils sont rattachés au foyer fiscal des parents</u> pour le calcul de l'impôt sur le revenu.

Zoom N° 38

Pas de quotient familial pour l'ISF

Trois célibataires A, B et C ont chacun un patrimoine de 700 000 €. Ils ne sont pas redevables de l'ISF puisque leur patrimoine ne dépasse pas 750 000 €. A et B décident de se marier. Le patrimoine de leur foyer fiscal qui s'élève à 1 400 000 €, est imposé à l'ISF dans la troisième tranche du barème (0,75 %). Leur union apportera 3 975 € au Trésor public ! Puis A décide de vivre en concubinage notoire avec C, il devra déclarer uniquement les biens de son conjoint légal, B !

Zoom N° 39

Pour échapper à l'ISF : célibat, mariage, divorce de complaisance, concubinage, PACS ou usufruit ?

L'ISF est calculé par foyer fiscal comme l'impôt sur le revenu. On additionne donc la fortune du mari, de sa femme et de ses enfants mineurs non émancipés. Si le mari et la femme ont chacun une fortune de 700 000 €, ils seront imposés à l'ISF car leur fortune globale (1 400 000 €) dépasse 750 000 €. Ils auraient été exonérés s'ils avaient été célibataires. Le divorce de convenance n'est pas une solution car la règle d'imposition par foyer joue en cas de concubinage notoire. Il en est de même pour un couple hétérosexuel ou homosexuel dès qu'il est « pacsé ».

Les parents peuvent donner la nue-propriété des parts de la SCI à leurs enfants et conserver l'usufruit afin de diminuer la base imposable à l'ISF. Cependant, pour éviter cette évasion fiscale, c'est l'usufruitier[1] qui est soumis à l'ISF pour la valeur en pleine-propriété des biens. En revanche, c'est aux enfants, nus-propriétaires, de déclarer le déficit foncier car les nus-propriétaires sont responsables du passif social. Ainsi, les parents ne pourront pas bénéficier de l'économie d'impôt liée au déficit foncier.

1. Dans les hypothèses qui suivent, l'usufruit et la nue-propriété sont évalués en faisant application du barème forfaitaire (voir thème 17) : vente de nue-propriété avec réserve de l'usufruit, à la condition cependant que l'acheteur ne soit pas un successible vendeur ; usufruit légal du conjoint survivant.

Les personnes physiques qui ont leur **domicile fiscal en France**[1] sont imposables à raison de leurs biens situés en France ou hors de France. Cependant, les conventions internationales de double imposition partagent le pouvoir d'imposer le patrimoine entre les deux États contractants.

Le patrimoine imposable comprend les biens imposables minorés du passif déductible. L'ISF est calculé par application d'un barème progressif par tranches (article 885 U du CGI). Le montant de l'ISF est réduit de 150 € par enfant mineur.

Le total des impôts du contribuable est plafonné à 85 % des revenus imposables. À défaut, l'ISF est réduit de l'excédent. Cependant, pour les contribuables dont le patrimoine excède 2,3 M€, la réduction de l'ISF ne peut dépasser ni la moitié de l'ISF avant plafonnement, ni 10 970 €.

$$\text{IR}_{N-1} + \text{PS}_{N-1} + \text{ISF}_{au\ 01/01\ /N} \leq 85\ \%\ \text{du revenu imposable}_{N-1}$$

À ce plafonnement spécifique à l'ISF, s'ajoute le **bouclier fiscal.** Le total formé par l'impôt sur le revenu, l'ISF, la taxe foncière et la taxe d'habitation de l'habitation principale ne peut excéder 60 % du revenu global net de frais professionnels du contribuable.

2. Évaluation des biens imposables

L'ISF est calculé sur la **valeur vénale** du patrimoine au 1er janvier de l'année d'imposition. La valeur vénale résulte du **jeu de l'offre et de la demande** (articles 885 S et 885 E du CGI). On applique les mêmes règles d'évaluation qu'en matière de droits de succession.

---

1. Les personnes qui n'ont pas leur domicile fiscal en France sont imposables uniquement sur leurs biens situés en France, à l'exclusion des placements financiers.

2.1. Évaluation des immeubles

Pour les immeubles, on utilise la **méthode par comparaison.** L'évaluation par comparaison consiste à **comparer l'immeuble avec des transactions** portant sur des immeubles similaires ayant été réalisées avant le 1er janvier. Les particularités de l'immeuble au 1er janvier sont prises en compte : existence d'un bail, présence d'une servitude, d'un règlement d'urbanisme, d'une indivision. La situation personnelle du contribuable n'est pas prise en compte. Les autres méthodes[1] ne peuvent être utilisées que pour conforter la première.

Quand l'**immeuble** est **démembré, l'usufruitier doit payer l'ISF** sur la valeur en pleine-propriété de l'immeuble sans pouvoir appliquer d'abattement (art. 885 G du CCI) (voir thème 17).

Quand l'immeuble est occupé à titre de **résidence principale** par son propriétaire, un abattement de 20 % est appliqué à la valeur vénale réelle de l'immeuble (article 885 S du CGI).

Pour un **immeuble dont la propriété est indivise,** la valeur vénale de la partie indivise est inférieure au pourcentage correspondant de la valeur vénale qu'aurait le bien s'il appartenait à un seul propriétaire. En effet, si les copropriétaires refusent de donner leur accord à la vente, la vente ne portera que sur une partie indivise qui présente moins d'intérêt pour les acquéreurs.

Pour un **immeuble donné en location,** une **décote** peut être appliquée à la valeur vénale du bien pour prendre en compte le niveau d'indisponibilité du bien.

2.2. Évaluation des droits sociaux

L'immeuble peut être isolé au sein d'une société. La valorisation des droits sociaux doit être proche de celle résultant de l'offre et de la

---

1. **L'évaluation par le revenu** basée sur les revenus locatifs du bien ; **l'évaluation par réajustement de la valeur antérieure** en appliquant au prix d'une mutation antérieure un coefficient qui représente l'évolution du marché depuis la date de mutation.

demande[1]. La **valeur de comparaison** peut être retenue. **Une décote** peut être **appliquée à la valeur des titres** pour prendre en compte les clauses qui restreignent les possibilités de cession, le contexte économique...

2.3.   Les biens exonérés d'ISF

Les exonérations sont communes aux droits de succession et à l'ISF. Cependant, les **monuments historiques,** exonérés de droits de succession, sont imposés à l'ISF[2].

Les bois, les forêts et les parts de groupements forestiers peuvent être exonérés en tant que biens professionnels. À défaut, ces biens[3] bénéficient d'une **exonération des trois quarts de leur valeur.**

Les biens ruraux loués par bail à long terme et les parts de GFA peuvent être exonérés en tant que biens professionnels. À défaut, ces biens bénéficient d'une **exonération des trois quarts de leur valeur si elle ne dépasse pas 76 000 € ou de la moitié de leur valeur au-delà.**

3. Le passif déductible

Le patrimoine imposable comprend les biens imposables minorés du passif déductible. Les **dettes** sont déductibles lorsqu'elles sont **certaines au 1ᵉʳ janvier de l'année d'imposition**[4] (article 768 du CGI).

---

1. Pour une société cotée, le contribuable a le choix entre le dernier cours connu et la moyenne des trente derniers cours de décembre.
2. Leur évaluation prend en compte les spécificités du bien.
3. Conditions fixées pour l'exonération des droits de succession : engagement d'exploitation pendant trente ans, production du certificat du directeur départemental de l'agriculture et, pour les parts de groupements forestiers acquises à titre onéreux, délai de détention minimum de deux ans.
4. Les emprunts pour le capital restant dû, augmenté des intérêts courus, échus et non payés ; les découverts bancaires ; les factures non réglées ; l'impôt sur le revenu dû au titre de l'année précédente ; la taxe d'habitation et les taxes foncières de l'année en cours ; l'ISF lui-même.

Ainsi, une dette fiscale établie à la suite d'un contrôle fiscal contesté par le contribuable n'est pas déductible.

Les dettes contractées pour l'achat de biens exonérés d'ISF sont imputées en priorité sur la valeur de ces biens (article 769 du CGI). Lorsque le montant de la dette est supérieur à la valeur du bien, l'excédent est déductible du patrimoine imposable à l'ISF.

4. Comment réduire l'ISF

Pour limiter l'ISF, le contribuable peut diminuer la base d'imposition à l'ISF ou utiliser la règle du plafonnement de l'ISF.

4.1. Professionnaliser l'activité de location pour bénéficier de l'exonération des immeubles en tant que biens professionnels

Les **biens nécessaires à l'exercice d'une profession** sont exonérés d'ISF en tant que biens professionnels. **L'activité doit être industrielle, commerciale, artisanale** (imposition en BIC) ; **libérale** (imposition en BNC) ; **ou agricole** (imposition en BA). La **profession** doit être **exercée à titre principal.** L'appréciation de ce critère dépend de la forme juridique de l'activité (exploitation individuelle ou sociétaire).

La **location nue** qui est une <u>activité civile de gestion d'un patrimoine</u> (imposition en revenus fonciers), est imposable à l'ISF (art. 885 O quater du CGI).

La location meublée, avec ou sans prestations para-hôtelières, et la location équipée sont commerciales sur le plan fiscal. Les immeubles nécessaires à l'exercice de ces activités <u>peuvent</u> donc être exonérés d'ISF en tant que biens professionnels.

L'exonération d'ISF pour la location meublée suit des règles spécifiques (voir thème 28). Les développements qui suivent concernent la location meublée avec des prestations para-hôtelières et la location équipée.

4.1.1. Location équipée dans le cadre d'une exploitation individuelle

La **profession** de location équipée[1] doit être **exercée à titre principal.** La profession principale est celle qui constitue l'essentiel des activités économiques du contribuable compte tenu du temps consacré à chaque activité et de l'importance des responsabilités. L'activité principale peut également être celle qui procure la plus grande part des revenus professionnels. Le caractère principal de la profession s'apprécie distinctement pour chaque époux[2].

En cas de démembrement, les biens sont professionnels à condition que l'usufruitier les utilise dans le cadre de son activité professionnelle.

Zoom N° 40

Maintenir la trésorerie au sein de l'entreprise individuelle pour bénéficier de l'exonération d'ISF

Si l'activité dégage une trésorerie importante, cette **trésorerie** est présumée constituer un **bien professionnel exonéré d'ISF** si elle reste à l'actif de l'entreprise individuelle, et si elle est utilisée pour les besoins de l'exploitation. Le transfert de la trésorerie dans le patrimoine privé la rend imposable à l'ISF. Une trésorerie importante peut être placée dans des SICAV… mais doit rester à l'actif pour bénéficier de l'exonération. Cependant, l'administration peut se réserver le droit d'apprécier le caractère normal et nécessaire du niveau des liquidités.

4.1.2. Location équipée dans le cadre d'une société imposée à l'IR

Les parts sociales détenues par un associé dans une société de personnes imposée à l'IR[3] sont considérées comme des biens professionnels exo-

---

1. Ou de location meublée avec des prestations para-hôtelières.
2. En revanche, pour la location meublée, l'appréciation s'effectue au niveau du foyer fiscal.
3. Sociétés visées aux articles 8 et 8 *ter* du CGI.

nérés d'ISF si **l'associé exerce dans la société son activité profession-nelle principale** de manière effective, **quel que soit le pourcentage détenu** dans la société (article 885 O du CGI). Les parts sociales des autres associés, simples apporteurs de capitaux, sont donc imposables à l'ISF.

Les parts sociales détenues par un contribuable dans plusieurs sociétés de personnes peuvent être considérées comme des biens profession-nels exonérés d'ISF lorsque les sociétés ont des activités similaires, connexes ou complémentaires[1].

4.1.3. Location équipée dans le cadre d'une société imposée à l'IS

Les droits sociaux (parts sociales ou actions) détenues par un associé dans une société imposée à l'IS sont considérées comme des biens professionnels exonérés d'ISF si l'associé est dirigeant de la société, s'il détient au moins 25 % du capital de la société et si la rémunération versée par la société représente au moins la moitié de ses revenus pro-fessionnels.

Les droits sociaux sont exonérés d'ISF s'ils représentent l'outil de travail de l'associé. L'associé doit être…		
1	dirigeant	L'associé est considéré comme dirigeant s'il est **gérant pour une SARL,** PDG ou DG pour une SA… Les droits sociaux sont exonérés d'ISF même s'ils appartiennent à un membre du foyer fiscal autre que celui qui exerce la fonction de dirigeant. La fonction de dirigeant doit être exercée personnellement.
2	bien payé	La rémunération versée par la société doit représenter **plus de la moitié des revenus nets professionnels de l'associé** pour l'année précédant celle de l'imposition à l'ISF. En cas d'exercice simultané de fonctions de direction et de fonctions techniques dans la société, l'ensemble des rémunérations est pris en compte. …/…

---

1. La connexité implique des rapports de dépendance étroits (liens en capital) ; la complémentarité désigne l'activité s'inscrivant en aval ou en amont d'une autre activité.

...|...		
3	**et capitaliste**	• Le dirigeant doit posséder **au moins 25 %** des droits financiers et des droits de vote de la société. Pour la détermination du seuil de 25 %, on réalise une **consolidation familiale et sociale**[1]. Le seuil de 25 % n'est pas exigé pour un gérant appartenant à un **collège de gérance majoritaire.** • À défaut, la valeur brute des parts sociales de la SARL doit **dépasser 50 %** de la valeur brute du patrimoine taxable à l'ISF, y compris les droits sociaux.

Les parts sociales détenues par un contribuable dans plusieurs sociétés peuvent être considérées comme des biens professionnels exonérés d'ISF lorsque les sociétés ont des activités similaires, connexes ou complémentaires.

Si les droits sociaux ne sont pas exonérés d'ISF en tant que biens professionnels, **les trois quarts (75 %) de leur valeur sont exonérés d'ISF** s'ils ont fait l'objet d'un **pacte fiscal** où s'ils sont **détenus par des salariés ou des dirigeants en activité.** L'activité exercée par la société doit être industrielle, commerciales, artisanale ou agricole. La société peut-être imposée à l'IS ou à l'IR.

Pour le pacte fiscal, les droits sociaux doivent faire l'objet d'un engagement collectif de conservation d'une durée minimale de six ans. L'engagement collectif doit porter sur au moins 34 % des droits sociaux[2].

L'exonération partielle des titres **détenus par des salariés ou des dirigeants**[3] **en activité,** s'applique également aux anciens salariés ou dirigeants retraités. Les titres doivent être conservés pendant une durée minimale de six ans.

---

1. Pour la détermination du seuil de 25 %, il est tenu compte de la participation détenue directement par le redevable et les membres de son groupe familial au sens large (son conjoint ou concubin notoire, ses ascendants, descendants, frères et sœurs, les ascendants, descendants, frères et sœurs de son conjoint ou concubin notoire) et de la participation que ces mêmes personnes détiennent par l'intermédiaire d'une autre société possédant une participation dans la société où s'exercent les fonctions, dans la limite d'un seul niveau d'interposition, ce qui exclut les sous-filiales.
2. 20 % des droits financiers et des droits de vote pour une société cotée.
3. Mandataires sociaux. Pour les SA : président du conseil d'administration, administrateurs, président du directoire et du conseil de surveillance, membres du directoire et du conseil de surveillance directeur général. Pour les SARL : le gérant.

Zoom N° 41 ○

Isoler une activité civile de gestion de patrimoine au sein d'une activité commerciale pour bénéficier de l'exonération d'ISF

Les **droits sociaux** qui représentent l'outil de travail de l'associé sont **exonérés d'ISF.** L'associé pourrait être tenté de transférer dans le patrimoine de la société des biens non professionnels (un immeuble loué nu) afin qu'ils bénéficient de l'exonération d'ISF. Mais seule la fraction de la valeur des droits sociaux correspondant aux éléments du patrimoine social nécessaires à l'activité de la société est considérée comme un bien professionnel. L'associé pourrait aussi investir la trésorerie pléthorique de la société dans des placements financiers au lieu de la réinvestir à terme dans l'activité sociale. Cependant, l'administration peut se réserver le droit d'apprécier le caractère normal et nécessaire du niveau des liquidités. ○

Cas N° 36 ◇

Parts sociales de SARL et outil de travail

Un associé redevable de l'ISF remplit toutes les conditions pour que ses parts sociales soient exonérées d'ISF en tant que biens professionnels. Ses parts sociales sont valorisées à 100 000 €. La société est évaluée à 5 000 000 €. Son patrimoine comprend un immeuble conservé dans un but spéculatif et valorisé à 500 000 €. ◇

La valeur des parts sociales est exonérée en tant que biens professionnels dans la mesure où elle correspond à l'actif professionnel de la société. Les biens de la société sont considérés comme biens professionnels s'ils ont un lien de causalité directe suffisant avec l'exploitation et s'ils sont utilisés effectivement pour les besoins de l'activité professionnelle.

Valeur des parts sociales exonérée d'ISF	=	Valeur des parts sociales	×	Valeur de l'actif professionnel de la société / Valeur du patrimoine de la société

90 000 € = 100 000 € × (4 500 000 € / 5 500 000 €)

◇ **Le dirigeant doit posséder au moins 25 % du capital de la SARL**

Un associé redevable de l'ISF remplit toutes les conditions pour que ses parts sociales dans la SARL Fintan soient exonérées d'ISF en tant que biens professionnels. L'associé détient 10 % de Fintan et 40 % d'une société Maou qui détient 30 % de Fintan. Son fils détient 5 % de Fintan. ◇

Le taux de participation de l'associé dans Fintan est de :

Détention directe	10 %	
Détention indirecte par Maou	12%	27 %
Détention par le fils	5 %	

4.1.4. Immeuble professionnel isolé au sein d'une SCI

Un immeuble affecté à l'exercice d'une activité professionnelle peut être isolé au sein d'une SCI. Une SCI a une activité civile de gestion de patrimoine imposable dans la catégorie des revenus fonciers. Les parts sociales sont donc imposables à l'ISF.

Cependant, si la SCI loue l'immeuble professionnel à l'activité professionnelle de l'associé de la SCI, les parts sociales sont considérées comme un actif professionnel exonéré d'ISF.

◇ **ISF et entreprise individuelle**

Monsieur Bara exerce à titre principal la profession de commerçant dans une entreprise individuelle. L'immeuble affecté à l'exploitation a été isolé au sein d'une SCI dont il détient les parts sociales. Par ailleurs, il a acheté une exploitation agricole qu'il gère lui-même avec la qualité d'agriculteur.
- **Hypothèse n° 1 : les parts sociales de la SCI sont inscrites à l'actif de l'entreprise individuelle.**
- **Hypothèse n° 2 : les parts sociales de la SCI sont maintenues dans le patrimoine privé.** ◇

Les parts sociales de la SCI sont considérées comme un bien professionnel car l'immeuble est affecté à l'exercice de la profession. Peu importe que les parts sociales soient inscrites (hypothèse n° 1) ou non (hypothèse n° 2) à l'actif de l'entreprise. Quant à l'exploitation agricole, les biens affectés à cette activité secondaire ne sont pas exonérés d'ISF car il ne sont pas considérés comme des biens professionnels.

Cas N° 39

◇ **ISF et société d'exploitation**

Une SCI est propriétaire d'un immeuble professionnel donné en location à une société d'exploitation. La valeur actuelle de la SCI est de 20 millions d'euros. Les deux sociétés comprennent les associés suivants :

Associés	SCI	Société
Braconnier	40 %	10 %
Marcelli	30 %	25 %
Saramago	20 %	40 %
Lebesque	0 %	25 %
Joyce	10 %	0 %
	100 %	**100 %**

La société d'exploitation dont la direction est confiée à l'un ou à l'autre des cinq associés est :
- **Hypothèse n° 1 : une SNC imposée à l'impôt sur le revenu.**
- **Hypothèse n° 2 : une SARL imposée à l'impôt sur les sociétés.** ◇

Les parts sociales d'un associé de la SCI bénéficient de l'exonération attachée aux biens professionnels dans la mesure où, en tant qu'associé de la société d'exploitation, il remplit les conditions pour bénéficier de l'exonération attachée à l'outil de travail. Sa participation dans la SCI ne bénéficiera du régime des biens professionnels qu'à hauteur de sa participation dans le capital de la société d'exploitation.

Hypothèse n° 1. Les parts sociales de la SNC sont considérées comme un élément d'actif affecté à l'exercice de la profession. Pour l'associé qui exerce son activité principale dans la SNC, ses parts sociales sont exonérées d'ISF quel que soit son pourcentage de participation dans la SNC.

Nous obtenons donc :

Associés	Participation		Participation exonérée d'ISF			
	SNC	SCI	SNC		SCI	
			Exonéré	Imposé	Exonéré	Imposé
Braconnier	10 %	40 %	10 %		10 %	30 %
Marcelli	25 %	30 %	25 %		25 %	5 %
Saramago	40 %	20 %	40 %		20 %	0 %
Lebesque	25 %	0 %	25 %		0 %	0 %
Joyce	0 %	10 %			0 %	10 %
	100 %	**100 %**	**100 %**	**0 %**	**55 %**	**45 %**

Hypothèse n° 2. Les parts sociales de la SARL sont exonérées d'ISF si elles représentent l'outil de travail de l'associé. L'associé doit être dirigeant, bien payé et posséder au moins 25 % des droits financiers et des droits de vote de la société.

Nous obtenons donc :

Associés	Participation		Participation exonérée d'ISF			
	SNC	SCI	SNC		SCI	
			Exonéré	Imposé	Exonéré	Imposé
Braconnier	10 %	40 %	0 %	10 %	0 %	40 %
Marcelli	25 %	30 %	25 %	0 %	25 %	5 %
Saramago	40 %	20 %	40 %	0 %	20 %	0 %
Lebesque	25 %	0 %	25 %	0 %	0 %	0 %
Joyce	0 %	10 %	0 %	0 %	0 %	10 %
	100 %	**100 %**	**90 %**	**10 %**	**45 %**	**55 %**

4.2. Réduire la base taxable à l'ISF

4.2.1. Donation en pleine-propriété aux enfants majeurs

La donation en pleine-propriété d'un immeuble à des <u>enfants majeurs</u> diminue la base imposable à l'ISF des parents. Si le patrimoine imposable des enfants est inférieur à 750 000 €, ils ne seront pas redevables de l'ISF[1]. La donation est imposée aux droits de donation mais bénéficie d'allègements et d'abattements (voir thème 18). À défaut de donation, la succession aurait été imposée de manière plus lourde.

<u>Si les enfant ne sont pas rattachés au foyer fiscal des parents</u>, la diminution des revenus fonciers des parents permettra une économie d'impôt sur le revenu et d'optimiser le mécanisme du plafonnement. Les revenus fonciers de l'immeuble permettront alors de financer directement les besoins financiers des enfants (études…) sans imposition car les enfants ont un faible taux d'imposition. Mais les parents se séparent d'un immeuble dont ils se réservaient les revenus pour leur retraite !

Les enfants majeurs ne font pas parti du foyer fiscal des parents pour le calcul de l'ISF. Cependant, ils peuvent demander leur rattachement au foyer fiscal des parents pour le calcul de l'impôt sur le revenu. Les parents bénéficient ainsi <u>d'une économie d'IR</u> grâce à la demi-part (ou la part) supplémentaire de quotient familial de l'enfant, tout en réalisant une économie d'ISF. Pour l'arbitrage, l'avantage fiscal du rattachement d'un enfant est plafonné.

---

1. Dans le cas contraire, un arbitrage doit être réalisé entre l'économie d'ISF des parents, la charge d'ISF des enfants et les droits de donation.

Cas
N° 40 ◇

Donation en pleine-propriété aux enfants majeurs

Des parents âgés de moins de 70 ans, sont taxés à la tranche marginale d'ISF de 1,80 % et ont un taux marginal d'imposition (TMI) de 40 %. Leurs enfants ne sont pas imposables à l'ISF. Leur taux marginal d'imposition est de 10 %. Les enfants ne sont plus rattachés au foyer fiscal des parents pour l'IR. Chaque parent donne à chacun des enfants des parts de SCI pour 300 000 €. Le revenu net foncier correspondant est de 12 000 €. ◇

Droits de donation à payer		– 24 150 €
Base taxable		
– donation	300 000 €	
– abattement	50 000 €	
	250 000 €	
Droits de donation	48 300 €	
Abattement moins de 70 ans (50 %)	24 150 €	
Droits à payer	**24 150 €**	

Économie d'ISF et d'IR annuelle		9 000 €
ISF		
Économie	5 400 €	
IR		
Économie IR des parents	4 800 €	
IR des enfants	1 200 €	
	3 600 €	

Délai de récupération en années		2,7

4.2.2. Donation d'un usufruit temporaire aux enfants

Les parents peuvent **donner l'usufruit** d'un immeuble pendant une période déterminée à leurs enfants pour financer la scolarité de leurs enfants[1].

L'usufruit temporaire est évalué à 23 % de la valeur de la pleine-propriété pour chaque période de dix ans (article 669 II du CGI).

Les parents font d'abord une **économie d'impôt sur le revenu** pendant leur période d'activité qui est fortement taxée. En effet, si les parents ont un taux d'imposition de 50 %, il leur faut un revenu foncier de 200 pour financer 100 de frais de scolarité (revenu foncier moins impôts) quand l'immeuble leur appartient. Si les enfants ont l'usufruit, ils perçoivent directement les loyers qui ne sont presque pas imposés car les enfants ont un faible taux marginal d'imposition. Un revenu foncier de seulement 100 sera alors suffisant pour financer les études. On augmente ainsi le taux de rendement net du bien à l'intérieur du cercle familial. Les enfants ne doivent pas être rattachés au foyer fiscal de leurs parents. Un arbitrage doit être effectué avec la demi-part en moins en sachant que l'avantage qui en résulte est plafonné (voir thème 1). Le problème ne se pose pas pour une donation par les grands-parents.

Le bénéficiaire de l'usufruit peut même **capitaliser dans le cadre d'un contrat d'assurance-vie,** les revenus nets au profit du donateur de l'usufruit. Avec un revenu foncier de 200, les parents ne disposent que de 100 après impôt sur le revenu à 50 %, pour capitaliser dans un contrat d'assurance-vie à leur profit. En revanche, les enfants qui ont l'usufruit, pourront capitaliser 200 dans un contrat d'assurance-vie au bénéfice de leurs parents.

De plus, **les parents sortent l'immeuble de leur base imposable à l'ISF si les enfants sont majeurs**[2]. En effet, les enfants usufruitiers doivent déclarer à l'ISF l'immeuble pour sa valeur en pleine-propriété.

---

1. La donation est possible entre grands-parents et petits-enfants.
2. Les enfants mineurs sont rattachés au foyer fiscal des parents pour le calcul de l'ISF.

Comme les enfants ont un patrimoine inférieur au seuil d'imposition (750 000 €), ils n'ont pas à déclarer l'immeuble à l'ISF en tant qu'usufruitier.

Les parents nus-propriétaires **récupéreront l'immeuble** au terme sans acquitter de droits supplémentaires. Cet immeuble pourra alors leur assurer un complément de retraite moins taxé que pendant leur période d'activité (leur TMI a chuté).

La donation d'un usufruit temporaire aux enfants peut même **éviter un appauvrissement des parents.** En effet, si le taux de rendement de l'immeuble est faible, le montant des impôts (IR + ISF) peut être supérieur aux produits encaissés. Le transfert de l'usufruit permet ainsi d'augmenter le taux de rendement de l'immeuble au niveau familial.

Cas N° 41 ◇ **Donation d'un usufruit temporaire aux enfants**

Des parents âgés de moins de 70 ans, sont taxés à la tranche marginale d'ISF de 1,80 % et ont un taux marginal d'imposition (TMI) de 40 %. Leurs enfants ne sont pas imposables à l'ISF. Leur taux marginal d'imposition est de 10 %. Les enfants ne sont plus rattachés au foyer fiscal des parents pour l'IR. Les parents donnent à chacun des enfants l'usufruit d'un immeuble pour une période de 10 ans d'une valeur de 300 000 €. Le rendement de l'immeuble est de 3 %. ◇

Pleine-propriété	300 000 €	*art. 669 CGI*
– valeur de l'usufruit	69 000 €	23 %
– valeur de la nue-propriété	231 000 €	77 %
Droits de donation à payer		**1 050 €**
Base taxable		
– donation	69 000 €	
– abattement	50 000 €	
	19 000 €	

Droits de donation	2 100 €
Abattement moins de 70 ans (50 %)	1 050 €
Droits à payer	**1 050 €**

Économie d'ISF et d'IR annuelle	**8 100 €**

ISF

Économie	5 400 €

IR

Économie IR des parents	3 600 €
IR des enfants	900 €
	2 700 €

Avant la donation

Les parents encaissent un revenu de	9 000 €
mais doivent décaisser l'impôt sur le revenu	− 3 600 €
et l'impôt de solidarité sur la fortune	− 5 400 €
Au final, **les parents s'appauvrissent** et ne peuvent pas financer les études de leurs enfants	**0 €**

Après la donation

Les enfants encaissent un revenu de	9 000 €
et décaissent uniquement l'impôt sur le revenu	− 900 €
Au final, les enfants disposent pour financer leurs études de	**8 100 €**

4.2.3. Donation d'un usufruit temporaire à des ascendants

Un contribuable fortement imposé peut **donner l'usufruit** d'un immeuble pendant une période déterminée à ses parents pour satisfaire une obligation de pension alimentaire.

Ce montage présente alors les mêmes avantages que pour la donation d'un usufruit temporaire aux enfants (voir page 200).

4.2.4. Donation d'un usufruit temporaire ou de la nue-propriété à une association

La **donation d'un usufruit temporaire à une association** peut éviter à un contribuable fortement fiscalisé de s'appauvrir avec un immeuble dont le rendement est faible. En effet, le montant des impôts (IR + ISF) peut être supérieur aux produits encaissés. La donation d'un usufruit temporaire à une association reconnue d'utilité publique ou à une Fondation, permet d'éviter cet appauvrissement. L'acceptation du don par l'association doit être autorisée par le préfet. Cette transmission à titre gratuit n'est soumise à aucun droit de mutation. À terme, le contribuable récupère l'immeuble.

La **donation ou le legs de la nue-propriété avec réserve d'usufruit à une association** reconnue d'utilité publique ou à une fondation permet également de réduire la base imposable car, dans ce cas précis, la base taxable à l'ISF est répartie entre le nu-propriétaire et l'usufruitier selon le barème de l'article 669 du CGI. De plus, le contribuable conserve la jouissance de son immeuble.

4.2.5. Acquérir à crédit la nue-propriété d'un immeuble

L'achat de la nue-propriété à crédit permet de se constituer un patrimoine sans incidence sur la base imposable à l'ISF pendant la période de démembrement, car **le nu-propriétaire n'a pas à déclarer la valeur du bien à l'ISF** puisque c'est l'usufruitier qui supporte l'ISF. De plus, le déficit foncier généré par les intérêts de l'emprunt (les loyers sont encaissés uniquement par l'usufruitier) diminuent le revenu imposable du contribuable et permettent ainsi de plafonner l'ISF (voir thème 16). Enfin, l'emprunt peut même être déduit de la base imposable à l'ISF[1]. Pour des développements complémentaires, voir thème 17.

---

1. Les dettes contractées pour l'acquisition d'un bien exonéré sont imputable sur la valeur du bien (article 769 du CGI). Mais la nue-propriété est imposable à l'ISF chez l'usufruitier. La nue-proriété n'est donc pas, au final, exonérée d'ISF ; le passif peut donc s'imputer sur les biens du nu-propriétaire.

4.2.6. Vendre l'usufruit temporaire de l'immeuble

Un investisseur peut vendre l'usufruit pour une période donnée à un tiers.

L'investisseur transforme ainsi des revenus fonciers fortement imposés en un capital liquide immédiatement disponible pour d'autres investissements défiscalisés. La plus-value de cession est imposée mais elle est calculée uniquement sur la cession de l'usufruit. L'investisseur, en tant que nu-propriétaire, n'a plus à déclarer la valeur du bien à l'ISF puisque c'est l'usufruitier qui supporte l'ISF, mais le produit de cession de l'usufruit figure dans le patrimoine taxable du nu-propriétaire. L'investisseur récupère à terme la pleine-propriété de l'immeuble.

L'acquéreur de l'usufruit (banque, compagnie d'assurance…) perçoit des revenus réguliers.

4.2.7. Vendre la nue-propriété à un étranger à la famille

En principe, l'usufruitier doit déclarer à l'impôt de solidarité sur la fortune (ISF) la valeur en pleine-propriété de l'immeuble démembré (article 885 du CGI). Cependant, lorsque le propriétaire vend la nue-propriété à un étranger à la famille[1] et conserve l'usufruit, la base taxable à l'ISF est à répartir entre le nu-propriétaire et l'usufruitier selon le barème de l'article 762 du CGI. Le propriétaire diminue ainsi la base taxable à l'ISF.

---

1. Ce qui exclut les personnes énumérées par l'article 751 du CGI.

4.2.8. *Financement de l'immeuble par crédit-bail immobilier*

Un financement par crédit-bail immobilier permet de **soustraire la valeur de l'immeuble à l'ISF**[1] car l'immeuble ne fait pas partie du patrimoine du locataire puisqu'il n'est pas propriétaire. En effet, le contribuable est réputé propriétaire de l'immeuble si son « nom est inscrit au rôle de la taxe foncière et a effectué les paiements d'après ce rôle » (article 1881 du CGI).

Un financement par crédit n'est pas aussi efficace :

- la dette d'un emprunt à remboursements constants est déductible de la valeur de l'immeuble pour le calcul de l'ISF mais diminue au fur et à mesure des remboursements ;
- la dette d'un emprunt *in-fine* est déductible de la valeur de l'immeuble pour le calcul de l'ISF mais l'assurance-vie qui sert à l'adossement est imposable.

4.2.9. *Développez une activité de location exonérée d'ISF*

La location nue est une activité civile de gestion d'un patrimoine imposable à l'ISF. En revanche, la location meublée, avec ou sans prestations para-hôtelières, et la location équipée <u>peuvent</u> être exonérés d'ISF en tant que biens professionnels.

5. Plafonnement de l'ISF

Le total des impôts est plafonné à 85 % des revenus imposables.

$$\text{IR}_{N-1} + \text{PS}_{N-1} + \text{ISF}_{au\ 01/01\ /N} \le 85\ \% \text{ du revenu imposable}_{N-1}$$

---

1. Ce qui n'est pas le cas du crédit-bail mobilier car on applique l'article 2279 du Code civil sur la propriété apparente « en fait de meuble, possession vaut titre ».

À défaut, l'ISF est réduit de l'excédent. Cependant, pour les contribuables dont le patrimoine excède 2,3 M€, la réduction de l'ISF ne peut dépasser ni la moitié de l'ISF avant plafonnement, ni 10 970 €.

À ce plafonnement spécifique à l'ISF, s'ajoute le **bouclier fiscal.** Le total formé par l'impôt sur le revenu, l'ISF, la taxe foncière et la taxe d'habitation de l'habitation principale ne peut excéder 60 % du revenu global net de frais professionnels du contribuable.

5.1. Société immobilière imposée à l'IS

Un immeuble qui n'est pas exploité dans le cadre de l'activité professionnelle du contribuable est imposé à l'ISF car il ne bénéficie pas de l'exonération en tant que bien professionnel. Le revenu foncier constitue un revenu imposable.

Si cet immeuble est isolé au sein d'une société imposée à l'IS, le contribuable détient des droits sociaux d'une société qui gère un patrimoine immobilier. Ces droits sociaux restent donc imposables à l'ISF.

Cependant, la société peut décider de ne pas distribuer de dividendes. Le contribuable bénéficie alors du plafonnement en matière d'ISF car l'absence de dividende diminue le revenu imposable

Pour payer l'éventuel ISF, le contribuable peut se faire rembourser son compte courant par la société. Le remboursement d'un compte courant n'est pas assimilé à un revenu[1].

5.2. Société professionnelle imposée à l'IS

Quand un contribuable exerce son activité dans le cadre d'une **entreprise individuelle,** le bénéfice est intégralement imposé à l'impôt sur le revenu dans la catégorie BIC, BNC ou BA selon l'activité exercée. En isolant son activité au sein d'une société imposée à l'IS, le contribuable peut s'accorder une rémunération inférieure au bénéfice dégagé.

---

1. Le remboursement d'un capital prêté n'est pas assimilé à un revenu. L'administration pourrait requalifier le remboursement en revenu imposable si les remboursements sont périodiques.

Cette rémunération imposée dans la catégorie des « traitements et salaires » ou de « l'article 62 du CGI » permet de diminuer les charges sociales, l'impôt sur le revenu[1] et l'ISF[2].

Un **salarié** bénéficiant d'importants salaires peut avoir intérêt à travailler en sous-traitance dans le cadre d'une SARL pour l'entreprise dont il est salarié. Il peut alors faire un arbitrage entre distribution sous forme de dividendes non soumis à cotisations sociales, salaires qui lui assurent une protection sociale ou autofinancement bénéficiant d'un IS à taux réduit (15 %). Il bénéficie du plafonnement en matière d'ISF.

5.3. Réduire les revenus fonciers imposables

Les revenus fonciers augmentent le revenu imposable. En réduisant les revenus fonciers, le contribuable bénéficie du plafonnement en matière d'ISF car le revenu imposable diminue.

Isoler un immeuble au sein d'une société imposée à l'IS permet de transformer des revenus fonciers imposables à l'IR au niveau du contribuable en bénéfices imposés à l'IS au niveau de la société. Cela permet de diminuer l'impôt sur le revenu (IS à 15 % au lieu d'un IR à 40 %) et l'ISF.

Donner la pleine-propriété ou l'usufruit permet de réduire la base imposable et de profiter du plafonnement.

La constitution d'un patrimoine en empruntant permet de diminuer la base imposable à l'ISF (l'emprunt est une dette qui minore la base imposable) et le revenu imposable car les intérêts sont imputables sur les revenus fonciers. Mais la diminution du revenu imposable entraîne une diminution de l'IR et une augmentation corrélative de l'ISF.

L'amortissement d'un investissement de Robien, la restauration immobilière… permettent de générer un déficit foncier qui vient minorer le revenu imposable.

---

1. Les charges sociales et l'impôt sur le revenu sont calculés sur la rémunération et non sur le bénéfice.
2. Le contribuable bénéficie du plafonnement en matière d'ISF car la rémunération plus faible que le bénéfice diminue le revenu imposable.

5.4. Privilégier des investissements de défiscalisation

Une activité de LMP permet de déduire l'amortissement de l'immeuble et les intérêts de l'emprunt. Ces amortissements ne sont pas déductibles s'ils créent un déficit. Ils ne sont pas perdus. Ils s'imputeront sur les premiers bénéfices en fin de période de remboursement de crédit. À défaut de créer un déficit imputable sur le revenu global, l'activité LMP, tout en dégageant de la trésorerie, permet de ne pas dégager de résultat imposable pendant les 10 à 15 premières années. Il en résulte une économie d'IR et d'ISF qui crée un effet de levier important.

17

LE DÉMEMBREMENT DE PROPRIÉTÉ POUR OPTIMISER LA GESTION DE L'IMMOBILIER

Un immeuble en pleine-propriété peut être démembré en usufruit et en nue-propriété. L'usufruitier a droit aux loyers. Le nu-propriétaire recouvre la pleine-propriété du bien lors de l'extinction de l'usufruit qui intervient au terme du contrat ou, au plus tard, au décès de l'usufruitier. La valeur de la nue-propriété augmente donc au fur et à mesure. Le nu-propriétaire supporte les « gros travaux » : réfection de la toiture, des murs… (articles 605 et 606 du Code civil). Ainsi l'achat de la nue-propriété d'un immeuble à rénover permettra au nu-propriétaire de déduire les travaux de ses autres revenus fonciers. Si le nu-propriétaire a emprunté pour acquérir la nue-propriété, il peut déduire les intérêts d'emprunt de ses autres revenus fonciers.

L'acquisition de la nue-propriété est intéressante pour un contribuable fortement imposé :

- Pendant la période de démembrement, les intérêts d'emprunt, les dépenses de gros travaux créent un déficit foncier permettant une économie d'impôt ;
- Au terme du démembrement, il réalisera une plus-value en franchise d'impôt car il récupérera un bien en pleine-propriété, au lieu

de percevoir un revenu pendant la période de démembrement qui aurait été fortement imposé. La plus-value est d'autant plus importante que des travaux de grosses réparations ont été entrepris.

1. Évaluation de l'usufruit et de la nue-propriété

L'évaluation de l'usufruit et de la nue-propriété doit résulter obligatoirement du barème de l'article 669 du CGI pour les donations et les successions (mutations à titre gratuit). L'usufruit temporaire est évalué à 23 % de la valeur de la pleine-propriété pour chaque période de dix ans (article 669 II du CGI).

En cas de vente après l'extinction de l'usufruit, la plus-value est imposable selon le régime des plus-values immobilières des particuliers. La plus-value est élevée car elle est égale à la différence entre le prix de vente et le prix d'acquisition de la nue-propriété (l'usufruit a une valeur nulle fiscalement). Cependant, en cas de détention de la nue-propriété depuis plus de 15 ans, la plus-value est exonérée.

2. Démembrement et ISF

En principe, **l'usufruitier doit déclarer à l'impôt de solidarité sur la fortune (ISF) la valeur en pleine-propriété de l'immeuble démembré** (article 885 du CGI). Cependant, la base taxable à l'ISF est à répartir entre le nu-propriétaire et l'usufruitier selon le barème de l'article 669 du CGI dans les trois cas suivants :

- la nue-propriété est vendue à un étranger à la famille[1] et l'usufruit est conservé ;

---

1. Ce qui exclut les personnes énumérées par l'article 751 du CGI.

- le démembrement résulte de la loi ;[1]
- la donation ou le legs avec réserve d'usufruit est fait au profit d'une association reconnue d'utilité publique ou d'une fondation[2].

A contrario, **le nu-propriétaire n'a pas à déclarer la valeur du bien à l'ISF** puisque c'est l'usufruitier qui supporte l'ISF. L'achat de la nue-propriété à crédit permet de se constituer un patrimoine sans incidence sur la base imposable à l'ISF pendant la période de démembrement. De plus, le déficit foncier généré par les intérêts de l'emprunt (les loyers sont encaissés uniquement par l'usufruitier) diminue le revenu imposable du contribuable et permet ainsi de plafonner l'ISF (voir thème 16). Enfin, l'emprunt peut même être déduit de la base imposable à l'ISF[3].

3. Le déficit du nu-propriétaire

La pleine-propriété d'un immeuble <u>loué</u> peut être démembrée en nue-propriété et en usufruit :

- Le revenu foncier est imposable au niveau de l'usufruitier car c'est l'usufruitier qui encaisse les loyers.
- Le déficit foncier est imputable sur le revenu global du nu-propriétaire car c'est le nu-propriétaire qui est responsable des dettes.

Le déficit foncier est entièrement imputable[4] sur le revenu global du nu-propriétaire :

- s'il résulte de **grosses réparations**[5] ;

---

1. Usufruit successoral légal du conjoint survivant ou des ascendants.
2. De l'État, des départements, ou des communes.
3. Les dettes contractées pour l'acquisition d'un bien exonéré sont imputables sur la valeur du bien (article 769 du CGI). Mais la nue-propriété est imposable à l'ISF chez l'usufruitier. La nue-propriété n'est donc pas, au final, exonérée d'ISF ; le passif peut donc s'imputer sur les biens du nu-propriétaire.
4. Sans limitation de montant et même si les travaux conduisent à une interruption de la location.
5. Grosses réparations strictement énumérées par les articles 605 à 606 du Code civil : ravalement des façades, reprise de la toiture…

- et si le démembrement résulte d'une succession ou d'une donation[1].

À défaut, le déficit est imputable uniquement sur les autres revenus fonciers du nu-propriétaire. Le déficit non imputé est reportable sur les revenus fonciers des dix années suivantes. Ainsi, le déficit résultant des dépenses suivantes est imputable uniquement sur les revenus fonciers :

- Dépenses d'entretien, de réparations et d'amélioration ;
- Intérêts d'emprunt contractés pour l'acquisition de la nue-propriété[2], pour financer les dépenses d'entretien, de réparations ou d'amélioration ou pour réaliser les dépenses de grosses réparations ;
- Dépenses de grosses réparations si la nue-propriété a été acquise à titre onéreux.

Pour pouvoir imputer le déficit foncier sur le revenu global, l'immeuble détenu en pleine-propriété doit être affecté à la location jusqu'au 31 décembre de la troisième année qui suit celle de l'imputation du déficit. Cette condition ne s'applique pas pour l'immeuble en nue-propriété.

4. Les parents doivent-ils donner à leurs enfants la nue-propriété ou l'usufruit ?

Des parents peuvent **donner la nue-propriété** d'un immeuble à leurs enfants. Cette donation bénéficie d'exonérations de droits de donation. En conservant l'usufruit, les parents se garantissent des revenus périodiques (les loyers). Au décès des parents, les enfants récupéreront la pleine-propriété en franchise de droits de succession. Mais les parents ne minorent pas la base imposable à l'ISF. En effet, ils doivent déclarer à l'ISF en tant qu'usufruitier la valeur en pleine-propriété de l'immeuble démembré.

---

1. Donation entre vifs effectuée sans charge ni condition entre parents jusqu'au quatrième degré inclusivement.
2. Les intérêts d'emprunt pour acquérir la nue-propriété des parts de SCPI ne sont pas déductibles.

Les parents peuvent **donner l'usufruit** d'un immeuble à leurs enfants pour financer la scolarité de leurs enfants. Les parents font d'abord une économie d'impôt sur le revenu. En effet, si les parents ont un taux d'imposition de 40 %, il leur faut un revenu foncier de 100 pour financer 60 de frais de scolarité (revenu foncier moins impôts) quand l'immeuble leur appartient. Si les enfants ont l'usufruit, ils perçoivent directement les loyers qui ne sont presque pas imposés[1] car les enfants ont un faible taux marginal d'imposition. Le revenu foncier est alors intégralement consacré au financement des études. De plus, les parents sortent l'immeuble de leur base imposable à l'ISF si les enfants sont majeurs[2]. Comme les enfants ont un patrimoine inférieur au seuil d'imposition (750 000 €), ils n'ont pas à déclarer l'immeuble à l'ISF en tant qu'usufruitier (voir aussi thème 16).

5. Donation de l'usufruit temporaire pour déduire les grosses réparations

Des parents détiennent en pleine-propriété un immeuble donné en location à usage d'habitation. Cet immeuble nécessite d'importants travaux de grosses réparations (réfection de la toiture, des murs…).

Les travaux de grosses réparations risquent de ne pas être déductibles des revenus fonciers. En effet, la distinction entre les travaux non déductibles (les travaux de construction, de reconstruction ou d'agrandissement) et les travaux déductibles (les dépenses d'entretien, de réparation ou d'amélioration à usage d'habitation) est très subtile et donne lieu à des divergences jurisprudentielles. De plus, le déficit qui résulte des travaux ne peut être imputé sur le revenu global qu'à hauteur de 10 700 €.

---

1. Les enfants ne doivent pas être rattachés au foyer fiscal de leurs parents ; un arbitrage doit être effectué avec la demi-part en moins.
2. Les enfants mineurs sont rattachés au foyer fiscal des parents pour le calcul de l'ISF.

Les parents peuvent alors donner l'usufruit temporaire du bien à leurs enfants. La donation sera très faiblement imposée aux droits de donation car l'usufruit ne représente que 23 % de la pleine-propriété (voir page 210). Les travaux de grosses réparations réalisés en tant que nu-propriétaire sont alors entièrement imputables sur le revenu global du nu-propriétaire et lui permet ainsi une économie d'impôt sur le revenu immédiate.

6. Acquisition d'un appartement en démembrement

Des parents acquièrent l'usufruit d'un appartement qui sera loué[1]. En tant qu'usufruitiers, ils recevront les loyers qui leurs garantissent des revenus réguliers. Leur fils acquiert la nue-propriété en direct ou par l'intermédiaire d'une société civile[2], pour un prix faible si les parents sont jeunes. S'il contracte un emprunt, les intérêts sont imputables[3] sur ses autres revenus fonciers et lui permettront de réaliser une économie d'impôt. De plus, le fils n'aura pas à déclarer la valeur du bien à l'ISF car c'est l'usufruitier (les parents) qui doivent déclarer la valeur de l'immeuble en pleine-propriété à l'ISF. Au décès des parents, l'enfant récupère la pleine-propriété du bien en franchise de droits de succession[4]. Il réalise ainsi une plus-value nette d'impôt ! Si l'enfant vend ensuite l'immeuble qu'il détient en pleine-propriété, la plus-value ne sera pas imposée s'il détient la nue-propriété depuis plus de 15 ans.

---

1. L'appartement peut être loué à l'enfant nu-propriétaire.
2. La société civile permet d'échapper à la présomption de l'article 751 du CGI car elle n'est pas considérée comme une « personne interposée ».
3. Si l'appartement est occupé par les parents à titre personnel, les intérêts ne sont pas déductibles.
4. La présomption de l'article 751 du CGI ne s'applique pas car la nue-propriété n'a pas été acquise avec une donation reçue des parents mais avec un prêt bancaire.

7. Achat de la nue-propriété à crédit

La pleine-propriété d'un immeuble est démembrée en nue-propriété et en usufruit. Un contribuable fortement fiscalisé achète la nue-propriété à un vendeur (une compagnie d'assurances...) qui s'en réserve l'usufruit pendant 10 ans et donne l'immeuble en location. L'acquéreur contracte un emprunt *in-fine* pour assurer le financement. Les intérêts d'emprunt contractés pour l'acquisition de la nue-propriété sont imputables sur les autres revenus fonciers du contribuable qui réalise ainsi une économie d'impôt sur le revenu et bénéficie du plafonnement de l'ISF. À l'issue des 10 ans, le nu-propriétaire récupère la pleine-propriété de l'immeuble. Il réalise ainsi une plus-value non imposable. Il doit alors rembourser le prêt *in-fine*. Pour rembourser ce prêt, il peut vendre l'immeuble car la plus-value, égale à la différence entre le prix de vente et le prix d'acquisition de la nue-propriété, bénéficie d'un abattement de 50 % (10 % par année de détention au-delà de la dixième). Le mieux serait d'adosser le prêt à un contrat d'assurance-vie exonéré d'imposition. Le nu-propriétaire n'a pas à déclarer la valeur du bien à l'ISF car c'est l'usufruitier qui supporte l'ISF. L'emprunt peut même être déduit de la base imposable à l'ISF. Cinq ans après avoir récupéré la pleine-propriété, l'investisseur peut vendre en franchise d'impôt car la plus-value est entièrement exonérée (la plus-value, imposée selon le régime des plus-values des particuliers, est entièrement exonérée au bout de 15 ans de détention).

Reprenons les développements précédents sous forme d'une application chiffrée :

Immeuble

Pleine-propriété	1 000 000 €	100 %
– usufruit	400 000 €	40 %
– nue-propriété	600 000 €	60 %

Taux d'emprunt	5 %
Taux marginal d'impôt sur le revenu	40 %
Prélèvements sociaux	11 %
	51 %
Taux marginal d'imposition à l'ISF	1,8 %
Plus-value annuelle	4 %

Flux financiers

Années	0	1	2	10
Investissement	– 600 000 €			1 480 244 €
Emprunt				
– capital	600 000 €			– 600 000 €
– intérêts		– 30 000 €	– 30 000 €	– 30 000 €
Assurance-vie	– 360 000 €			608 349 €
Économie d'impôt sur le revenu et de prélèvements sociaux		15 300 €	15 300 €	15 300 €
Économie d'ISF		10 800 €	10 800 €	10 800 €
	– 360 000 €	**– 3 900 €**	**– 3 900 €**	**1 484 693 €**

Taux de rentabilité interne   **14,6%**

Assurance-vie

Apport initial	360 000 €
Abondement annuel	0 €
Taux	6,0 %
Frais de gestion annuel	0,5 %
Taux net de frais de gestion	5,5 %
Droits d'entrée	0,5 %

Années	0	1	2	10
Capital début	358 200	358 200	377 901	579 960
Épargne annuelle de fin d'année	0	0	0	0
Intérêts nets de frais de gestion		19 701	20 785	31 898
Prélèvements sociaux (11 %)				– 3 509
Capital fin	358 200	377 901	398 686	**608 349**

8. Acquisition de la nue-propriété à charge de rente viagère

La pleine-propriété d'un immeuble est démembrée en nue-propriété et en usufruit. Un contribuable fortement fiscalisé achète la nue-propriété à un vendeur moyennant le paiement d'une rente viagère.

Le vendeur (l'usufruitier ou crédirentier) a l'assurance d'un revenu régulier et indexé. Il doit déclarer à l'ISF la valeur de l'usufruit conservé (article 885 G du CGI) et la valeur en capital de la rente.

L'acheteur (le nu-propriétaire ou débirentier) doit déclarer à l'ISF la valeur de la nue-propriété sous déduction de la valeur en capital de la rente.

La rente payée n'est pas déductible alors que la fraction d'intérêt contenue dans une annuité d'emprunt est déductible. La rente décaissée est moins élevée que l'annuité d'emprunt décaissée car le taux technique de la rente est inférieur au taux d'intérêt pratiqué par un établissement bancaire. Cependant, la rente indexée évolue de façon croissante alors que l'annuité de crédit reste fixe.

L'investisseur récupère la pleine-propriété de l'immeuble à l'extinction de l'usufruit. Il réalisera alors une plus-value non imposable. Le gain lié à la rente est très aléatoire[1].

9. Vente de l'usufruit temporaire de l'immeuble

Un investisseur peut vendre l'usufruit pour une période donnée à un tiers.

---

1. Il y a gain si la valeur actualisée des rentes payées est inférieure à la valeur de la nue-propriété. En revanche, si la durée de vie du crédirentier est supérieure à son espérance de vie, l'opération représente un coût.

L'investisseur transforme ainsi des revenus fonciers fortement imposés en un capital liquide immédiatement disponible pour d'autres investissements défiscalisés. La plus-value de cession est imposée mais elle est calculée uniquement sur la cession de l'usufruit. Si le bien est détenu depuis plus de 15 ans, la plus-value de cession est entièrement exonérée.

L'investisseur, en tant que nu-propriétaire, n'a plus à déclarer la valeur du bien à l'ISF puisque c'est l'usufruitier qui supporte l'ISF, mais le produit de cession de l'usufruit figure dans le patrimoine taxable du nu-propriétaire. L'investisseur récupère à terme la pleine-propriété de l'immeuble.

L'acquéreur de l'usufruit (banque, compagnie d'assurances…) perçoit des revenus réguliers.

Cas N° 42

◇ **Vente de l'usufruit et calcul de la plus-value**

Un immeuble est acquis en juin N pour 150 000 €. L'investisseur âgé de 50 ans vend l'usufruit pour 10 ans pour un montant de 210 000 € en juin N+10. Cet immeuble dégage un revenu foncier imposable de 4 %. ◇

La plus-value est égale à la différence entre le prix de cession de l'usufruit[1] et son prix d'acquisition. Le prix d'acquisition de l'usufruit est déterminé en appliquant au prix d'acquisition de la pleine-propriété, la quote-part représentative au jour de la cession de la valeur fiscale de l'usufruit cédé. D'après le barème de l'article 669 du CGI, la valeur de l'usufruit pour cédant âgé de moins de 51 ans, le prix de revient de l'usufruit est égal à 60 % du prix d'acquisition de la pleine-propriété.

---

1. Même raisonnement pour la nue-propriété.

Nous obtenons :

Prix de vente de l'usufruit		210 000 €
Prix d'acquisition de l'usufruit		– 96 750 €
– prix d'acquisition de la pleine-propriété	150 000 €	
– frais d'acquisition (7,5 %)	11 250 €	
	161 250 €	
– valeur de l'usufruit	60 %	
	96 750 €	
Plus-value		113 250 €
Abattement de 10 % par année de détention au-delà de la cinquième		– 56 625 €
Abattement général		– 1 000 €
		55 625 €
IR à 16 %		8 900 €
PS à 11 %		6 119 €
Imposition totale		**15 019 €**
Trésorerie disponible		**194 981 €**

18

MINIMISER L'IMPÔT
SUR LES TRANSMISSIONS

Un investissement immobilier peut se gérer :

- Comme un **patrimoine privé.** Cette gestion relève de la **fiscalité des ménages :** les loyers sont imposés dans la catégorie des revenus fonciers à l'impôt sur le revenu ; les plus-values de cession relèvent du régime des plus-values des particuliers ; les droits de donation ou de succession bénéficient des exonérations de droit commun…

- Ou comme **une entreprise.** Cette gestion relève de la **fiscalité des entreprises :** les loyers sont imposés dans la catégorie des bénéfices industriels et commerciaux à l'impôt sur le revenu ou à l'impôt sur les sociétés ; les plus-values relèvent du régime des plus-values professionnelles ; les droits de donation ou de succession bénéficient des exonérations réservées aux entreprises commerciales.

La **location nue d'un immeuble** détenu en direct ou *via* une société civile immobilière correspond à la gestion d'un **patrimoine privé :**

- Les droits de donation ou de succession bénéficient uniquement des **mesures d'exonération de droit commun :** abattements sur la valeur de l'immeuble, allègements de droits de donation en fonction de l'âge du donateur, donation avec réserve d'usufruit.

- Les plus-values latentes à la date de la transmission relèvent du régime des **plus-values des particuliers.**

La **location meublée avec le statut de LMP,** la **location meublée avec des prestations hôtelières,** la **location équipée** correspond à l'exercice d'une **activité commerciale** imposée selon le régime des BIC :

- Les droits de donation ou de succession bénéficient alors des **mesures d'exonération réservées aux <u>transmissions entreprises</u>.**
- Les plus-values latentes à la date de la transmission relèvent du régime des **plus-values professionnelles.**

1. Transmission d'un immeuble loué nu

Un immeuble loué nu peut être détenu en direct ou *via* une SCI. Les conséquences fiscales de la transmission des parts sociales ou de l'immeuble sont identiques.

En cas de transmission à titre gratuit d'un immeuble ou de parts sociales, la plus-value latente n'est pas imposée. Cependant, les droits de mutation à titre gratuit seront dus sur la valeur vénale de l'immeuble ou des parts sociales transmis. Pour la suite de l'exposé, nous ne mentionnerons que les parts sociales.

1.1. La plus-value latente n'est pas imposée

Les plus-values immobilières ne sont imposées qu'en cas de cession à titre onéreux (vente...), ce qui exclut les cessions à titre gratuit. Si un particulier désire effacer une importante plus-value latente sur ses parts sociales, il lui suffit d'en faire donation à l'un de ses enfants. En cas de revente, la nouvelle plus-value acquise par les parts de la SCI est imposable.

Cas
N° 43

◇

**Effacer une importante plus-value latente
sur les parts sociales par une donation**

Un particulier possède des parts sociales d'une SCI qu'il a acquis pour 100 000 € à la constitution de la SCI.

Ces parts sociales ont une valeur de 1 000 000 € (l'emprunt est remboursé – la valeur de l'immeuble social a augmenté).

① **Comment faire profiter le fils de cet enrichissement ?**

② **Faut-il sous-évaluer la valeur des parts sociales afin d'économiser des droits de mutation à titre gratuit ?**

◇

① Le père donne ses parts dans la SCI à son fils. **Cette donation efface définitivement la plus-value de 900 000 € (le compteur est remis à zéro).** Si le fils revend ses parts sociales pour 1 200 000 €, seule la nouvelle plus-value de 200 000 € sera imposée.

② Sous-évaluer la valeur des parts sociales permet d'économiser des droits de mutation à titre gratuit (avec les risques que cela comporte). En contrepartie, cela augmente la plus-value imposable en cas de revente.

1.2. Les droits de mutation à titre gratuit

Quand la cession des parts sociales résulte d'une succession ou d'une donation, la transmission est soumise aux droits de mutation à titre gratuit (droits de succession ou de donation).

1.2.1. Les droits de succession

Les successions doivent être déclarées à l'administration dans les six mois qui suivent le décès (le notaire chargé de liquider la succession accomplit les formalités fiscales).

Tous les biens qui appartenaient au défunt à la date du décès doivent être déclarés à leur valeur vénale à la date du décès (c'est l'actif successoral). Les héritiers doivent donc déclarer :

- la **valeur estimative des parts sociales de la SCI** au jour du décès (CGI, art. 758) ;
- la **valeur comptable du compte courant** du défunt sur la SCI.

Zoom N° 42

Évaluation du compte courant à la date du décès

Le compte courant n'est pas réévalué. Cette règle permet d'éluder les droits lorsque le compte courant est très ancien en raison de l'inflation monétaire.
En cas d'insolvabilité de la SCI, l'administration fiscale accepte de ne pas taxer les comptes courants qui constituent des créances irrécouvrables.

Pour lutter contre la tentation des héritiers de ne pas déclarer tous les biens, la loi établit des présomptions de propriété. Ainsi, sont présumés appartenir au défunt, sauf preuve contraire de la part des héritiers :

- les valeurs mobilières (notamment les parts sociales de SCI) et les créances (notamment les comptes courants d'une SCI), lorsque, dans l'année qui a précédé son décès, le défunt a perçu les revenus correspondants ou a effectué une opération quelconque sur ces biens (CGI, art. 752).
- les biens dont le défunt était usufruitier, alors que la nue-propriété appartient à ses successibles (CGI, art. 751).

Pour calculer les droits de succession, il faut appliquer à l'actif imposable, après déduction de certains abattements (voir tableau page suivante), un barème progressif dont les taux et les tranches varient selon le degré de parenté (voir page 225).

Le paiement des droits de succession doit en principe intervenir au moment de la déclaration de succession :

- Si les biens reçus comprennent essentiellement des valeurs non liquides (parts de SCI, immeubles, fonds de commerce...), les héritiers peuvent demander que le paiement soit étalé sur cinq ans, voire dix ans, moyennant le versement d'un intérêt annuel.

- Lorsqu'un héritier reçoit un bien en nue-propriété (notamment des parts de SCI), le paiement des droits est différé jusqu'à la réunion de la nue-propriété et de l'usufruit (généralement au décès de l'usufruitier). Pour la base de calcul des droits, l'héritier peut demander le calcul des droits :
  - sur la seule valeur de la nue-propriété et payer des intérêts annuels jusqu'à la date d'exigibilité des droits ;
  - OU sur la valeur actuelle de la pleine-propriété, ce qui entraîne dispense de paiement des intérêts.

1.2.1.1. Les abattements dont bénéficient les héritiers et les légataires

L'actif imposable (actif successoral moins les dettes qui n'étaient pas encore réglées à la date du décès) est minoré de certains abattements qui dépendent de la qualité des héritiers[1].	
76 000 €	pour le conjoint survivant.
57 000 €	pour le partenaire d'un PACS.
50 000 €	pour chacun des enfants vivants ou représentés, et pour chacun des ascendants.
50 000 €	quand le bénéficiaire est un handicapé physique ou mental. Cet abattement est cumulable : l'abattement sera par exemple de 100 000 € si l'héritier est un descendant handicapé.
30 000 €	pour les petits-enfants.
5 000 €	pour les arrière-petits-enfants.
1 500 €	si aucun autre abattement n'est prévu.

---

1. L'héritier, chargé de famille (il faut trois enfants au moins), bénéficie d'une réduction spécifique : la réduction est de 610 € par enfant à partir du troisième si la succession a lieu en ligne directe ou entre conjoints ; en cas de succession en ligne collatérale, la réduction est de 305 € par enfant à partir du troisième.

1.2.1.2. Le tarif des droits de succession

Pour calculer les droits de succession, il faut appliquer à l'actif imposable, après déduction des abattements, un barème progressif dont les taux et les tranches varient selon le degré de parenté.		
Taux	**Entre époux**	**Entre ascendants et descendants**
	Fraction de l'actif imposable :	**Fraction de l'actif imposable :**
05 %	• n'excédant pas 7 600 €	• n'excédant pas 7 600 €
10 %	• comprise entre 7 600 et 15 000 €	• comprise entre 7 600 et 11 400 €
15 %	• comprise entre 15 000 et 30 000 €	• comprise entre 11 400 et 15 000 €
20 %	• comprise entre 30 000 et 520 000 €	• comprise entre 15 000 et 520 000 €
30 %	• comprise entre 520 000 et 850 000 €	• comprise entre 520 000 et 850 000 €
35 %	• comprise entre 850 000 et 1 700 000 €	• comprise entre 850 000 et 1 700 000 €
40 %	• dépassant 1 700 000 €	• dépassant 1 700 000 €
	Entre partenaires d'un PACS	
	Fraction de l'actif imposable :	
40 %	• inférieure à 15 000 €	
50 %	• supérieure à 15 000 €	
	Entre frères et sœurs	
	Fraction de l'actif imposable :	
35 %	• inférieure à 23 000 €	
45 %	• supérieure à 23 000 €	
55 %	**Entre oncles et neveux et entre cousins germains**	
60 %	**Entre parents au-delà du 4ᵉ degré et entre personnes non parentes**	

1.2.2. Les droits de donation

Les donations sont taxées, en principe, **dans les mêmes conditions que les successions :** les mêmes abattements et les mêmes taux s'appliquent (voir ci-dessus). Cependant, il n'existe pas de mesure d'étalement des droits ; en revanche, si le donateur prend en charge le paiement des droits, cet avantage n'est pas analysé comme une libéralité supplémentaire soumise à taxation.

De plus, **les donations bénéficient de mesures de faveur,** afin d'inciter les contribuables à organiser de leur vivant la transmission, totale ou partielle, de leur patrimoine :

- les allégement de droits ;
- les donations avec réserve d'usufruit ;
- la remise à zéro tous les dix ans du compteur des donations.

Les droits de donation peuvent être réduits si le donateur est âgé de moins de 75 ans. Le montant de la réduction dépend de la nature de la donation.

Réduction des droits de donation	Donations de la pleine-propriété et de l'usufruit	Donations de la nue-propriété
Le donateur a moins de 70 ans	50 %	35 %
Le donateur a entre 70 et 80 ans	30 %	10 %

2. Transmission d'une entreprise de location meublée ou équipée

La **location meublée avec le statut de LMP,** la **location meublée avec des prestations hôtelières,** la **location équipée** correspond à l'exercice d'une **activité commerciale.** La transmission de ces activités est imposée comme une **transmission d'entreprise.**

Ces activités commerciales peuvent être exercées en direct (**entreprise individuelle**), en **société** imposée à l'IR (SNC, SARL de famille…) ou à l'IS (SARL, SA…).

2.1. Transmission de l'entreprise individuelle

2.1.1. Imposition des plus-values de transmission à titre gratuit

En principe, la transmission à titre gratuit (donation ou succession) d'une entreprise individuelle est assimilée à une vente. Cette transmission entraîne donc **l'imposition immédiate** des plus-values.

Cependant, les bénéficiaires peuvent demander le **report d'imposition** des plus-values à la date de cession ou de cessation de l'entreprise[1].

L'exonération des plus-values de cession des petites entreprises s'applique également. La plus-value est exonérée si l'activité est exercée depuis plus de 5 ans et si les loyers facturés ne dépassent pas 250 000 € TTC pour un LMP ou 90 000 € TTC pour une location équipée.

Cependant, l'**activité** doit être **exercée à titre professionnel.** Le contribuable doit s'impliquer de manière personnelle, continue et directe dans l'activité (définition du **BIC professionnel** – thème 11). Une simple activité de location ne bénéficie donc pas de l'exonération des plus-values des petites entreprises. Mais cette dernière condition ne s'applique pas au LMP.

La **plus-value** réalisée est **définitivement exonérée** si l'activité est poursuivie **pendant au moins 5 ans** à compter de la date de la transmission de l'entreprise. À défaut, la plus-value est imposée à la date de

---

1. Ou à la date de cession d'un élément de l'actif de l'entreprise si la date est antérieure. En cas de nouvelle transmission à titre gratuit, le report d'imposition est maintenu si le nouveau bénéficiaire prend l'engagement de payer la plus-value à la date de cession ou de cessation de l'entreprise.

cession ou de cessation de l'entreprise[1]. La mise en location-gérance de tout ou partie de l'entreprise est assimilée à une cessation d'entreprise. Cette exonération s'applique également aux parts de **sociétés de personnes imposées à l'IR** (SNC, SARL de famille à l'IR, EURL…) dans lesquelles l'associé exerce son activité professionnelle.

2.1.2. Les droits de mutation à titre gratuit

2.1.2.1. Exonération de la moitié de la valeur des biens

Les **droits de succession ou de donation sont calculés sur <u>la moitié de la valeur des biens</u> affectés à l'exploitation** de l'entreprise individuelle (la moitié de la valeur est donc exonérée de droits de succession ou de donation) si l'entreprise a été acquise à titre onéreux par le défunt, depuis plus de 2 ans au jour du décès[2]. Les bénéficiaires doivent s'engager, dans la déclaration de succession ou de donation, à conserver l'entreprise[3] pendant au moins cinq ans à compter de la date du décès ou de la donation. L'activité peut être poursuivie en transformant l'entreprise individuelle en société. L'exonération partielle est accordée en cas de transmission d'une quote-part indivise des biens de l'entreprise individuelle.

De plus, en cas de **donation de l'entreprise,** les droits peuvent être réduits si le donateur est âgé de moins de 70 ans. Le montant de la réduction dépend de la nature de la donation.

2.1.2.2. Règles de droit commun

À défaut, on applique les **règles de droit commun.**

---

1. Ou à la date de cession d'un élément de l'actif de l'entreprise si la date est antérieure. En cas de nouvelle transmission à titre gratuit, le report d'imposition est maintenu si le nouveau bénéficiaire prend l'engagement de payer la plus-value à la date de cession ou de cessation de l'entreprise.
2. Aucune durée de détention n'est exigée en cas de création d'entreprise ou d'acquisition par donation ou succession.
3. Biens corporels et incorporels affectés à l'exploitation de l'entreprise.

Les droits de succession et de donation sont alors fonction du degré de parenté et de la valeur du bien transmis :

- l'actif imposable est minoré d'un abattement de 50 000 € par enfant ;
- les droits de donation de la nue-propriété sont réduits de 35 % si le donateur a moins de 70 ans ;
- le paiement des droits peut être différé pendant 5 ans puis fractionné sur 10 ans, à raison de 1/20e tous les 6 mois assorti d'un intérêt exigible semestriellement.

2.2. Transmission d'une société

2.2.1. Imposition des plus-values de transmission à titre gratuit

En principe, la transmission à titre gratuit (donation ou succession) des droits sociaux (parts sociales ou actions) est assimilée à une vente. Cette transmission entraîne donc **l'imposition immédiate** des plus-values[1] à l'impôt sur le revenu au taux de 16 % majoré des prélèvements sociaux au taux de 11 %.

L'exonération des plus-values de cession des petites entreprises s'applique uniquement pour les parts de **société <u>imposées à l'IR</u>** (SNC, SARL de famille…). La plus-value est exonérée si l'activité est exercée depuis plus de 5 ans et si les loyers facturés ne dépassent pas 250 000 € TTC pour un LMP ou 90 000 € TTC pour une location équipée[2].

Pour les parts de **sociétés de personnes <u>imposées à l'IR</u>** (SNC, SARL de famille à l'IR, EURL…) dans lesquelles l'associé exerce son activité professionnelle, la **plus-value** réalisée est **définitivement exonérée** si l'activité est poursuivie **pendant au moins 5 ans** à compter de la date de la transmission de l'entreprise. À défaut, la plus-value est imposée à

---

1. Plus-values professionnelles si la société est à l'IR ; plus-values des particuliers si la société est à l'IS.
2. Cependant, l'**activité** doit être **exercée à titre professionnel** (voir 2.1.1. du thème 18)

la date de cession ou de cessation de l'entreprise[1]. La mise en location-gérance de tout ou partie de l'entreprise est assimilée à une cessation d'entreprise.

2.2.2. Les droits de mutation à titre gratuit

2.2.2.1. Exonération de la moitié de la valeur des biens

Les **droits de succession ou de donation sont calculés sur la moitié de la valeur des parts sociales** (la moitié de la valeur des parts sociales est donc exonérée de droit de succession ou de donation) si les parts ont fait l'objet d'un **engagement collectif de conservation d'une durée minimale de deux ans** eu cours au jour du décès ou de la donation. L'engagement collectif doit porter sur au moins **34 % des parts sociales.** Les parts sociales doivent être données en pleine-propriété. De plus, chaque bénéficiaire doit s'engager, dans l'acte de donation ou de succession, à conserver les parts pendant au moins cinq ans à compter de la fin de l'engagement collectif et l'un d'entre eux doit exercer des fonctions de direction[2] pendant cinq ans. La société peut être imposée à l'IR ou à l'IS.

De plus, en cas de **donation de droits sociaux,** les droits peuvent être réduits si le donateur est âgé de moins de 70 ans. Le montant de la réduction dépend de la nature de la donation.

2.2.2.2. Règles de droit commun

À défaut, on applique les **règles de droit commun.**

---

1. Ou à la date de cession d'un élément de l'actif de l'entreprise si la date est antérieure. En cas de nouvelle transmission à titre gratuit, le report d'imposition est maintenu si le nouveau bénéficiaire prend l'engagement de payer la plus-value à la date de cession ou de cessation de l'entreprise.
2. Une fonction de dirigeant dans une société soumise à l'IS ; l'activité professionnelle principale dans une société de personnes n'ayant pas opté pour l'IS.

Les droits de succession et de donation sont alors fonction du degré de parenté et de la valeur du bien transmis :

- l'actif imposable est minoré d'un abattement de 50 000 € par enfant ;
- les droits de donation de la nue-propriété sont réduits de 35 % si le donateur a moins de 70 ans ;
- le paiement des droits peut être différé pendant 5 ans puis fractionné sur 10 ans, à raison de 1/20ᵉ tous les 6 mois assorti d'un intérêt exigible semestriellement.

3. La réduction des droits de mutation

3.1. Les donations avec réserve d'usufruit

L'associé d'une SCI[1] peut ne faire donation que de la nue-propriété des parts de la SCI, et conserver l'usufruit jusqu'à la fin de ses jours, afin de bénéficier d'une source régulière de revenus. Dans ce cas, les droits de donation se calculent sur la valeur de la nue-propriété[2] des parts qui est fonction de l'âge du donateur (CGI, art. 669). Au décès du donateur, il y aura reconstitution de la pleine-propriété sur la tête du nu-propriétaire sans paiement d'aucun droit supplémentaire.

Cette opération a permis de réduire la base taxable car seule la nue-propriété a été taxée. La valeur de la nue-propriété[3] est d'autant plus faible que le donateur est jeune. De plus, les plus-values liées à l'appréciation du bien ne seront pas soumises aux droits de mutation.

---

1. D'une SARL, d'un SNC... ou le propriétaire d'un immeuble.
2. Ce tableau des valeurs des usufruits et des nues-propriétés a été établi à partir des tables de mortalité existant à la fin du siècle dernier. Pour le calcul des droits sur les actes à titre onéreux (cession, apport en société...), ou pour la détermination du prix de vente, les parties peuvent évaluer l'usufruit et la nue-propriété à partir des tables actuelles de mortalité (les tables utilisées par les compagnies d'assurances).
3. Sauf cas de présomption établi par l'article 751 du CGI.

Les droits de donation peuvent être pris en charge par le donateur. L'avantage qui en résulte pour le donataire n'est pas considéré comme une libéralité taxable.

3.2. La remise à zéro tous les dix ans du compteur des donations

En principe, pour le calcul des droits de succession, les héritiers et les légataires bénéficient d'un abattement dont le montant varie selon le degré de parenté (voir page 225). Cet abattement ne peut jouer qu'une seule fois car l'héritier ou le légataire doit déclarer les donations dont il a bénéficié auparavant. Les nouveaux droits de mutation à titre gratuit sont calculés sur le total cumulé, sous déduction des droits antérieurement payés.

Cependant, l'héritier ou le légataire n'a pas à déclarer les donations dont il a bénéficié auparavant si elles remontent à plus de dix ans. En effet, il y a dispense de rappel des donations antérieures régulièrement enregistrées, lorsqu'elles remontent à plus de six ans. Le compteur des donations est remis a zéro tous les six ans. En combinant cette dispense de rappel avec les abattements, **un parent peut donner 50 000 € à chacun de ses enfants tous les six ans sans payer de droits de donation.**

La société (une SCI pour de la location nue ; une SARL de famille pour de la location meublée) **permet de fractionner la transmission du patrimoine.** Au lieu de transmettre un immeuble entier, le contribuable peut transmettre une partie des parts sociales qui détient l'immeuble. Ainsi, la donation d'une partie des parts sociales peut bénéficier de l'abattement de 50 000 € par enfant tous les six ans. La donation peur également porter sur la nue-propriété des titres afin d'optimiser l'abattement de 50 000 €.

Cas N° 44 ◇ **Constitution d'une SCI pour réduire le coût des droits de donation**

Une SCI a acquis un immeuble financé par emprunt. L'immeuble a une valeur de 150 000 €. L'emprunt restant dû s'élève à 50 000 €.
L'immeuble peut-il être transmis par donation sans aucun droit de mutation ? ◇

L'immeuble peut être transmis par donation sans aucun droit de mutation dans le cadre de la SCI. En effet, les parts de la SCI d'une valeur de 100 000 € (+ 150 000 € – 50 000 € = 100 000 €) peuvent être transmises en deux fractions égales de 50 000 € tous les six ans et bénéficier ainsi de l'abattement de 50 000 €. À défaut de SCI, les droits de mutation sont calculés sur une base de 100 000 € (+ 150 000 € – 50 000 € = 100 000 €/ l'emprunt n'est pas déductible).

Cas N° 45 ◇

Remise a zéro tous les dix ans
du compteur des donations

Des parents ont constitué une SCI pour gérer et transmettre leur immobilier. Ils sont âgés de 65 ans et veulent transmettre leur patrimoine à leurs deux enfants de leur vivant sans payer de droits de mutation à titre gratuit.

Que peuvent transmettre les parents à leurs enfants pour leur éviter de payer des droits de donation ? ◇

① Les parents peuvent transmettre en pleine-propriété tous les six ans pour 200 000 € de parts de leur SCI, sans payer de droits :

- Chaque enfant a droit à un abattement de 50 000 €, soit 100 000 € au total.
- Chacun des parents peut prendre la qualité de donateur, soit 200 000 €.

② Les parents peuvent transmettre en nue-propriété tous les six ans pour 333 333 € de parts de leur SCI, sans payer de droits :

- Chaque enfant a droit à un abattement de 50 000 €, soit 100 000 € au total.
- Chacun des parents peut prendre la qualité de donateur, soit 200 000 €.
- Quand l'usufruitier a moins de 71 ans, la valeur de la nue-propriété est de 6/10, soit 200 000 € / 0,60 = 333 333 €.

③ Les parents peuvent faire des donations plus importantes afin de bénéficier des allégements de droits.

④ Les parents peuvent également prendre en charge le paiement des droits de donation. L'administration fiscale ne considère pas cet avantage comme une libéralité supplémentaire soumise à taxation.

3.3. Le démembrement à titre onéreux d'un immeuble

L'évaluation de l'usufruit et de la nue-propriété doit résulter obligatoirement du barème de l'article 669 du CGI pour une donation. En revanche, pour un apport en société, l'évaluation de l'usufruit et de la nue-propriété peut être économique.

La valeur de l'usufruit correspond à la valeur actualisée des loyers futurs perçus pendant la période de démembrement. Pour un immeuble dont le <u>rendement est élevé</u>, la valeur économique de l'usufruit est supérieure à sa valeur fiscale. La nue-propriété a donc une valeur économique plus faible que sa valeur fiscale. Donner la valeur économique de la nue-propriété au lieu de sa valeur fiscale permet de réduire la base taxable aux droits de donation, et de faire une économie de droits de donation.

Le montage consiste alors pour des parents, à apporter la nue-propriété d'un immeuble à une SCI, puis à donner les parts de la SCI aux enfants.

L'administration peut essayer, sur le fondement de l'**abus de droit,** de démontrer que l'opération dissimule une donation directe de la nue-propriété de l'immeuble afin d'éviter l'application du barème de l'article 669 du CGI. Le contribuable doit alors invoquer des <u>motivations extra-fiscales</u> pour éviter l'abus de droit sur la base d'un faisceau d'indices[1] : apport de la nue-propriété à une SCI préexistante ayant un fonctionnement réel ; donation des parts de la SCI différé (un an après)…

---

1. Rapport du Comité consultatif de répression des abus de droit.

Cas N° 46

◇ **Démembrement à titre onéreux et société civile**

Un parent souhaite donner la nue-propriété d'un immeuble qu'il détient en propre à ses trois enfants. Il est âgé de 60 ans. Cet immeuble, détenu depuis plus de 20 ans, est loué équipé avec un rendement net de 15 % par an. L'immeuble est évalué à 3 000 000 €. ◇

Hypothèse n° 1 : donation de la nue-propriété

Le parent donne directement la nue-propriété de l'immeuble à ses enfants et conserve l'usufruit :

- L'évaluation de la nue-propriété est **fiscale** (article 669 du CGI).
- La réduction des droits de donation est de **35 %** car la donation porte sur la nue-propriété.
- La plus-value lors de la donation n'est pas imposée car une plus-value n'est imposée que s'il y a cession à titre onéreux (régime des plus-values des particuliers).
- Le parent, usufruitier, est redevable de l'ISF sur la valeur en pleine-propriété de l'immeuble.

Hypothèse n° 2 : démembrement à titre onéreux et société civile

Le parent apporte la nue-propriété de l'immeuble à une société civile. Il reçoit donc des parts sociales en pleine-propriété en contrepartie de son apport. Puis, il donne la pleine-propriété des parts à ses enfants.

- L'évaluation de la nue-propriété est **économique.** Par précaution, la valeur de l'usufruit est validée par un commissaire aux apports.
- La plus-value lors de l'apport, imposée selon le régime des plus-values des particuliers, est exonérée car le bien est détenu depuis plus de 15 ans.
- La réduction des droits de donation est de **50 %** car elle porte sur la pleine-propriété.
- Le parent, usufruitier, est redevable de l'ISF sur la valeur en pleine-propriété de l'immeuble. Mais les enfants, titulaires de parts sociales en pleine-propriété, sont redevables de l'ISF même si ces parts correspondent à une nue-propriété déjà imposée chez le parent.

Hypothèses	1	2
Valeur de la pleine-propriété	3 000 000 €	3 000 000 €
Valeur de l'usufruit		
– fiscale	50 %	
– économique		70 %
Valeur de la nue-propriété		
– valeur totale	1 500 000 €	900 000 €
– valeur par enfant	500 000 €	300 000 €
Abattement	– 50 000 €	– 50 000 €
Base taxable	450 000 €	250 000 €
Droits de donation	89 839 €	49 839 €
Réduction de droits		
– nue-propriété	35 %	
– pleine-propriété		50 %
– montant	– 31 444 €	– 24 920 €
Droits de donation à payer		
– par enfant	58 395 €	24 920 €
– pour les trois enfants	175 186 €	74 759 €
Économie de droits		**100 428 €**

3.4. Acquisition en démembrement d'un immeuble

Les parents achètent l'usufruit et les enfants achètent la nue-propriété. Au décès des parents, les enfants récupèrent la pleine-propriété du bien en franchise de droits de donation (voir thème 17).

3.5. La professionnalisation de l'investissement immobilier

La location meublée avec le statut de LMP, la location meublée avec des prestations hôtelières, la location équipée correspond à l'exercice d'une **activité commerciale** sur le plan fiscal. **La moitié de la valeur de l'entreprise est exonérée de droit de succession ou de donation** si les bénéficiaires s'engagent à conserver l'entreprise pendant au moins cinq ans.

Le fait d'isoler une activité de location nue au sein d'une société imposée à l'IS ne permet pas de bénéficier de ces mesures d'exonération car l'**<u>activité</u>** reste **<u>civile</u>** même si elle est imposée selon les règles fiscales d'une entreprise commerciale (BIC + IS).

3.6. Organiser la transmission

La donation permet de réduire les droits de mutation par rapport à la succession.

- Les droits de donation sont réduits si le donateur est âgé de moins de 70 ans ;
- la base taxable est réduite si la donation porte sur un droit démembré : donation de l'usufruit ou de la nue-propriété ;
- la donation de parts sociales permet d'optimiser l'utilisation de l'abattement de 50 000 € par enfant tous les dix ans.

3.7. Montages sociétaires

L'immobilier peut être isolé au sein d'une société : une SCI pour de la location nue ; une SARL de famille pour de la location meublée ou équipée... L'investisseur détient alors des parts sociales au lieu d'un immeuble en direct.

3.7.1. Associer les enfants dès la constitution de la société

La société permet **d'associer les enfants dès la constitution de la société** pour l'achat d'un immeuble à crédit. Les enfants sont alors titulaires de parts sociales représentatives d'une quote-part d'immeuble. À défaut d'associer les enfants, les parents auraient constitué un patrimoine soumis aux droits de transmission. Par ailleurs, les parts sociales en pleine-propriété des enfants permettent de réduire la base taxable à l'ISF des parents dès que les enfants sont majeurs, et de réduire l'impôt sur le revenu des parents dès que les enfants ne sont plus rattachés au foyer fiscal des parents. Les enfants peuvent être titulaire de la pleine-propriété des parts sociales avec des clauses statutaires pour préserver le patrimoine, de l'usufruit ou de la nue-propriété des parts.

◇

Constituer, gérer et transmettre un patrimoine à ses enfants

Des parents disposent de 100 000 € de liquidités. Ils souhaitent constituer un patrimoine pour leur enfant. La démarche peut être la suivante :

1. Ils donnent 90 000 € de liquidités à leur enfant. Cette donation est exonérée de droits de donation car elle s'inscrit dans le cadre des 50 000 € (abattement général) par enfant.
2. L'enfant apporte les 90 000 € de liquidités et les parents apportent 10 000 € à une société civile. L'enfant détient alors 90 % du capital de la société et les parents 10 %.
3. La société civile contracte un emprunt et achète un immeuble. Le taux de l'emprunt est tiré vers le bas car l'emprunt bénéficie de la garantie des parents qui ont une bonne surface financière. La société peut également investir dans un portefeuille de valeurs mobilières.
4. Une clause impose l'unanimité pour les décisions importantes. Les parents sont nommés gérants. Les parents restent ainsi maîtres des décisions de gestion. En cas de problème de trésorerie, les parents pourront réaliser un apport en compte courant.
5. L'essentiel des revenus est imposé au niveau des enfants : revenus fonciers pour l'immeuble et revenus des capitaux immobiliers pour le portefeuille de valeurs mobilières. Quand l'emprunt sera remboursé, la SCI sera titulaire d'un patrimoine immobilier et d'un portefeuille de valeurs mobilières. Ce patrimoine appartient à hauteur de 90 % aux enfants. ◇

◇

Transmettre un patrimoine mobilier à ses enfants

Des parents âgés de 52 ans sont propriétaire en direct d'un portefeuille de valeurs mobilières d'une valeur de 100 000 €. Ils souhaitent transmettre ce patrimoine à leur enfant. La démarche peut être la suivante :

1. Ils apportent la nue-propriété du portefeuille de valeurs mobilières d'une valeur de 50 000 €[1] à une société civile. L'apport est exonéré de droits d'enregistrement. L'apport peut être réalisé par acte sous seing privé. En contrepartie, ils reçoivent des parts de la société civile en pleine-propriété.

---

1. L'évaluation est fiscale (art. 669 du CGI – www.legifrance.gouv.fr).

(Suite cas n° 48)

2. Ils donnent la nue-propriété des parts évaluée à 25 000 € à leur enfant. Cette donation est exonérée de droits de donation car elle bénéficie de l'abattement de 50 000 €. Les parents conservent l'usufruit du portefeuille de valeurs mobilières. Ils perçoivent donc les revenus des valeurs mobilières (dividendes, plus-values, intérêts…).
3. Au décès des parents, les enfants recouvreront la pleine-propriété des parts sociales en franchise de droits de succession. ◇

Cas N° 49 ◇

Transmettre un patrimoine immobilier à ses enfants

Des parents âgés de 52 ans sont propriétaire en direct d'un immeuble d'une valeur de 100 000 €. Ils souhaitent transmettre ce patrimoine à leur enfant. La démarche peut être la suivante :

1. Ils apportent la nue-propriété de l'immeuble d'une valeur de 50 000 € à une société civile. L'apport est exonéré de droits d'enregistrement au taux de 5 %. En revanche, les honoraires du notaire sont à payer car l'apport nécessite un acte authentique. En contrepartie, ils reçoivent des parts de la société civile en pleine-propriété.
2. Ils donnent la nue-propriété des parts évaluée à 25 000 € à leur enfant. Cette donation est exonérée de droits de donation car elle bénéficie de l'abattement de 50 000 €. Les parents conservent l'usufruit de l'immeuble qu'ils peuvent occuper (pour leur habitation principale) ou louer (revenus locatifs).
3. Au décès des parents, les enfants recouvreront la pleine-propriété des parts sociales en franchise de droits de succession. ◇

3.7.2. Donner un actif net

Un investisseur qui achète en direct un immeuble en empruntant peut donner l'immeuble mais ne peut pas donner l'emprunt. Le donateur reste redevable de l'emprunt et ne peut plus imputer les intérêts de l'emprunt sur ses revenus fonciers. En revanche, s'il donne uniquement la nue-propriété, il pourra continuer d'imputer les intérêts sur ses revenus fonciers.

L'investisseur peut constituer une SCI qui acquiert l'immeuble et emprunte. L'investisseur peut alors donner les parts sociales représentatives d'un actif net. La base imposable aux droits de donation est ainsi réduite du montant de l'emprunt. Les parts sociales peuvent être données en pleine-propriété ou en nue-propriété.

De plus, la valeur des parts d'une SCI est inférieure à la valeur du patrimoine immobilier qu'elle détient. Ainsi, **la valeur des parts de la SCI est en général inférieure de 10 à 20 % par rapport à la valeur réelle des immeubles** possédés par la SCI car l'acquéreur des parts ne peut pas disposer librement de l'immeuble. En effet, le propriétaire d'un immeuble a un pouvoir direct sur cet immeuble, alors que dans le cadre d'une SCI, c'est la SCI qui contrôle l'immeuble social. (La SCI est une société très fermée ; l'existence de clauses d'agrément restreint la liberté de cession des parts sociales). **Les droits de mutation sont donc moins élevés car calculés sur une base plus faible.**

La valeur des parts sociales dépend aussi du nombre de parts cédées. Si la cession porte sur un nombre qui confère la majorité dans la SCI, la valeur des parts sera plus élevée que dans le cas d'une cession de parts isolées qui confère un simple contrôle minoritaire (l'associé majoritaire exerce un contrôle supérieur à celui de l'associé minoritaire).

Cas N° 50 ◇

Donner l'actif net d'une SCI

Un investisseur achète un immeuble en empruntant. À la date de la donation, l'immeuble a une valeur d'un million d'euros et l'emprunt restant dû s'élève à 950 000 €. ◇

Bilan <u>réévalué</u> de la SCI :

Actif		Passif	
Immeuble	1 000 000 €	**Actif net**	**50 000 €**
		Emprunt	950 000 €
	1 000 000 €		**1 000 000 €**

Base taxable aux droits de donation

Donation de l'immeuble	1 000 000 €
Donation de parts de SCI	50 000 €
Économie EN BASE	**950 000 €**

3.7.3. *Éviter l'indivision*

La succession non préparée laisse le patrimoine dans l'indivision entre les héritiers. Les héritiers sont propriétaires de l'ensemble du patrimoine immobilier sans qu'il y ait de division matérielle de leurs parts.

a) SCI et personnalité morale

La SCI est une entité juridique autonome qui bénéficie de la personnalité morale
• Si les associés cèdent à un tiers la totalité des parts sociales de la SCI, les droits de préemption sur la vente d'un immeuble ne sont pas applicables car ce sont les parts sociales qui sont vendues, et non l'immeuble. • L'acheteur qui acquiert un immeuble par l'intermédiaire d'une SCI s'engage à rembourser tout le passif de la SCI, y compris le passif inconnu au jour de la cession. • En cas de décès d'un associé, les héritiers ne peuvent pas faire apposer les scellés sur les biens de la SCI. • En cas de faillite, les créanciers du failli ne peuvent pas faire saisir l'immeuble social.

b) Comparaison entre la SCI et l'indivision

SCI ou indivision ?		
	Indivision	**SCI**
Durée	**L'indivision** inorganisée **est très instable** car chaque indivisaire peut y mettre fin à tout instant : « Nul ne peut être contraint à demeurer dans l'indivision » (C. civ., art. 815). La convention d'indivision permet de maintenir la stabilité de l'indivision pendant 5 ans.	La SCI peut être créée pour 99 années. **La SCI a donc une très grande stabilité.**

.../...

_...∕..._

Entrée de personnes étrangères	Dans l'indivision, les indivisaires bénéficient d'un droit de préemption uniquement pour les cessions à titre onéreux de droits indivis[1].	**La SCI peut être très fermée** grâce aux clauses d'agrément des statuts qui instituent un droit de contrôle pour chacun des associés : l'arrivée d'un nouvel associé, ou la cession de parts entre associés, peut nécessiter l'unanimité des associés. Cependant, la SCI peut emprisonner un associé qui ne parviendra pas à céder ses parts.
Gestion et administration	Il faut le consentement unanime des indivisaires[2]. Ce principe permet un contrôle très étroit de chaque co-indivisaire mais **risque de bloquer totalement la gestion** lorsque le nombre de co-indivisaires est important. Cependant, par convention, les indivisaires peuvent nommer un gérant qui peut passer seul les actes d'administration. Les actes de disposition peuvent être votés par la majorité des indivisaires, sauf en ce qui concerne la vente d'immeuble nécessitant toujours l'unanimité.	Le gérant d'une SCI a les pouvoirs les plus étendus vis-à-vis des tiers dans la mesure où il agit dans le cadre de l'objet social. Les pouvoirs du gérant sont délimités par les statuts vis-à-vis des associés. La **gestion** au sein d'une SCI est donc **souple et adaptée.**
Coût de la transmission	La constitution d'une SCI pour détenir un patrimoine permet **de réduire le coût de transmission** de ce patrimoine (voir thème 18).	
Droits du conjoint survivant	Le conjoint survivant usufruitier d'un immeuble n'a pas droit aux plus-values de cession.	Le conjoint survivant usufruitier de parts sociales a droit au bénéfice distribuable de la société qui comporte les plus-values de cession.

---

1. Le droit de préemption des indivisaires ne peut s'appliquer qu'en cas de vente ou de transmission par décès – articles 1873-12 et 1873-13 du Code civil.
2. Sauf pour les actes de conservation qui peuvent être effectués librement par chaque co-indivisaire.

3.7.4. *Immeuble financé par un crédit-vendeur*

Des parents veulent transmettre un immeuble à leurs enfants. Ils vendent à une société constituée par leurs enfants un immeuble financé par un crédit-vendeur non rémunéré. La vente est imposée aux droits de mutation à titre onéreux au lieu d'être imposée aux droits de donation. La plus-value immobilière est exonérée si l'immeuble est détenu depuis plus de 15 ans. Les loyers encaissés servent au remboursement du crédit-vendeur.

Au décès des parents, la plus-value liée à l'appréciation de l'immeuble ne sera pas imposée car l'immeuble appartient aux enfants. Le crédit vendeur non remboursé sera soumis aux droits de succession.

De plus, le transfert de l'immeuble au niveau des enfants permet d'enrichir le patrimoine familial : les parents ne paie plus d'ISF sur la valeur de l'immeuble et les loyers sont soumis à une imposition moins élevée (le TMI des enfants est plus faible que le TMI des parents).

L'administration peut essayer, sur le fondement de l'**abus de droit,** de démontrer que l'opération a pour seul objectif de minorer la base taxable aux droits de mutation à titre gratuit. Le contribuable doit alors invoquer des motivations extra-fiscales pour éviter l'abus de droit.

Cas N° 51 ◇ **Immeuble financé par un crédit-vendeur**

Des parents détiennent un immeuble depuis plus de 15 ans. Cet immeuble s'apprécie avec le temps (plus-values) et rapporte des loyers qui augmentent la valeur du patrimoine des parents. Ils ont trois enfants.

Incidence sur le patrimoine des parents

	Aujourd'hui	Dans 15 ans
Valeur de l'immeuble Capitalisation des loyers nets de charges	800 000 €	1 400 000 € 500 000 €
	800 000 €	**1 900 000 €**

(Suite cas n° 51)

- Hypothèse n° 1. Les parents n'organisent pas la transmission de l'immeuble.
- Hypothèse n° 2. Les parents donnent aujourd'hui l'immeuble.
- Hypothèse n° 3. Les parents vendent à une société constituée par leurs enfants un immeuble financé par un crédit-vendeur non rémunéré. ◇

Hypothèse n° 1 : les parents n'organisent pas la transmission de l'immeuble

Dans 15 ans, les enfants héritent d'un patrimoine d'une valeur de 1 900 000 € car l'immeuble s'est apprécié avec le temps et parce que les loyers ont été capitalisés par les parents.

Les droits de mutation à titre gratuit

Base imposable	1 900 000 €
Nombre d'enfants	3
Base par enfant	633 333 €
Abattement	− 50 000 €
	583 333 €
Droits de donation par enfant	121 300 €
Nombre d'enfants	3
Droits de donation	**363 900 €**

Hypothèse n° 2 : les parents donnent aujourd'hui l'immeuble

Les droits de donation sont calculés sur 800 000 €.

Les droits de mutation à titre gratuit

Base imposable	800 000 €
Nombre d'enfants	3
Base par enfant	266 667 €
Abattement	− 50 000 €
	216 667 €
Droits de donation par enfant	41 633 €
Nombre d'enfants	3
Droits de donation	**124 900 €**

Hypothèse n° 3 : les parents vendent à une société constituée par leurs enfants un immeuble financé par un crédit-vendeur non rémunéré

Droits de mutation à titre onéreux liés à la vente

Base imposable	800 000 €
Droits de mutation	5,09 %
	─────────
Droits à payer	**40 720 €**

Puis droits de mutation à titre gratuit lié au crédit non remboursé

Base imposable (800 K€ de crédit – 500 K€ de remboursement grâce aux loyers encaissés)	300 000 €
Nombre d'enfants	3
	─────────
Base par enfant	100 000 €
Abattement	– 50 000 €
	─────────
	50 000 €
Droits de donation par enfant	8 300 €
Nombre d'enfants	3
	─────────
Droits de donation	**24 900 €**

3.7.5. Donation suivie d'une vente ou vente suivie d'une donation ?

L'immobilier est détenu au sein d'une société. Les parents associés souhaitent vendre les parts sociales pour donner l'argent à leurs enfants :

- Les parents peuvent donner les parts sociales à leurs enfants qui les vendront ensuite ;
- Les parents peuvent aussi vendre les parts sociales puis donner l'argent aux enfants.

La donation suivie d'une vente est préférable car la donation permet d'effacer les plus-values latentes. En effet, quand un associé donne ses parts sociales à ses enfants, **la plus-value latente** (valeur vénale des parts sociales transmises – prix d'achat) **n'est pas imposée** car elle ne procure aucun enrichissement au cédant. En fiscalité des ménages, les plus-values ne sont imposées qu'en cas de cession à titre onéreux.

Cas N° 52

◇ **Donation suivie d'une succession**

Un associé détient des parts sociales dans une société qui gère un patrimoine immobilier. Les parts sociales sont un bien propre. Il a deux enfants. ◇

Valeur des parts sociales	1 000 000 €
Prix d'acquisition des parts sociales	10 000 €

Vente puis donation

Imposition de la plus-value		267 300 €
Prix de vente	1 000 000 €	
Prix d'acquisition des parts sociales	– 10 000 €	
	990 000 €	
Impôt sur le revenu à 16 %	158 400 €	
Prélèvements sociaux à 11 %	108 900 €	
Imposition de la plus-value	**267 300 €**	

Droits de donation		123 140 €
Disponible pour donation	732 700 €	
Part revenant à chaque enfant	366 350 €	
Abattement par enfant	– 50 000 €	
	316 350 €	
Droits de donation par enfant	61 570 €	
Droits de donation pour les deux enfants	**123 140 €**	

Coût fiscal de l'opération		390 440 €

Donation puis vente		

Imposition de la plus-value		0 €

Pas d'imposition de la plus-value latente lors de la donation
Pas d'imposition lors de la vente car elle ne dégage pas de plus-value

Droits de donation		176 600 €
Disponible pour donation	1 000 000 €	
Part revenant à chaque enfant	500 000 €	
Abattement par enfant	– 50 000 €	
	450 000 €	
Droits de donation par enfant	88 300 €	
Droits de donation pour les deux enfants	**176 600 €**	

Coût fiscal de l'opération		176 600 €

Économie d'impôt		213 840 €

3.7.6. *Investir dans l'immobilier exonéré de droits de transmission*

Les **monuments historiques**, imposés à l'ISF, sont exonérés de droits de succession.

Les bois, les forêts et les parts de groupements forestiers peuvent être exonérés en tant que biens professionnels. À défaut, ces biens[1] bénéficient d'une **exonération des trois quarts de leur valeur.**

Les biens ruraux loués par bail à long terme et les parts de GFA peuvent être exonérés en tant que biens professionnels.

---

1. Conditions fixées pour l'exonération des droits de succession : engagement d'exploitation pendant trente ans, production du certificat du directeur départemental de l'agriculture et, pour les parts de groupements forestiers acquises à titre onéreux, délai de détention minimum de deux ans.

À défaut, ces biens bénéficient d'une **exonération des trois quarts de leur valeur si elle ne dépasse pas 76 000 € ou de la moitié de leur valeur au-delà.**

4. Report d'imposition

Les droits de succession et les droits de transmission d'entreprises (succession et donation) peuvent faire l'objet d'un **paiement fractionné ou différé.**

Le paiement fractionné ou différé permet d'étaler les décaissements en contrepartie d'un intérêt légal. La trésorerie ainsi dégagée peut être placée. Un arbitrage doit être effectué entre le taux de rentabilité du placement des capitaux et le taux d'intérêt légal.

4.1. Paiement fractionné des droits de succession

Les droits de succession peuvent être payés en plusieurs versements égaux tous les six mois dont le nombre dépend du pourcentage des droits de succession par rapport à la base taxable. Le nombre de versements est doublé pour l'immobilier transmis à des enfants ou au conjoint survivant.

Droits / base taxable en %	Immobilier[1]		Droit commun	
	Nombre de versements	Période maximale[2]	Nombre de versements	Période maximale[2]
jusqu'à 5 %	4	2	2	1
de 5 % à 10 %	8	4	4	2
de 10 % à 15 %	12	6	6	3
de 15 % à 20 %	16	8	8	4
à partir de 20 %	20	10	10	5

1. Pour les droits à la charge des héritiers en ligne directe et du conjoint survivant (CGI ann. III art. 404 A).
2. En années.

En contrepartie de ce crédit, le taux d'intérêt applicable est **l'intérêt légal** au jour de la demande de crédit. Ce taux demeure inchangé pendant toute la durée du crédit. Pour chaque échéance, les intérêts sont calculés sur la totalité des droits restant dus. Si l'immeuble est loué, **les intérêts sont déductibles** des revenus fonciers imposables.

Cas N° 53 ◇   **Paiement différé ou immédiat des droits de succession ?**

Pour 2006, le taux d'intérêt légal est de 2,11 %. Pour des revenus fonciers imposables à un taux marginal d'imposition de 40 %, le taux réel du crédit est de 1,26 % car les intérêts sont déductibles des revenus fonciers imposables[1]. De plus, ce taux demeure inchangé pendant toute la durée du crédit qui peut atteindre 10 ans.

Le **paiement fractionné** est alors **intéressant** car le taux de rémunération des capitaux placés ne peut-être que supérieur : investissement dans un contrat d'assurance-vie faiblement taxé, augmentation de la rentabilité de placements monétaires alors que le taux d'intérêt du crédit est figé à un niveau bas… ◇

4.2. Paiement différé des droits de succession

Le paiement des droits de succession peut être différé lorsque la succession porte sur la **nue-propriété d'un bien** ou donne lieu à **l'attribution préférentielle.**

4.2.1. La succession porte sur la nue-propriété d'un bien

L'héritier d'un immeuble en nue-propriété peut différer le paiement des droits de succession jusqu'à la réunion de l'usufruit et de la nue-propriété[2].

---

1. Pour 100 de crédit : intérêts moins économie d'IR = 2,27 – 2,27 × 50 % = 1,13.
2. Jusqu'à l'expiration d'un délai qui ne peut excéder six mois à compter de la réunion de l'usufruit à la nue-propriété ou de la cession totale ou partielle de la nue-propriété, à titre onéreux ou à titre gratuit.

Les droits sont alors calculés sur la valeur :

- de la nue-propriété au jour du décès, en contrepartie d'un intérêt au taux légal[1] ;
- ou de la pleine-propriété[2] au jour du décès, avec dispense d'intérêt.

Les droits de succession doivent être payés immédiatement en cas de cession totale ou partielle de la nue-propriété, à titre onéreux ou à titre gratuit. Cependant, l'immeuble peut être **apporté à une société civile** qui en **facilitera la gestion** (Société civile immobilière, Groupement foncier agricole…). Si l'apport de la nue-propriété et de l'usufruit sont rémunérés par des parts sociales représentatives respectivement, de la nue-propriété et de l'usufruit, le régime de paiement différé continue de s'appliquer.

L'idéal serait de loger l'immeuble dans une SCI avant le décès. Ainsi, lors du décès, le démembrement porte sur les parts de la société civile et non sur l'immeuble. Sa gestion en est ainsi facilitée.

Cas N° 54 ◇ **Paiement différé des droits de succession et nue-propriété**

Au décès de Monsieur Amon, son patrimoine immobilier s'élève à 1 million d'euros. Sa femme, âgée de 70 ans, reçoit l'usufruit (1 000 000 × 4/10 = 400 000 €) et ses deux enfants la nue-propriété (600 000 €). Les enfants qui n'héritent que de la seule nue-propriété, peuvent donc différer le paiement des droits de succession jusqu'au décès de l'usufruitier. Les enfants décident de différer le paiement car ils n'ont <u>pas de liquidités pour régler les droits</u>. Les enfants doivent alors choisir, au moment du dépôt de la déclaration de succession, entre le paiement différé des droits calculés sur la nue-propriété avec l'intérêt légal au taux de 3 %, ou sur la pleine-propriété sans intérêt. ◇

---

1. Les droits dont le paiement est différé donnent lieu au versement d'intérêts qui doivent être acquittés à chaque date anniversaire de l'expiration du délai de souscription de la déclaration de succession. Ils sont calculés, lors de chaque terme annuel, selon le délai écoulé depuis le précédent et sur la totalité des droits différés.
2. Article 404 B de l'annexe III du CGI. Le choix entre le paiement des droits sur la nue-propriété ou sur la pleine-propriété, doit être exercé au moment du dépôt de la déclaration de succession.

Un arbitrage doit donc être effectué entre le coût de l'intérêt et le coût de l'élargissement de la base taxable :

	Nue-propriété	pleine-propriété	
Droits de succession			
Base taxable totale	600 000 €	1 000 000 €	
Nombre d'enfants	2	2	
Base taxable par enfant	300 000 €	500 000 €	
Abattement	– 50 000 €	– 50 000 €	
Base après abattement	250 000 €	450 000 €	
Droits par enfant (20 %)	50 000 €	90 000 €	40 000 € (a)
Intérêt légal	3,00 %		
Intérêts annuels	1 500 €		1 500 € (b)
Pour rendre le choix équivalent, l'usufruitier doit vivre au moins			**27 ans**
		(a) / (b)	

Si le décès de l'usufruitier intervient cinq ans après le premier décès, le choix du paiement différé des droits calculés sur la pleine-propriété sera très coûteux.

4.2.2. La succession donne lieu à l'attribution préférentielle

Le conjoint survivant ou tout héritier copropriétaire peut demander **l'attribution préférentielle** par voie de partage, à charge de soulte, de toute **exploitation agricole** à la mise en valeur de laquelle il participe ou a participé effectivement. Ce dispositif qui a été étendu aux entreprises commerciales, industrielles ou artisanales dont l'importance n'exclut pas le caractère familial (art. 832 du Code civil), concerne donc une **activité de location meublée ou équipée.**

L'attribution préférentielle de **l'exploitation agricole** peut bénéficier du paiement différé. Pour les autres entreprises, le paiement des droits de mutation incombant aux cohéritiers ne peut être différé qu'à concurrence du montant des **soultes.** Le paiement est différé jusqu'à l'expiration du délai accordé[1] à l'attributaire pour le paiement de ses dettes à l'égard des co-héritiers.

4.3. Paiement fractionné ou différé des droits de transmission d'une entreprise

Le paiement des droits sur les mutations[2] à titre gratuit d'entreprises peut être différé pendant cinq ans (versement annuel des seuls intérêts du crédit), puis, fractionné sur dix ans à raison de $1/20^e$ tous les six mois assorti d'un intérêt exigible semestriellement (CGI ann. III art. 397 A).

Cette mesure concerne les entreprises individuelles ou les titres de sociétés non cotées, qui ont une **activité** industrielle, **commerciale**, artisanale, agricole ou libérale. Elle s'applique donc à une activité **de location meublée ou équipée**, mais pas à une activité civile de gestion d'un patrimoine immobilier (location nue).

La mutation doit porter sur l'ensemble des biens affectés à l'exploitation de l'**entreprise individuelle** qui doit être exploitée par le défunt ou le donateur. Pour les droits sociaux[3], le bénéficiaire doit recevoir au moins **5 % du capital social.**

---

1. L'octroi du paiement différé n'est possible que si le légataire obtient des délais pour le paiement aux héritiers. Ces délais peuvent aller jusqu'à dix ans à compter de l'ouverture de la succession. En cas de cession avant le terme, il y a exigibilité des droits.
2. Les **droits de donation ou de succession** à l'exclusion de la taxe de publicité foncière de 0,60 % sur les donations portant sur des immeubles ou des droits immobiliers.
3. Les parts de holding peuvent bénéficier de ce régime si elles sont animatrices effectives de leur groupe : outre la gestion de participations, le holding doit assurer la gestion de la trésorerie du groupe, effectuer des prestations de services (correspondant à des fonctions de direction, de gestion, de contrôle...) au profit des sociétés qui le composent.

Le taux d'intérêt légal (2,11 % pour 2006) **est réduit des deux tiers** (soit un taux de 0,70 % en 2004) lorsque la valeur de l'entreprise ou la valeur nominale des titres comprise dans la part taxable de chaque héritier, donataire ou légataire est supérieure à 10 % de la valeur de l'entreprise ou du capital social ou lorsque, globalement, plus du tiers du capital social est transmis (CCI ann. III art. 404 GA).

L'héritier ou le donataire d'une **entreprise individuelle** peut **déduire les droits de donation ou de succession** du résultat imposable de l'entreprise s'il poursuit personnellement l'exploitation (article 39-1-4 O *quater* du CGI), car ils sont assimilables à des frais d'acquisition d'immobilisation. Les **intérêts d**es crédits nécessaires au paiement des droits sont également **déductibles** du résultat imposable.

La cession de plus du tiers des biens reçus par chaque bénéficiaire entraîne l'exigibilité immédiate des droits en suspens. Cependant, l'apport pur et simple d'une entreprise individuelle reçue à une société[1] ne remet pas en cause le bénéfice du régime de faveur à condition que l'apporteur prenne l'engagement de conserver les titres reçus en contrepartie de son apport jusqu'à l'échéance du dernier terme du paiement fractionné (CCI ann. III art. 404 GD).

---

1. Ou les opérations de fusion ou de scission concernant des sociétés dont les titres bénéficient du paiement différé et fractionné (Inst. 8-11-1999, 7A-4-99).

19

LA LOCATION NUE

Un immeuble **loué nu** peut être détenu en direct ou *via* une SCI imposée à l'impôt sur le revenu. Quelque soit le mode de détention, le résultat de la location est déterminé en appliquant les règles fiscales des **revenus fonciers.**

Lorsqu'une SCI relevant de l'impôt sur le revenu donne en location un immeuble nu dont elle est propriétaire, les loyers qu'elle perçoit sont imposables au niveau de l'associé dans la catégorie des revenus fonciers[1]. La SCI n'est donc pas imposée personnellement pour ses revenus locatifs. La SCI aura simplement l'obligation de déposer une déclaration annuelle de résultat (imprimé n° 2072) au service des impôts.

Les loyers de la SCI peuvent être imposés dans une catégorie fiscale autre que celle des revenus fonciers :

- lorsque les parts de la SCI figurent à l'actif du bilan d'une entreprise, les revenus correspondants sont imposés en tant que BIC ;

---

1. Une SCI ne peut pas bénéficier du régime micro-foncier (régime applicable lorsque le montant des loyers annuels perçus n'excède pas 15 000 € – voir thème 14).

- les revenus de locaux loués (ou sous-loués) meublés ou tout équipés sont taxés comme des BIC ;
- les revenus provenant de la sous-location d'immeubles loués nus sont imposés dans la catégorie des BNC.

Le revenu foncier doit être déterminé **pour chaque immeuble loué.** La somme des revenus nets des différents immeubles détenus en direct ou par le biais d'une société civile[1], permet de dégager un revenu net foncier imposable ou un déficit imputable. Le revenu net foncier est ajouté aux autres revenus catégoriels du contribuable (salaires…) pour former le revenu global imposé à l'impôt sur le revenu. Le déficit est imputé, dans certaines limites, sur les revenus catégoriels positifs pour former le revenu global.

I. Les revenus imposables

Les revenus imposables comprennent :

1. **les loyers encaissés.** Les loyers à déclarer au titre d'une année sont ceux qui ont été effectivement encaissés, même s'ils se rapportent à une autre année[2]. Les loyers perçus d'avance sont imposés au titre de l'année de leur perception. Si le loyer est soumis à la TVA, c'est le montant hors taxes qu'il faut déclarer ; corrélativement, les charges ne sont déductibles que pour leur montant hors TVA.

   Dans les immeubles en copropriété, le propriétaire règle en cours d'année des charges communiquées par le syndic gérant de l'immeuble et dont il doit demander ensuite le remboursement auprès de son locataire. Pour éviter de faire une avance de tréso-

---

1. Ainsi que les revenus correspondant à des parts de SCPI.
2. Les loyers perçus par un mandataire sont imposables dès leur perception par le mandataire ; les loyers saisis sont imposables ; les revenus de substitution ou les indemnités d'assurance perçues dans le cadre d'un contrat de garantie de loyers sont imposables dès leur perception ; les dépôts de garantie conservés par la SCI en contrepartie de loyers impayés ou de charges locatives non remboursées sont imposables.

rerie, il peut en demander le remboursement anticipé à son locataire : c'est la « **provision pour charges locatives** ». La provision et le remboursement ne sont pas à prendre en compte ;

2. **les dépenses incombant au propriétaire et mises à la charge du locataire** (taxe foncière, grosses réparations…) ;

3. **les recettes exceptionnelles ou accessoires :**
   - le droit d'entrée[1] (le pas-de-porte) payé par un commerçant lors de la conclusion d'un bail commercial ;
   - les améliorations ou les constructions édifiées par le locataire lorsqu'elles reviennent gratuitement à la SCI à l'expiration du bail. Elles sont alors imposables au titre de l'année de l'expiration du bail ou de sa résiliation[2] ;
   - les recettes provenant de la location du droit d'affichage ou du droit de chasse, les redevances pour exploitation des carrières.

En revanche, ne constituent pas un revenu imposable l'indemnité d'assurance obtenue à la suite d'un sinistre et les sommes reçues à titre de dépôt de garantie, sauf lorsque le bailleur est autorisé à les conserver à titre définitif à la suite d'impayés par exemple ou pour remettre les locaux en état à la suite du départ du locataire.

Lorsque l'immeuble social est mis à la disposition gratuite de l'un des associés ou même d'un tiers, la SCI ne devrait pas être taxable car elle ne bénéficie d'aucun revenu :

- lorsqu'un associé se réserve la jouissance **à usage d'habitation** de l'immeuble social, la SCI n'a pas à déclarer l'avantage en nature correspondant ; corrélativement, la SCI n'a pas le droit de déduire les charges relatives à l'immeuble occupé.
- En revanche, pour tous les autres locaux utilisés gratuitement par leur occupant, la SCI devra incorporer leur valeur locative dans la déclaration annuelle des résultats.

---

1. Les indemnités de pas-de-porte et les droits d'entrée ne sont pas imposables si elles sont la contrepartie de la dépréciation de la valeur du local commercial résultant de la conclusion du bail. En contrepartie de cette imposition, les indemnités d'éviction versées en vue de libérer les locaux et de les relouer dans de meilleures conditions sont déductibles.
2. Les travaux de nature locative réalisés au seul profit du locataire ne sont pas imposables.

Zoom N° 43

SCI et produits financiers

Une SCI imposée à l'IR qui gère sa trésorerie encaisse des produits financiers qui ne remettent pas en cause son caractère civil car ce sont des « fruits civils ». La SCI reste donc imposée à l'IR. La SCI encaisse deux catégories de revenus : des « revenus fonciers » pour son activité de location et des « revenus de capitaux mobiliers » pour son activité de gestion de trésorerie. Elle doit donc faire deux déclarations. Pour les produits financiers, les associés peuvent opter pour le prélèvement libératoire de 27 % (16 % d'IR + 11 % de prélèvements sociaux) qui leur permet d'échapper à la progressivité de l'impôt sur le revenu (intéressant si le taux marginal à l'IR est supérieur à 16 %).

Si la SCI opte pour l'IS, les produits financiers et les revenus de la location seront imposés à l'IS.

Activité	Régime d'imposition	Déclarations fiscales
Location	Revenus fonciers	n° 2072
Gestion de trésorerie	Revenus de capitaux mobiliers	n° 2561 et 2561 *bis*

Zoom N° 44

L'administration se méfie de la gratuité en matière de location

1. La SCI peut mettre gratuitement à disposition des associés ou des tiers des locaux qui ne sont pas à usage d'habitation. La SCI doit alors déclarer la valeur locative[1] de ces locaux dans ses recettes brutes. En contrepartie elle impute les charges sur ses revenus (voir déclaration n° 2072).

En revanche, cette mesure ne s'applique pas pour les locaux à **usage d'habitation** (article 15-II du CGI). Ainsi, la mise à disposition gratuite d'un tiers ou d'un associé d'une résidence principale ou d'un résidence secondaire n'est pas imposée.

---

1. Cette valeur locative correspond aux loyers que ces locaux pourraient produire s'ils étaient donnés en location.

(Suite zoom n° 44)

2. Quand la SCI renonce à des loyers, le montant n'est pas pris en compte dans les revenus imposables de la SCI si la SCI a intérêt à cet abandon. À défaut, l'abandon est un acte de disposition, une libéralité de la SCI imposable (la preuve incombe à l'administration).

3. Si les locaux sont vacants, aucun revenu n'est à déclarer[1]. Les charges sont néanmoins déductibles et génèrent ainsi un déficit foncier. La SCI doit démontrer qu'elle a vraiment essayé de louer l'immeuble et qu'elle ne s'en est pas réservé la jouissance.

Cas N° 55

◇ **Abandon de loyers par une SCI**

Une SCI renonce temporairement à ses loyers pour éviter d'aggraver la situation financière de la société locataire. La SCI évite ainsi de supporter le coût de l'éviction du locataire et de la nouvelle affectation des locaux. ◇

La SCI a intérêt à abandonner les loyers qui ne sont alors pas imposables.

Cas N° 56

◇ **L'administration se méfie de la gratuité en matière de location**

Des parents détiennent des locaux professionnels par l'intermédiaire d'une SCI. La SCI met ces locaux à la disposition gratuite de la société d'exploitation d'un enfant. Par ailleurs, les parents se réservent la jouissance d'une petite propriété agricole qu'ils n'exploitent pas. Enfin, ils mettent gratuitement à la disposition de leur fille étudiante un studio.

La SCI doit déclarer les loyers que ces locaux professionnels produiraient s'ils étaient donnés en location. En effet, selon l'article 30 du CGI, en mettant ces locaux gratuitement à disposition, la SCI est réputée s'en réserver la jouissance.

---

1. La taxe sur les locaux vacants n'est pas due.

(Suite cas n° 56)

La société d'exploitation ne pourra pas déduire la charge correspondant car les loyers ne sont pas facturés (aucune charge n'a été comptabilisée). Les parents doivent évaluer et déclarer en revenus fonciers **la valeur locative de leurs biens ruraux.** En revanche, cette mesure ne s'applique pas au studio car c'est un local à **usage d'habitation** (article 15-II du CGI). ◇

2. Les charges déductibles

Les **charges déductibles** doivent être **décaissées** et pouvoir être justifiées à la demande de l'administration. **Seules les charges énumérées par le CGI** (code général des impôts) peuvent être déduites. Alors qu'à l'impôt sur les sociétés (une SCI qui opte pour l'IS), **toutes les charges** sont déductibles si elles sont engagées dans l'intérêt de l'exploitation.

Les charges suivantes peuvent être déduites pour leur montant réel lorsqu'elles sont **décaissées :**

- Les frais de gestion courante à hauteur de 20 € par an et par local ;
- Les frais de procédure ;
- les **dépenses d'entretien et de réparation** qui permettent de maintenir l'immeuble en bon état. Ces travaux ne doivent pas se traduire par une modification de la structure, de la consistance, de l'agencement ou de l'équipement initial[1] ;
- les **frais de gérance et de rémunération des concierges.** Ainsi, les honoraires versés par le propriétaire à un mandataire pour l'administration de son bien sont déductibles[2] ; les salaires et les charges sociales du concierge sont également déductibles ;

---

1. Remise en état du gros œuvre ; installation ou remplacement des installations de chauffage ; remise en état du mur d'une propriété…
2. La fraction concernant les frais de gestion courants n'est pas déductible.

- **les taxes foncières ;**
- **les primes d'assurance ;**
- **les dépenses d'amélioration pour les immeubles d'habitation** qui ont pour objet une meilleure adaptation de l'immeuble aux conditions actuelles de confort sans en modifier sa structure initiale. Ces travaux ne doivent pas aboutir à une construction, une reconstruction ou un agrandissement de l'immeuble : installation d'un chauffage central, d'un ascenseur, d'une salle d'eau…
- **les intérêts des emprunts :**
  - Les intérêts des emprunts contractés par les associés pour acquérir les parts sociales ou participer à une augmentation de capital sont déductibles de la quote-part de revenus fonciers de l'associé.
  - Les intérêts des emprunts contractés par la SCI auprès d'une banque sont déductibles sous réserve d'une corrélation suffisante entre le montant de l'emprunt et son utilisation au profit de la SCI.
  - Les intérêts des emprunts contractés par la SCI envers les associés sont déductibles sous réserve de ne pas déguiser une distribution de bénéfice.
  - Les intérêts[1] des emprunts contractés pour **l'acquisition, la construction, la réparation ou l'amélioration de l'immeuble** donné en location sont déductibles (article 31-1-1°-d du CGI).
  - Les intérêts pour paiement fractionné ou différé des droits de succession sur un immeuble sont déductibles.
  - Les intérêts d'emprunt contractés par une SCI en vue de **l'acquisition des parts sociales** de l'un des associés sont déductibles.
  - Les intérêts d'emprunt contractés par une SCI pour permettre le paiement de l'impôt sur la plus-value suite au retrait d'un immeuble de l'actif d'une entreprise individuelle sont déductibles.

---

1. Les frais de constitution de dossier, les frais d'inscriptions hypothécaires (dont les honoraires du notaire correspondant à un contrat de prêt garanti), les agios ou commissions de banque, les primes afférentes à un contrat d'assurance-vie souscrit pour le remboursement de l'emprunt sont également déductibles.

– Les intérêts versés au Trésor en cas de paiement fractionné des droits de succession par l'associé sont déductibles.

Zoom N° 45

○ **Déductibilité des intérêts**

Une SCI effectue des travaux. Elle dispose de liquidités suffisantes pour financer les travaux. Elle décide cependant d'emprunter auprès d'un associé pour financer les travaux.
Le Conseil d'État a refusé la déduction des intérêts d'emprunt car l'emprunt ne sert pas à financer les travaux effectués puisque la SCI dispose de liquidités suffisantes. ○

Les **droits d'enregistrement et les frais de notaire** payés par la SCI lors de l'acquisition de l'immeuble ne sont **pas déductibles** car ce sont des dépenses liées à l'acquisition du capital.

Cas N° 57

◇ **Travaux déductibles**

Une SCI loue un immeuble d'exploitation à une SARL d'exploitation. Les associés sont communs aux deux sociétés. Les associés envisagent de refaire l'électricité et d'installer une climatisation. La SCI est à l'IR.

Comment optimiser fiscalement ces dépenses ?
La mise aux normes de l'électricité est une <u>dépense d'entretien et de réparation</u> qui est déductible du revenu foncier de la SCI. En revanche, l'installation d'une climatisation est une <u>dépense d'amélioration</u> qui n'est pas déductible des revenus fonciers. La dépense pourrait être engagée par la SARL. Elle serait alors immobilisée pour être ensuite déduite du résultat imposable sous forme d'amortissements sur la durée d'utilisation. Pour que la déductibilité de ces amortissements ne soit pas remis en cause pour acte anormal de gestion, il faudrait que le loyer payé par la SARL soit moins élevé qu'un loyer correspondant à des locaux climatisés. ◇

◇

Travaux, dons manuels et contrôle fiscal

Un investisseur acquiert un appartement en mauvais état. Les travaux de réparation, déduits du revenu foncier, sont financés directement par les parents de l'investisseur. Ainsi, les parents réalisent une donation hors droits de succession.

Une demande de justifications permet à l'administration d'exiger la preuve du paiement. La remise par l'investisseur des relevés bancaires des parents pour justifier le paiement des travaux permet de révéler le don manuel. Les travaux ne sont alors pas déductibles parce que le propriétaire ne les a pas supportés. Cela entraîne un redressement en matière d'impôt sur le revenu. De plus, le don manuel est soumis aux droits de donation car il est révélé par le donataire (l'investisseur – deuxième alinéa de l'article 757 B du CGI). Le don manuel est alors imposé à l'époque de la révélation. La franchise de 50 000 € peut ne pas trouver à s'appliquer. Les intérêts de retard sont dus.

Les parents doivent d'abord remettre les fonds au propriétaire qui effectue ensuite personnellement le paiement des travaux qui sont alors déductibles. Le don manuel doit être déclaré. Il bénéficiera de l'exonération des droits de donation dans la limite de 50 000 € (voir thème 18). ◇

◇

Travaux et optimisation fiscale

L'achat d'un appartement nécessitant de grosses réparations est une opération d'optimisation fiscale. En effet, les dépenses d'entretien, de réparation ou d'amélioration à usage d'habitation sont déductibles du revenu foncier. Ces travaux vont permettre de créer un déficit foncier imputable sur les autres revenus fonciers du contribuable. Ces travaux sont ainsi financés à hauteur de 51 % par l'économie d'impôt sur le revenu (IR + PS = 40 % + 11 % = 51 %). Par ailleurs, ces travaux vont contribuer à revaloriser fortement l'appartement. La cession dégagera alors une forte plus-value qui sera exonérée de toute imposition si le bien est détenu depuis plus de 15 ans (abattement de 10 % par année de détention au-delà de la cinquième). L'idéal serait d'acheter l'appartement *via* une « vieille » SCI et de céder les parts de la SCI, car le délai de détention se calcule à partir de la date d'acquisition des parts sociales, quel que soit la date d'acquisition de l'immeuble. ◇

○ **Zoom N° 46**

Les avantages fiscaux du bail à long terme pour les immeubles ruraux

- La déduction forfaitaire est portée à 15 % pour la détermination du revenu net foncier.
- Pour la transmission à titre gratuit et l'impôt de solidarité sur la fortune, une propriété rurale grevée d'un bail à long terme <u>d'au moins 18 ans</u> est imposable sur seulement 25 % de sa valeur si elle n'excède pas 76 000 € et sur 50 % de sa valeur au-delà de cette limite. L'exonération en matière d'ISF est totale s'il s'agit d'un bien professionnel. ○

3. La gestion du déficit foncier

Le déficit foncier[1] est imputée sur les autres revenus fonciers du contribuable pour dégager le revenu net foncier imposable ou un déficit imputable.

Le déficit foncier est :

- Imputé sur les revenus catégoriels positifs du contribuable pour former le revenu global (article 156-I du CGI). Le déficit est imputé dans la limite de 10 700 € s'il résulte de dépenses autres que les intérêts d'emprunt (voir cas n° 61).
- Le surplus non imputable sur le revenu global est reportable sur les revenus fonciers des **dix années** suivantes. Passé ce délai, il est perdu (prescription).

Le déficit foncier est entièrement déductible s'il résulte d'opérations de restauration immobilière, d'immeubles historiques et de travaux payés par les nus-propriétaires.

De plus, pour pouvoir imputer le déficit foncier sur le revenu global, l'immeuble doit être affecté à la location jusqu'au 31 décembre de la troisième année qui suit celle de l'imputation du déficit.

---

1. Le déficit foncier est réputé appartenir au **nu-propriétaire,** selon l'administration fiscale.

Déficit foncier et limite de 10 700 €

Deux couples achètent à parts égales un immeuble avec les biens de la communauté. Les quatre personnes détiennent donc 25 % de l'immeuble chacune. Que l'immeuble soit détenu en direct ou isolé au sein d'une SCI, l'appréciation de la limite de 10 700 € pour imputer le déficit foncier sur le revenu global s'apprécie au niveau du foyer fiscal. Chaque couple pourra donc imputée 50 % du déficit foncier dans la limite de 10 700 € (2 × 10 700 € et non 4 × 10 700 €).

Location effective et permanente et imputation du déficit foncier

Un propriétaire loue un appartement à usage d'habitation. Il réalise l'année N d'importants travaux d'amélioration. Ces travaux d'amélioration sont imputables sur les loyers car la location est à usage d'habitation. Le déficit foncier qui en résulte est imputé sur le revenu global et permet ainsi de faire une économie d'impôt sur le revenu. Le propriétaire souhaite reprendre l'appartement pour l'habiter personnellement en tant que résidence secondaire.

- **Hypothèse n° 1. Le propriétaire met fin à la location en décembre N+3. Une notification de redressement est adressée en décembre N+6.**
- **Hypothèse n° 2. Le locataire met fin spontanément à la location en décembre N+2. Le propriétaire ne trouvant pas de locataire, décide d'occuper l'appartement à partir de janvier N+7.**
- **Hypothèse n° 3. L'appartement a toujours été occupé par le propriétaire en tant que résidence secondaire. Une location de complaisance a été consentie à un ami.**

Hypothèse n° 1

Pour pouvoir imputer le déficit foncier sur le revenu global de l'année N, l'immeuble doit être affecté à la location jusqu'au 31 décembre N+3. En cas de contrôle fiscal, l'administration réintègrerait le déficit sur les revenus de l'année N et notifierait un redressement d'impôt sur le revenu majoré des intérêts de retard. Le délai de prescription est de trois ans. Pour opérer ce redressement, l'administration doit donc adresser sa notification de redressement au plus tard le 31 décembre

N+6, date d'expiration du délai de prescription concernant les revenus de l'année N+3 (<u>année de cessation de la location</u>) et non les revenus de l'année N (imputation du déficit) ! Le redressement d'impôt sur le revenu sera effectué au 1er janvier N+3 (première année non prescrite). Les intérêts de retard au taux de 0,75 % par mois commenceront à courir à compter du 1er juillet N+4 (1er juillet de l'année suivant celle au titre de laquelle l'imposition est établie) pour s'arrêter au 31 décembre N+6 (dernier jour de mois de la notification de redressement).

Hypothèse n° 2

La location doit être effective et permanente. En cas de départ du locataire, une nouvelle location doit être immédiatement consentie. Le propriétaire doit justifier des démarches accomplies en vue de relouer (annonces dans des journaux ; facture d'une agence immobilière chargée de chercher un locataire…). Les conditions de location proposées ne doivent pas être dissuasives (loyer anormalement élevé…). À défaut, la volonté de louer serait remise en cause par l'administration qui opérerait un redressement comme dans l'hypothèse n° 1.

Hypothèse n° 3

Une location de complaisance a été consentie à un ami pour permettre l'imputation du déficit foncier sur le revenu global. Pour démontrer le caractère fictif de la location, l'administration pourra mettre en œuvre des recoupements et son droit de communication : la consommation d'électricité est concentrée sur les périodes de vacances, la taxe d'habitation est payée par le propriétaire…

Cas N° 61 ◇

La gestion du déficit foncier d'une SCI

Une SCI imposée à l'impôt sur le revenu réalise un déficit foncier dont les éléments en euros vous sont communiqués ci-après.

Quelle est la part du déficit foncier imputable sur les autres revenus du contribuable dans chacune des hypothèses ? ◇

Hypothèses	1	2	3	4
Revenu brut	30 000 €	30 000 €	30 000 €	15 000 €
Intérêts d'emprunt	18 000 €	15 000 €	38 000 €	18 000 €
Autres frais et charges	27 000 €	23 000 €	12 000 €	4 600 €
Déficit foncier	**15 000 €**	**8 000 €**	**20 000 €**	**7 600 €**

Le déficit foncier de la SCI est réparti entre les associés au prorata de leurs droits dans le résultat.

Cette quote-part de déficit est imputée sur les autres revenus fonciers de l'associé pour dégager le revenu net foncier imposable ou un déficit imputable.

Le déficit foncier est imputé sur les revenus catégoriels positifs de l'associé pour former le revenu global. Le déficit est imputé dans la limite de 10 700 € s'il résulte de dépenses autres que les intérêts d'emprunt. La limite de 10 700 € est donc appréciée au niveau de chaque associé, à condition que les associés n'appartiennent pas au même foyer fiscal. Le surplus non imputable sur le revenu global est reportable sur les revenus fonciers des **dix années** suivantes.

Nous obtenons ainsi :

Hypothèses	1	2	3	4
Part du déficit • imputable sur le revenu global[1]	10 700 €	8 000 €	10 700 €	4 600 €
• reportable sur les revenus fonciers des dix années suivantes[2]	4 300 €	0 €	9 300 €	3 000 €
	15 000 €	**8 000 €**	**20 000 €**	**7 600 €**

---

1. C'est le montant à reporter sur la déclaration n° 2042, ligne BC, point 4.
2. C'est le montant à reporter sur la déclaration n° 2042, ligne BB, point 4.

20

LES MONUMENTS HISTORIQUES

En principe, un déficit foncier est imputable sur le revenu global dans la limite de 10 700 €. Cependant, les **déficits fonciers** peuvent être **entièrement imputés sur le revenu global** s'ils résultent de charges concernant un **monument historique**[1], **même si le propriétaire s'en réserve la jouissance à titre de résidence principale**.

Si le propriétaire a d'autres revenus fonciers provenant d'immeubles ordinaires, le déficit de l'exploitation de l'immeuble historique s'impute en priorité sur ses autres revenus fonciers. L'excédent éventuel du déficit fait alors l'objet d'un report sur le revenu global.

---

1. Les immeubles classés monuments historiques ; les immeubles inscrits à l'inventaire supplémentaire ; les immeubles ouverts au public et considérés comme faisant partie du patrimoine national en raison de leur caractère historique ou artistique particulier et qui ont fait l'objet d'un agrément particulier par le ministre ou d'un label délivré par la Fondation du patrimoine.

Les propriétaires doivent joindre à leurs déclarations de revenus fonciers une note précisant la date de la décision de classement de l'immeuble ou d'inscription à l'inventaire supplémentaire ; et le détail des dépenses dont la déduction est demandée.

I. L'immeuble ne procure pas de recettes

Si l'immeuble ne procure pas de recettes, les dépenses déductibles génèrent automatiquement un déficit imputable sur le revenu global, quelles que soient les conditions d'occupation par le propriétaire.

Dépenses déductibles :

- les cotisations de strict entretien versées à l'administration des affaires culturelles et des participations à des travaux effectués par cette administration ;
- les travaux de réparation ou d'entretien subventionnés[1], diminués du montant des subventions ;
- la totalité des charges de propriété[2] si l'immeuble est ouvert au public[3] ; 50 % dans le cas contraire.

---

1. Les travaux qui ne sont pas directement visés dans les arrêtés de subventions peuvent être entièrement déductibles s'ils présentent un caractère indissociable des travaux subventionnés.
2. Frais de gérance, taxes foncières, intérêts d'emprunt… à l'exception des dépenses de réparation et d'entretien subventionnés, et de la déduction forfaitaire.
3. Un immeuble est considéré comme ouvert au public s'il est ouvert, soit cinquante jours par an, dont vingt-cinq jours fériés, au cours des mois d'avril à septembre inclus, soit quarante jours pendant les mois de juillet, août et septembre.

2. L'immeuble procure des recettes et n'est pas occupé par le propriétaire

Si l'immeuble procure des recettes[1] **et n'est pas occupé par le propriétaire**[2]**, la totalité**[3] **des charges foncières** est imputée sur les recettes, notamment les dépenses de rémunération du personnel chargé de recevoir les droits d'entrée et de guider les visiteurs. Les <u>travaux</u> sont donc <u>entièrement déductibles</u>. La déduction forfaitaire de 14 % est pratiquée.

3. L'immeuble procure des recettes et le propriétaire en occupe une partie

Si l'immeuble procure des recettes et si le propriétaire en occupe une partie, la fraction des charges foncières correspondant aux seuls locaux ouverts au public est imputée sur les recettes. L'excédent de ces charges n'est pas perdu pour le propriétaire car il peut en déduire le montant directement de son revenu global.

---

1. Les loyers ; les droits d'entrée ; les subventions reçues de l'administration pour l'exécution des travaux.
2. L'immeuble est loué ou entièrement ouvert au public.
3. Uniquement pour les parties classées de l'immeuble ou inscrites à l'inventaire supplémentaire des monuments historiques. Pour les charges résultant de l'ouverture au public, le propriétaire peut déduire, sans justification, une somme de 1 525 € lorsque l'immeuble ne comprend pas de parc et jardin, 2 290 € dans le cas contraire. S'il estime que les dépenses engagées sont supérieures à ces sommes, il peut les déduire pour leur montant réel, à condition d'en justifier. S'il choisit d'appliquer cet abattement, celui-ci viendra directement s'imputer sur les recettes, avant donc l'application de la déduction forfaitaire de 14 %. Cet abattement ne peut jamais générer un déficit foncier reportable par le propriétaire.

La doctrine administrative admet que cette fraction peut être évaluée à 75 % du total des charges. Les dépenses suivantes sont cependant imputées entièrement sur les recettes : les dépenses du personnel chargé de recevoir les droits d'entrée et de guider les visiteurs ; les travaux de réparation ou d'entretien subventionnés ; les cotisations de strict entretien versées à l'administration des affaires culturelles et des participations à des travaux effectués par cette administration.

21

LA RESTAURATION IMMOBILIÈRE : LA LOI MALRAUX

En principe, un déficit foncier est imputable sur le revenu global dans la limite de 10 700 €. Cependant, les déficits fonciers peuvent être entièrement imputés sur le revenu global s'ils résultent de travaux dans le cadre d'une opération de restauration immobilière (loi Malraux).

L'imputation du déficit sur le revenu global du propriétaire sans limitation de montant, doit résulter de travaux déductibles engagés dans un immeuble donné en location et situé dans un périmètre de restauration immobilière (article 156-I-3° du CGI).

L'immeuble peut être détenu en direct ou par l'intermédiaire d'une SCI[1]. Les associés doivent alors s'engager à conserver leurs parts sociales pendant **au moins 6 ans.**

---

1. Sociétés non soumises à l'impôt sur les sociétés.

Les immeubles restaurés doivent être situés dans une **zone de protection du patrimoine architectural urbain et paysager**[1] (ZPPAUP), ou dans un **secteur sauvegardé** publié. La **restauration complète d'un immeuble** est exigée : le propriétaire isolé d'un immeuble entier peut donc bénéficier de l'avantage fiscal.

Les immeubles doivent être **loués dans les 12 mois suivant la fin des travaux,** en tant que **résidence principale** pendant au **moins 6 ans.**

Le déficit imputable sur le revenu global du propriétaire **sans limitation de montant** doit résulter uniquement de **travaux déductibles en matière de revenus fonciers** (article 31-I du CGI) : les travaux d'entretien, de réparation et d'amélioration sont donc déductibles, mais les travaux de construction, de reconstruction ou d'agrandissement ne sont pas déductibles. Cependant, la loi autorise la **déduction des travaux permettant la réaffectation à l'habitation**[2] ainsi que **certains travaux de démolition**[3]. De plus, le juge a une **conception large des travaux d'amélioration :** les travaux consistant à remanier les toitures, à refaire les charpentes, à démolir des cloisons, à réparer des planchers, à aménager des combles et des greniers constituent des travaux d'amélioration déductibles.

Les autres charges sont déductibles comme en matière de revenus fonciers ordinaires : déduction forfaitaire, frais de gérance et de rémunération de concierge… (voir thème 19). De même, la part du déficit résultant des **intérêts d'emprunt** n'est pas imputable sur le revenu global.

En cas de non respect des conditions du dispositif Malraux, les déficits imputés sont réintégrés <u>globalement au titre de la seule année de non-respect des conditions</u> si elle n'est pas prescrite.

---

1. Une déclaration d'utilité publique, prescrivant les travaux de restauration, est nécessaire. Une autorisation spéciale de travaux est obligatoire.
2. Déduction des travaux rendus nécessaires par la réaffectation à l'habitation de locaux originellement affectés à cet usage, mais qui ont perdu cette destination par le fait d'un usage autre, professionnel par exemple.
3. Les travaux de démolition ne doivent pas constituer des « travaux de construction, de reconstruction ou d'agrandissement » : les travaux de démolition puis de reconstitution de toitures ou de murs extérieurs sont déductibles.

○ **Loi Malraux et redressement fiscal**

Dans le cadre d'une opération Loi Malraux, un contribuable a imputé des déficits sur son revenu global : 20 000 € en N (TMI de 30 %) et 40 000 € en N+1 (TMI de 35 %). L'appartement devait être loué en tant que résidence principale jusqu'au 31/12/N+6. La location a cessé le 30 juin N+6 (TMI de 40 %). Un contrôle fiscal intervient en novembre N+9. ○

Les conditions du dispositif Malraux ne sont pas respectées. Les déficits imputés sont réintégrés globalement au titre de l'année N+6, année de non-respect des conditions, et non au titre des années N et N+1, années d'imputation des déficits. Comme le délai de prescription est de 3 ans, l'année N+6 n'est pas prescrite si la notification de redressement parvient avant le 31 décembre N+9.

L'incidence est la suivante :

	N	N+1	N+6
Déficits imputés	20 000 €	40 000 €	
TMI	30 %	35 %	
Économie d'impôts	**6 000 €**	**14 000 €**	
Déficits réintégrés			60 000 €
TMI			40 %
Redressement d'impôts			**24 000 €**
Incidence de la progressivité de l'impôt			**4 000 €**

22

INVESTISSEMENT ROBIEN, BORLOO OU BESSON

I. Présentation du dispositif Robien et Borloo populaire

Vous pouvez acquérir en direct ou dans le cadre d'une SCI un apparte-ment **neuf**[1] **loué nu**[2] **à usage d'habitation pendant une durée mini-male de neuf ans.** Les associés doivent également conserver les parts de la SCI pendant neuf ans.

---

1. Immeuble acquis neuf, en l'état futur d'achèvement, ou en vue d'être réhabilité ; immeubles affectés à un usage autre que l'habitation et faisant l'objet d'une transformation en logements ; immeubles construits par le pro-priétaire. L'investissement dans des **parts d'OPCI** ouvre également droit au dispositif de Robien.
2. **La fourniture de prestations de services para-hôteliers remettrait en cause le dispositif de Robien.**

Les parts de la SCI ou l'immeuble **ne doivent pas être démembrées** (nu-propriétaire et usufruit). La SCI ne doit pas opter pour l'IS car les loyers doivent être imposés dans la catégorie des **revenus fonciers.**

Le **loyer** doit être **plafonné.** Le plafond est cependant proche du prix du marché pour le Robien. En revanche, le plafond Borloo est inférieur de 20 % au prix du marché. Un plafond de ressource du locataire est exigé uniquement pour le Borloo-Social.

Le loyer doit être plafonné		
Pour la liste des communes relevant de chaque zone : <u>www.logement.equipement.gouv.fr</u> ou <u>www.impots.gouv.fr</u>		
Zones géographiques	**Plafond mensuel par m²**	
	Robien	**Borloo-Social**
Zone A : agglomération parisienne, Côte d'Azur et Genevois français	19,89 €	16 €
Zone B : agglomérations de plus de 50 000 habitants, communes limitrophes de l'agglomération parisienne, communes frontalières ou littorales	B1 : 13,82 € B2 : 11 €	B1 : 11 € B2 : 8,80 €
Zone C : reste du territoire	8 €	6,40 €

La SCI ne peut **pas louer à un associé** ou à un membre du foyer fiscal de l'un des associés[1]. Cependant, en Robien, la SCI **peut louer à** un ascendant (parent) ou un descendant **(enfant)** de l'un des associés s'il n'est pas membre du foyer fiscal. La location à un enfant est possible en Borloo après 3 ans. Elle entraîne alors un gel de l'amortissement.

<u>Cadeau fiscal</u> **: un amortissement pouvant atteindre 50 % du prix d'acquisition en Robien et 65 % en Borloo est déductible du revenu foncier. De plus, le Borloo permet une déduction forfaitaire de 30 % sur les loyers.**

---

1. À défaut, l'amortissement pratiqué serait remis en cause uniquement pour l'associé locataire et les revenus de ce seul logement.

La durée minimale de location est de neuf ans. Pendant cette période, vous pouvez déduire chaque année du revenu foncier de la SCI un amortissement calculé sur le prix d'acquisition TTC (la TVA ne peut pas être récupérée) :

- 6 % pour les sept premières années ;
- et 4 % pour les deux années suivantes.

Soit 50 % en neuf ans.

À l'issue de la période de neuf ans, vous pouvez vendre, augmenter le loyer, louer en meublé pour bénéficier du statut de loueur en meublé professionnel…

En Borloo, vous pouvez aussi continuer à louer, en respectant le plafond de loyer pendant une période de six ans. L'amortissement est alors calculé au taux de 2,5 % du prix d'acquisition. Soit un amortissement de 65 % en quinze ans.

La déduction forfaitaire de 6 % sur les loyers a été supprimée car l'abattement de 20 % a été intégré au barème de l'impôt sur le revenu. En revanche, le Robien en ZRR et le Robien-Social continuent de bénéficier d'une déduction forfaitaire calculée au taux de 26 % au lieu de 40 %.

L'amortissement Robien ou Borloo (**6 %** pendant les sept premières années) est plus intéressant que l'amortissement économique pratiqué dans le cadre d'une location meublée. En effet, le taux d'amortissement d'un immeuble à usage d'habitation est de **2 %** en principe. En revanche, l'amortissement économique atteint 100 % contre 50 % pour l'amortissement Robien et 65 % pour l'amortissement Borloo.

L'option pour l'amortissement Robien ou Borloo doit être exercée lors du dépôt de la déclaration de revenus fonciers de l'année d'acquisition ou de l'achèvement du logement. Le régime micro-foncier ne peut pas s'appliquer.

Les travaux de reconstruction ou d'agrandissement peuvent bénéficier de l'amortissement de Robien. Les travaux d'amélioration peuvent faire l'objet d'un amortissement de 10 % pendant 10 ans.

La plus-value déterminée selon le régime des plus-values des particuliers est calculée à partir du **prix d'acquisition** et non à partir de la

valeur nette comptable (prix d'acquisition – amortissements déduits). **Les amortissements déduits ne sont donc pas remis en cause** lors de la cession. Cependant, les travaux de reconstruction ou d'agrandissement amortis ne peuvent pas être ajoutés au prix d'acquisition pour le calcul de la plus-value.

Pour une location meublée ou à l'IS, la plus-value est calculée par rapport à la valeur nette comptable. L'économie d'impôt que permet l'amortissement est donc restituée lors de la taxation de la plus-value ! Ce que l'État donne d'une main est repris de l'autre : ce qui n'est pas le cas avec Robien ou Borloo !

Zoom N° 49

SCI pour bénéficier de l'aide au logement étudiant et de l'amortissement de Robien

Un étudiant qui loue un logement ne peut pas bénéficier de l'aide au logement étudiant si ce logement appartient à ses parents[1]. Les parents peuvent isoler le logement au sein d'une SCI. C'est la SCI qui loue alors l'appartement et non les parents. Cela supprime donc le lien de parenté.

L'étudiant pourra alors bénéficier de l'aide au logement. Les parents peuvent ainsi se constituer un **patrimoine immobilier financé pour partie par l'aide au logement**. De plus, la SCI peut acheter un appartement neuf et bénéficier de l'**amortissement de Robien. L'enfant ne doit pas être associé de la SCI** et **ne doit pas être membre du foyer fiscal de l'un des associés.**

Le plafonnement du loyer n'est pas gênant puisque **l'argent ne sort pas du cercle familial.** En revanche, le dispositif Besson ne peut pas s'appliquer car la location ne peut pas être consentie à un enfant de l'associé. Quand les études seront finies, le logement sera loué et assurera ultérieurement un complément de retraite pour les parents. Le loyer devrait alors permettre l'autofinancement du logement.

---

1. À ses ascendants ou descendants, à son conjoint, à son concubin ou à un partenaire PACSé.

2. De Robien et redressement fiscal

Si l'engagement de location n'est pas respecté, le revenu foncier de l'année de rupture de cet engagement est majoré des amortissements déduits au cours de toute la période couverte par l'engagement de location. Afin d'atténuer les conséquences fiscales très lourdes de ce redressement, un système de quotient permet de limiter les effets de la progressivité de l'impôt (article 31-1-1°-g-2° du CGI) :

1. Le revenu net foncier supplémentaire correspondant à la réintégration totale au titre des amortissements est divisé par le nombre d'années de pratique de l'amortissement ;
2. Le résultat de ce calcul est ajouté au revenu net global imposable du propriétaire de l'année de rupture de l'engagement ;
3. L'impôt correspondant au revenu global augmenté de cette fraction est calculé ;
4. L'impôt correspondant au revenu global hors réintégration est également calculé ;
5. La différence entre ces deux impôts est multipliée par le nombre d'années de pratique de l'amortissement.

Si les conditions initiales ne sont pas respectées (plafond du loyer…), le revenu foncier de chaque année non prescrite (le délai de prescription est de trois ans) est déterminé en réintégrant l'amortissement de Robien.

Cas N° 62

VEFA et défiscalisation en de Robien

Un investisseur acquiert en janvier N un appartement en l'état futur d'achèvement afin de le louer nu dans le cadre du dispositif de Robien. La livraison est prévue en janvier N+2. La location débute aussitôt. L'investisseur supporte des intérêts d'emprunt intercalaires en N et N+1.

Les intérêts d'emprunt sont déductibles car l'emprunt est nécessaire à l'acquisition de l'appartement. En N et N+1, ces intérêts vont générer un déficit foncier car aucun loyer n'est encaissé. Mais ce déficit foncier n'est pas imputable sur le revenu global car il provient des intérêts d'emprunt. C'est un **déficit catégoriel** qui n'est imputable que sur les autres revenus fonciers de l'année en cours et des dix années suivantes. Si le contribuable n'a pas d'autres revenus fonciers, ce déficit ne lui permet pas de défiscaliser (économie d'IR) en N et N+1. De plus, le **déficit** risque d'être **perdu** car son investissement de Robien ne va pas générer de bénéfices fonciers (« à cause » de l'amortissement) lui permettant d'éponger ce déficit dans le délai de dix ans. Par ailleurs, la période d'**amortissement** court à partir de l'achèvement de l'appartement. L'amortissement de 8 % ne sera donc déductible qu'à partir de N+2.

Au final, la non déductibilité des intérêts et de l'amortissement du revenu global avant la livraison peut remettre en cause la rentabilité financière du projet, surtout si le prix d'acquisition inclut une économie d'impôt qui au final ne sera jamais réalisée !

Cas N° 63 ◇

De Robien rentable ?

Pour bénéficier de l'amortissement de Robien, il faut louer nu un appartement neuf **à usage d'habitation pendant une durée minimale de neuf ans.** Le **loyer** doit être **plafonné.**
- Si le loyer plafonné est proche du prix du marché (hypothèse n° 1), le dispositif de Robien permet de substantielles économies d'impôt : le prolongement du dispositif au-delà des neuf ans obligatoires reste intéressant
- Si le loyer plafonné est inférieur au prix du marché (hypothèse n° 2), le dispositif de Robien reste intéressant. Dans notre exemple, il faut que le loyer du marché soit supérieur de 28 % pour assurer la neutralité au-delà des cinq ans. ◇

Investissement

	1	2
Prix d'acquisition au m^2	4 500 €	
Prix de location mensuel au m^2		
Hypothèses n°	1	2
– Plafond de Robien	18 €	18 €
– Prix du marché	18 €	23 €
– Différentiel	0 %	28 %

Investisseur

Taux marginal d'imposition (TMI)	30 %
Prélèvements sociaux	11 %
Imposition globale	41 %

Comparatif

Hypothèse n° 1 : plafond de Robien = prix du marché

Années	Un à sept		Huit à neuf	
Dispositif de Robien	**OUI**	**NON**	**OUI**	**NON**
Loyer annuel Amortissement (6 % puis 4 %)	216 € – 270 €	216 €	216 € – 180 €	216 €
	– 54 €	216 €	36 €	216 €
Impôt sur le revenu – Économie – Imposition	– 22 €	89 €	15 €	89 €
– Gain impôt de Robien	**111 €**		**74 €**	
Loyer plafond < loyer du marché **– Perte de loyer**	**0 €**		**0 €**	
Gain global de Robien	**111 €**		**74 €**	
Taux de rendement – avant impôts (loyer/prix d'acquisition) – après impôts (loyer + IR/prix d'acquisition)	4,8 % 5,3 %	4,8 % 2,8 %	4,8 % 4,5 %	4,8 % 2,8 %
– Gain de Robien	**2,5 %**		**1,6 %**	

Hypothèse n° 2 : plafond de Robien < prix du marché

Années	Un à sept		Huit à neuf	
Dispositif de Robien	**OUI**	**NON**	**OUI**	**NON**
Loyer annuel Amortissement (6 % puis 4 %)	216 € – 270 €	276 €	216 € – 180 €	276 €
	– 54 €	276 €	36 €	276 €
Impôt sur le revenu – Économie – Imposition	– 22 € 	 113 €	 15 €	 113 €
– Gain impôt de Robien	**135 €**		**98 €**	
Loyer plafond < loyer du marché – Perte de loyer	**– 60 €**		**– 60 €**	
Gain global de Robien	**38 €**		**38 €**	
Taux de rendement – avant impôts (loyer/prix d'acquisition) – après impôts (loyer + IR/prix d'acquisition)	4,8 % 5,3 %	6,1 % 3,6 %	4,8 % 4,5 %	6,1 % 3,6 %
– Gain de Robien	**1,7 %**		**0,9 %**	

3. Cas pratique investissement de Robien

Un investisseur achète dans le cadre d'une SCI un appartement neuf. La SCI loue nu l'appartement pendant une durée de 15 ans (investissement à Narbonne classé en zone B).

Il finance l'intégralité du prix d'acquisition TTC, par un prêt remboursable par mensualités constantes à taux fixe. Les intérêts sur l'emprunt sont déductibles du revenu foncier et permettent de diminuer le résultat imposable de l'investisseur (taux marginal d'imposition – TMI – de 30 %).

Au final, le **taux de rentabilité interne**[1] annuel net d'impôt de l'investissement est de **14 %.** Pour calculer ce taux, nous valorisons l'appartement à son coût d'acquisition TTC (pas de plus-value : hypothèse prudente pour des produits « packagés »). Nous prenons uniquement en compte les décaissements nets d'impôt sur le revenu réalisés par l'investisseur, et la valorisation de l'appartement, assimilé à un prix de vente.

Besoins de financement de la SCI (en K€)	
La SCI achète :	
– un appartement TTC	86 €
– et devra payer les frais notariés	3 €
Soit un budget total de	**89 €**

Mode de financement de la SCI (en K€)	
Les associés apportent en numéraire	0 €
La SCI contracte un emprunt pour le solde	89 €
Soit un financement total de	**89 €**

Caractéristiques de l'emprunt

Durée en années	15
Taux d'intérêt et ADI	4,1 %
Remboursement mensuel constant	660 €

Caractéristiques de l'appartement

Loyer		
– Loyer au m^2	12,5 €	
– Loyer mensuel	500 €	
– Loyer annuel	6 000 €	
– Taux de rendement	7,0 %	
– Indice construction	1,5 %	
Nombre de m^2	40	
Prix au m^2	2 150 €	
Syndic annuel	700 €	
Taxe foncière annuelle	300 €	*(exonération les 2res années)*
Taux marginal d'imposition (TMI)	30 %	
Taux des prélèvements sociaux (PS)	11 %	
	41 %	

---

1. Le taux de rentabilité interne est le taux d'actualisation qui rend égales la valeur actuelle des flux de trésorerie nets générés par le projet et la valeur actuelle des investissements dans le projet.

Tableau de remboursement de l'emprunt

Années	1	2	3	4	5	10	14	15
Intérêts	3 350	3 368	3 178	2 980	2 774	1 606	484	173
Capital	4 366	4 548	4 738	4 936	5 142	6 310	7 432	7 743
Décaissement total	7 916	7 916	7 916	7 916	7 916	7 916	7 916	7 916

Plan de financement et compte de résultat prévisionnel

Années	1	2	3	4	5	10	14	15
En trésorerie								
Loyers	6 000	6 000	6 181	6 274	6 368	6 860	7 281	7 391
Charges	– 700	– 700	– 1 000	– 1 000	– 1 000	– 1 000	– 1 000	– 1 000
Emprunt	– 7 916	– 7 916	– 7 916	– 7 916	– 7 916	– 7 916	– 7 916	– 7 916
Trésorerie annuelle	**– 2 616**	**– 2 526**	**– 2 735**	**– 2 642**	**– 2 548**	**– 2 056**	**– 1 635**	**– 1 525**
IR et PS sur revenus fonciers	**1 398**	**1 287**	**1 294**	**1 175**	**1 052**	**– 1 744**	**– 2 377**	**– 2 549**
Net	**– 1 218**	**– 1 239**	**– 1 440**	**– 1 467**	**– 1 496**	**– 3 800**	**– 4 012**	**– 4 075**
En résultat								
Loyers	6 000	6 090	6 181	6 274	6 368	6 860	7 281	7 391
Charges	– 700	– 700	– 1 000	– 1000	– 1000	– 1 000	– 1 000	– 1 000
Intérêts sur emprunt	– 3 550	– 3 368	– 3 178	– 2 980	– 2 774	– 1 606	– 484	– 173
Amortissement Robien de 6 %	– 5 160	– 5 160	– 5 160	– 5 160	– 5 160			
Amortissement Robien de 4 %								
Résultat net	**– 3 410**	**– 3 138**	**– 3 157**	**– 2 866**	**– 2 566**	**4 254**	**5 798**	**6 218**

Taux de rentabilité interne

Années	1	2	3	4	5	10	14	15
Capital début	0							
Trésorerie du montage	– 1 218	– 1 239	– 1 440	– 1 467	– 1 496	– 3 800	– 4 012	– 4 075
Valeur du bien TTC								86 000
	– 1 218	– 1 239	– 1 440	– 1 467	– 1 496	– 3 800	– 4 012	81 925

TRI net d'impôt   **14 %**

Tableau de remboursement mensuel de l'emprunt pour la première année

Mois	Capital restant (1)	Remboursement mensuel		
		Intérêts $(2) = (1) \times t\%/12$	Capital $(3) = (4) - (2)$	Total (4)
1	88 580	303	357	660
2	88 223	301	358	660
3	87 865	300	359	660
4	87 505	299	361	660
5	87 145	298	362	660
6	86 783	297	363	660
7	86 420	295	364	660
8	86 055	294	366	660
9	85 689	293	367	660
10	85 323	292	368	660
11	84 954	290	369	660
12	84 585	289	371	660
	Cumul	3 550	4 366	7 916

4. Investissement Besson

Vous pouvez acquérir dans le cadre d'une SCI un appartement **ancien loué nu à usage d'habitation pendant une durée minimale de six ans.** Les associés doivent également conserver les parts de la SCI pendant six ans.

Les parts de la SCI ou l'immeuble **ne doivent pas être démembrées** (nu-propriétaire et usufruit). La SCI ne doit pas opter pour l'IS car les loyers doivent être imposés dans la catégorie des **revenus fonciers.**

Le **loyer** doit être **plafonné.** Le plafond est plus faible que le prix du marché. Les **ressources du locataire** sont **plafonnées** (voir www.logement.equipement.gouv.fr ou www.impots.gouv.fr).

Le loyer doit être plafonné	
Pour la liste des communes relevant de chaque zone : www.logement.equipement.gouv.fr *ou* www.impots.gouv.fr	
Zones géographiques	**Plafond mensuel par m²**
Zone A : agglomération parisienne, Côte d'Azur et Genevois français	14,4 €
Zone B : agglomérations de plus de 50 000 habitants, communes limitrophes de l'agglomération parisienne, communes frontalières ou littorales........	9,4 €
Zone C : reste du territoire	6,3 €

La SCI ne peut **pas louer à un associé** ou à un membre du foyer fiscal de l'un des associés[1], à un ascendant ou un descendant de l'un des associés.

<u>Cadeau fiscal</u> : une déduction forfaitaire sur les loyers de 26 % est pratiquée.

La durée minimale de location est de six ans. Pendant cette période, vous pouvez déduire chaque année du revenu foncier une déduction forfaitaire sur les loyers est de 26 %. À l'issue de la période de six ans, vous pouvez sortir du dispositif Besson. Vous pouvez aussi continuer à louer, en respectant le plafond de loyer, par période de trois ans sans limitation de durée. La déduction forfaitaire sur les loyers de 26 % continue de s'appliquer.

---

1. À défaut, l'amortissement pratiqué serait remis en cause uniquement pour l'associé locataire et les revenus de ce seul logement.

23

INVESTISSEMENT DEMESSINE

1. Présentation du dispositif Demessine

Vous pouvez acquérir en direct ou dans le cadre d'une SCI un appartement neuf dans une résidence de tourisme classée située dans une
zone de revitalisation rurale. Les parts de la SCI ou l'immeuble **ne
doivent pas être démembrées** (nu-propriétaire et usufruit). La SCI ne
doit pas opter pour l'IS car les loyers doivent être imposés dans la
catégorie des **revenus fonciers.**

La SCI doit **louer nu** pendant au moins **neuf ans.** Les associés doivent
également conserver les parts de la SCI pendant neuf ans. La location
doit prendre effet dans le mois qui suit l'achèvement ou l'acquisition
si elle est postérieure. La location du bien par les associés est possible.

À l'issue de la période de neuf ans, la location peut être meublée pour
bénéficier du statut de loueur en meublé professionnel.

Premier cadeau fiscal : récupération de la TVA sur l'acquisition.
La location nue est consentie par l'intermédiaire d'un bail commercial
à l'exploitant de la résidence de tourisme. L'exploitant propose à sa

clientèle votre logement équipé des meubles, et fournit des prestations para-hôtelières (petit déjeuner, nettoyage quotidien des locaux, fourniture du linge de maison et réception de la clientèle). La SCI facture alors des loyers avec une TVA à 5,5 % mais en contrepartie elle peut récupérer la TVA sur l'acquisition au taux de 19,6 %. Le bien doit alors être loué pendant 20 ans pour éviter de reverser une partie de la TVA initialement déduite (voir thème 10).

Deuxième cadeau fiscal : réduction d'impôt de 25 % du prix d'acquisition plafonnée à 25 000 €.

La réduction d'impôt est de 25 % du prix d'acquisition HT du logement dans la limite de 50 000 € pour un célibataire et de 100 000 € pour un couple marié. Soit une **réduction d'impôt maximale** de 12 500 € pour un célibataire et **de 25 000 €** pour un couple marié. Elle s'applique la première fois l'année de l'achèvement ou de l'acte authentique s'il est postérieur. Elle est **étalée sur 6 ans** à raison d'un 1/6 du maximum chaque année. Une seule réduction d'impôt peut être opérée.

Zoom N° 50

Avantages d'une SCI pour gérer un investissement Demessine

- Si vous cédez l'immeuble au bout de 10 ans, par exemple, vous devez reverser la moitié de la TVA initialement déduite (10/20). En constituant une SCI, vous pouvez céder les parts sociales et non l'immeuble. Ainsi, il n'y a pas lieu de régulariser la TVA.
- Vous devez payer assez d'impôt sur le revenu pour imputer la réduction d'impôt. À défaut, elle est définitivement perdue. Deux foyers fiscaux peuvent se réunir au sein d'une SCI pour acheter un appartement en ZRR. La réduction d'impôt sera alors calculée sur la quote-part du prix d'acquisition du logement correspondant aux droits des associés.

---

2. Cas pratique Demessine

Un investisseur achète dans le cadre d'une SCI un appartement neuf dans une résidence de tourisme classée, située dans une zone de revitalisation rurale (investissement à la Montagne dans les Alpes du nord à Valmorel). La SCI loue nu l'appartement par bail commercial à l'exploitant qui loue à des touristes avec des prestations para-hôtelières. À ce titre il peut récupérer la TVA sur le prix d'acquisition. La TVA est alors injectée dans le contrat d'assurance-vie qui permet de garantir l'emprunt et d'en assurer le remboursement en fin de période.

Il finance l'intégralité du prix d'acquisition TTC, par un prêt remboursable *in-fine*. Le prêt est à taux variable (basé sur l'Euribor 12 mois) capé ± 2 (le taux peut varier de deux points à la hausse ou à la baisse). Il est adossé à une assurance-vie dont le capital permettra de rembourser le prêt *in-fine* à l'échéance.

Il ne serait pas prudent d'envisager le remboursement de l'emprunt par la vente du bien. En effet, la valeur du bien à terme peut être inférieure à l'investissement alors que la dette remboursable *in-fine* reste constante. De plus, l'immobilier n'est pas liquide. Il serait difficile de déboucler l'opération sans délai et sans coût. Le crédit est garanti par un nantissement sur l'assurance-vie.

Les intérêts sur l'emprunt sont déductibles du revenu foncier et permettent de diminuer le résultat imposable de l'investisseur (taux marginal d'imposition – TMI – de 30 %) alors que les intérêts capitalisés sur l'assurance-vie ne sont pas imposables. Le prêt *in-fine* permet de diminuer les décaissements par rapport à un prêt classique à remboursement constant.

Les loyers permettent alors de payer facilement les intérêts de l'emprunt. Pour bénéficier de **l'effet de levier financier** du crédit, le taux du crédit doit être inférieur au taux de rendement de l'investissement immobilier.

L'assurance-vie a un taux de rendement net de frais de gestion de 4,40 %. Les droits d'entrée sont de 2,5 %. Les sommes sont investies essentiellement en supports euros (> 70 % – produits monétaires) et le solde en unités de compte (produits actions) pour dynamiser la gestion en prenant des risques limités. L'investisseur fait un apport initial de 25 000 € correspondant à la réduction d'impôt sur le revenu de 25 % et des abondements annuels de 4 100 €. L'argent ainsi placé permet de reconstituer le capital à rembourser du prêt *in-fine*.

La réduction d'impôt est de 6 250 € par an pendant quatre ans. Les taux de rendement sont obtenus en faisant le rapport entre le loyer annuel et le prix d'acquisition HT (4,95 %) ou le prix HT après réduction de 25 % d'IR (6,60 %).

Au final, le **taux de rentabilité interne**[1] annuel net d'impôt de l'investissement est de **17 %.** Pour calculer ce taux, nous valorisons l'appartement à son coût d'acquisition TTC (pas de plus-value : hypothèse prudente pour des produits « packagés »). Nous prenons uniquement en compte les décaissements réalisés par l'investisseur (l'argent injecté dans le contrat d'assurance-vie) et les encaissements, nets d'impôt sur le revenu, que génère le montage (la valorisation de l'appartement est assimilée à un prix de vente).

Besoins de financement de la SCI (en K€)	
La SCI achète :	
– un appartement HT tout équipé	107,2
– avec une TVA récupérable	21,0
– et devra payer les frais notariés	3,5
Soit un budget total de	**131,8**

---

1. Le taux de rentabilité interne est le taux d'actualisation qui rend égales la valeur actuelle des flux de trésorerie nets générés par le projet et la valeur actuelle des investissements dans le projet.

Mode de financement de la SCI (en K€)	
Les associés apportent en numéraire	3,5
La SCI contracte un emprunt pour le solde	128,3
Soit un financement total de	**131,8**

Caractéristiques de l'emprunt *in-fine*

Durée en années	15
Taux variable hors ADI	3,20 %
ADI	0,50 %
Taux variable	3,70 %
Frais de dossier	0 €
Frais de nantissement	0 €
	2 246
Caution crédit-logement	€
	2 246 €

Taux marginal d'imposition (TMI) — 30 %

Caractéristiques de l'appartement

	Mensuel	Annuel	Taux de rendement	
Loyer net de frais de gestion	442 €	5 305 €	4,95 %	6,60 %
Indice construction	1,50 %			
Taxe foncière annuelle	300 €	*(exonération les 2res années)*		
Syndic annuel	120 €			

(exonération les 2res années)

Tableau de remboursement de l'emprunt

Années	1	2	3	4	5	10	14	15
Intérêts Capital	4 746	4 746	4 746	4 746	4 746	4 746	4 746	4 746
Décaissement total	4 746	4 746	4 746	4 746	4 746	4 746	4 746	4 746

Plan de financement et compte de résultat prévisionnel

Années	1	2	3	4	5	10	14	15
En trésorerie								
Loyers	5 305	5 385	5 465	5 547	5 631	6 066	6 438	6 534
Charges	− 5 866	− 120	− 420	− 420	− 420	− 420	− 420	− 420
Emprunt	− 4 746	− 4 746	− 4 746	− 4 746	− 4 746	− 4 746	− 4 746	− 4 746
Trésorerie annuelle	**− 5 307**	**518**	**299**	**381**	**464**	**899**	**1 272**	**1 368**
Réduction d'impôt ZRR	4 167	4 167	4 167	4 167	4 167			
IR sur revenus fonciers	542	− 156	− 90	− 114	− 139	− 270	− 382	− 410
Net	**− 598**	**4 530**	**4 376**	**4 433**	**4 492**	**630**	**890**	**958**
En résultat								
Loyers	5 305	5 385	5 465	5 547	5 631	6 066	6 438	6 534
Charges	− 2 366	− 120	− 420	− 420	− 420	− 420	− 420	− 420
Intérêts sur emprunt	− 4 746	− 4 746	− 4 746	− 4 746	− 4 746	− 4 746	− 4 746	− 4 746
Résultat net	**− 1 807**	**518**	**299**	**381**	**464**	**899**	**1 272**	**1 368**

Assurance vie

Capital initial	25,0
Abondement annuel	4,10
Taux	5,0 %
Frais de gestion annuel	0,6 %
Taux net de frais de gestion	4,4 %
Droits d'entrée	2,5 %

Années	1	2	3	4	5	10	14	15
Capital début	24,4	29,4	34,7	40,3	46,0	78,9	110,8	119,7
Épargne annuelle de fin d'année	4,0	4,0	4,0	4,0	4,0	4,0	4,0	4,0
Intérêts nets de frais de gestion	1,1	1,3	1,5	1,8	2,0	3,5	4,9	5,3
Prélèvements sociaux (11 %)								− 0,6
Capital fin	29,4	34,7	40,3	46,0	52,1	86,4	119,7	129,0

Capital *in-fine* à rembourser   128,3

Taux de rentabilité interne

Années	1	2	3	4	5	10	14	15
Capital début	− 25,0							
Épargne annuelle de fin d'année	− 4,1	− 4,1	− 4,1	− 4,1	− 4,1	− 4,1	− 4,1	− 4,1
TVA récupérable	21,0							
Trésorerie du montage	− 0,6	4,5	4,4	4,4	4,5	0,6	0,9	1,0
Trésorerie assurance-vie								0,7
Valeur du bien TTC								128,3
	− 8,7	0,4	0,3	0,3	0,4	− 3,5	− 3,2	125,8

TRI net d'impôt   17 %

24

LA « PIERRE PAPIER » :
LES ORGANISMES DE PLACEMENT
COLLECTIF IMMOBILIER (OPCI)

Les **O**rganismes de **P**lacement **C**ollectif **I**mmobilier (**OPCI**)[1] ont pour objet l'acquisition et la gestion d'un patrimoine immobilier. L'investisseur achète des parts d'OPCI représentatives d'une quote-part d'immeuble, et non l'immeuble en direct. Les OPCI permettent donc d'investir dans l'immobilier à travers des titres de société et non directement en achetant un bien immobilier : d'où l'appellation de **« Pierre Papier »**.

1. Les avantages de l'investissement
en parts d'OPCI

L'achat de parts d'OPCI offre des avantages par rapport à l'achat en direct d'un immeuble : ticket d'entrée considérablement réduit, pas de droits d'enregistrement (5,09 %) mutualisations des risques d'impayés

---

1. Les OPCI remplace des SCPI (Sociétés Civiles de Placement Immobilier).

et de dépréciation, sécurité dans la perception des revenus, pas de soucis de gestion... tout <u>en conservant la possibilité d'emprunter</u> (alors qu'on ne peut pas emprunter pour acheter des SICAV).

Un investisseur en parts d'OCPI peut ainsi profiter des bonnes perspectives du marché de l'immobilier sans prendre trop de risque, en bénéficiant de la faiblesse des taux d'intérêt, et en diversifiant son patrimoine.

2. Les catégories d'OCPI

Les **OPCI** se subdivisent en deux **formes juridiques :** les Sociétés de Placement à Prépondérance Immobilière à CApital Variable (**SPPI-CAV**) et les Fonds de Placement Immobilier (**FPI**).

La Société de Placement à Prépondérance Immobilière à CApital Variable (SPPICAV) est une société anonyme à capital variable exonérée d'impôt sur les sociétés, comme la société d'investissements immobiliers cotée (SIIC). Les sommes distribuées sont imposées au niveau de l'associé personne physique comme des **dividendes** dans la catégorie des revenus de capitaux mobilier (**RCM** – abattement de 40 %). Si l'associé vend ses parts sociales, la plus-value est imposée dans la catégorie des **plus-values mobilières des particuliers** (seuil de cession annuelle de 15 000 € ; IR à 16 %).

Le Fonds de Placement Immobilier (FPI) est une copropriété d'actifs immobiliers. Les revenus **distribués** sont imposés directement au niveau de l'associé dans la catégorie des **revenus fonciers** pour les loyers encaissés par le fonds, des **revenus de capitaux mobiliers** pour les intérêts et dividendes encaissés par le fonds ou des **plus-values immobilières** pour les produits de cession d'immeubles réalisées par le fonds. On applique donc le principe de la transparence fiscale, mais uniquement pour la partie distribuée aux associés.

Les OPCI investissent au moins 70 % en immobilier et au moins 10 % en liquidités. L'OPCI peut donc détenir au maximum 90 % en immobilier.

Il existe deux grandes catégories d'OCPI : les OCPI qui investissent dans **l'immobilier d'entreprise** et les OCPI qui investissent dans **l'immobilier d'habitation.**

Les **OCPI d'entreprise** (durée de vie supérieure à 50 ans) investissent en immobilier d'entreprise, de bureaux ou commercial[1]. Elles proposent un rendement élevé et régulier (rémunération aux alentours de 7 % par an servie trimestriellement, en général). Ces OCPI sont aussi appelées **OCPI de rendement.** Elles représentant près de 90 % de la capitalisation totale des OPCI.

Les **OCPI d'Habitation** (durée de vie d'une quinzaine d'années) investissent dans l'immobilier d'habitation. Ces OCPI permettent aux investisseurs de miser sur la valorisation du capital (réalisation d'une plus-value) et de défiscaliser. L'investisseur peut imputer le déficit foncier sur son revenu global et réaliser ainsi une économie d'impôt comme s'il détenait en direct l'immobilier (FPI « Malraux », « de Robien »…). Ces FPI sont aussi appelées FPI « fiscales ».

3. La liquidité du marché des parts d'OPCI

La création des OPCI devrait renforcer la liquidité. Dans l'attente du projet de règlement général de l'AMF (Autorité des Marchés Financiers), nous développons l'actuel marché des parts de SCPI.

L'acquisition de parts de SCPI peut se dérouler sur le **marché primaire,** ou sur le **marché secondaire.**

Sur le **marché primaire,** l'achat intervient lors de la création de la SCPI ou lors d'une augmentation de capital pour une SCPI à capital fixe.

---

1. La majorité des OCPI sont diversifiées, cependant certaines sont spécialisées par support (Murs de magasins, Bureaux, Entrepôts) ou par secteur géographique (Régionales, Internationales).

L'entrée dans des SCPI à capital variable peut intervenir, en théorie, à n'importe quel moment. L'opération relève de la compétence de la société de gestion de la SCPI qui fixe le prix, la valeur de souscription, et les frais.

Sur le **marché secondaire,** l'acquisition de parts de SCPI intervient par échange de parts : un détenteur de parts vend ses parts à un acheteur. Les échanges de parts sont encadrés afin d'assurer la **liquidité du marché.** La liquidité du marché des SCPI dépend du dynamisme de la société de gestion qui anime le marché secondaire.

Un vendeur de parts d'une SCPI à **Capital Variable** doit demander à la société de gestion un « retrait compensé » qui correspond à la valeur du prix de retrait fixé par la société de gestion moins 10 % environ de frais. L'associé peut également revendre ses parts directement auprès d'un particulier.

Un vendeur de parts d'une SCPI à **Capital Fixe** transmet à la société de gestion un ordre de vente spécifiant la limite plancher de la cession. La société de gestion confronte alors de manière transparente cet ordre de vente avec les ordres d'achat selon un rythme variable (Carnet d'ordre tenu par la société de gestion, fonctionnant selon la méthode du fixing).

4. La fiscalité des FPI

Les FPI sont **transparents fiscalement** (le FPI n'est pas imposée à l'impôt sur les sociétés). L'associé d'un FPI est imposé comme s'il détenait en direct un immeuble. Le FPI suit donc le même mécanisme d'imposition qu'une SCI (Société Civile Immobilière) mais <u>**uniquement pour la partie distribuée**</u> aux associés. Nous supposons pour les points 4.1. à 4.4. que l'associé qui achète les parts de FPI est une personne physique. Nous appliquons donc les règles de la fiscalité des ménages.

4.1. Les revenus fonciers

Les revenus de location dégagés par les immeubles détenus par le FPI sont imposés au niveau des associés, à **l'impôt sur le revenu** dans la catégorie des **revenus fonciers** quand ils sont **distribués aux associés.**

Comme s'il percevait un loyer d'un immeuble détenu en direct, l'associé de la SCPI doit remplir une déclaration de revenus fonciers n° 2044. Comme en revenus fonciers, l'associé impute sur ses loyers les frais réel de gérance, les intérêts d'emprunt si l'associé a eu recours au crédit pour acheter ses parts de FPI, un amortissement dans le cadre d'un FPI « de Robien », les travaux dans le cas d'un FPI « Malraux ». Les prélèvements sociaux s'appliquent.

Si le FPI génère un déficit foncier, l'associé devrait pouvoir imputer sa quote-part de déficit foncier sur son revenu global dans la limite de 10 700 €. Le solde éventuel est alors reporté pendant 10 ans sur ses revenus fonciers.

4.2. Les revenus financiers

Le FPI peut placer sa trésorerie (10 % au minimum). Ce placement financier génère des revenus financiers (dividendes ou plus-values de cession) imposés au niveau de chaque associé quand ils sont **distribués aux associés** à l'impôt sur le revenu dans la catégorie des **revenus de capitaux mobiliers** (RCM – dividendes) ou des **plus-values des particuliers** (plus-values de cession). Les prélèvements sociaux s'appliquent.

4.3. Les plus-values de cession de parts

La plus-value de cession des parts de FPI est imposée comme la plus-value de cession d'un immeuble. Chaque associé est imposé à l'impôt sur le revenu sur sa quote-part de plus-value selon le **régime des plus-values immobilières des particuliers.**

La plus-value de cession des parts est déterminée par la différence entre le prix de cession et le prix de souscription des parts (majoré, le cas échéant, des droits de mutation à titre gratuit).

Un abattement de 10 % par année de détention au delà de la 5ᵉ année est appliqué sur cette plus-value. La plus-value est donc exonérée de toute imposition si les parts sont détenues depuis plus de 15 ans. Puis un abattement fixe de 1 000 € par opération de cession s'applique sur la plus-value.

La plus-value ainsi déterminée est taxée au taux proportionnel de 16 % auquel s'ajoutent les contributions sociales (CSG, CRDS, et prélèvement social de 2 %), soit un taux global d'imposition de 27 %.

4.4. L'Impôt de Solidarité sur la Fortune (ISF)

Si l'associé de la SCPI est assujetti à l'**Impôt de Solidarité sur la Fortune,** il doit ajouter à son actif imposable la valeur des parts dOPCI calculée sur la base du prix d'exécution. Si l'associé a eu recours au crédit pour acheter ses parts d'OPCI, il peut ajouter à son passif, le capital restant dû.

Au final, seule la valeur des parts minorées de l'emprunt restant dû augmente la base imposable à l'ISF. L'associé peut utiliser le démembrement de propriété des parts d'OPCI pour réduire sa base d'imposition à l'ISF.

4.5. Les frais d'acquisition

L'achat de parts d'OPCI est **exonéré de droits d'enregistrement** et de taxe de publicité foncière (**5,09 %** pour l'achat d'un immeuble).

4.6. L'associé de l'OPCI est une entreprise

Une entreprise peut acquérir des parts d'OCPI. On applique alors la **fiscalité de l'entreprise** et non la fiscalité des ménages.

Pour une entreprise individuelle ou une société imposée à l'impôt sur le revenu (SCI, SARL de famille, SNC…), on applique des règles fiscales qui dépendent de l'activité exercée : bénéfices industriels et commerciaux (BIC), bénéfices agricoles (BA) ou bénéfices non commerciaux (BNC – profession libérale).

Pour une société imposée à l'impôt sur les sociétés (SARL, SA, SAS, SCI qui opte pour l'IS…), on applique les règles fiscales BIC-IS quelle que soit l'activité exercée.

Ainsi, les revenus fonciers ou financiers d'un FPI détenu par une profession libérale sont imposés comme les honoraires (règles BNC). Si un commerçant détient des parts de FPI, on applique les règles commerciales (BIC).

Les plus-values réalisées lors de la cession des parts de FPI sont imposables selon le régime des plus-values professionnelles.

Si les parts de Société de Placement à Prépondérance Immobilière à CApital Variable (SPPICAV) sont détenues par une SARL à l'IS, les dividendes encaissés sont imposés au niveau de la SARL à l'IS. Si la SARL cèdes ses parts, on applique le régime des plus-values professionnelles.

Mais cela ne permet pas d'échapper pour autant à l'ISF : les parts d'OPCI inscrites à l'actif d'une activité professionnelle ne représentent pas un outil de travail. Elles ne peuvent donc pas bénéficier de l'exonération attachée aux biens professionnels.

25

LOCATION MEUBLÉE AVEC PRESTATIONS PARA-HÔTELIÈRES DANS LE CADRE FISCAL DES REVENUS FONCIERS OU AVEC LE STATUT DE LMP

I. Investissement dans de la location meublée avec prestations para-hôtelières dans le cadre fiscal des revenus fonciers

Un investisseur achète un appartement en l'état futur d'achèvement à Aubervilliers (au Nord de Paris) en vue de faire de la location meublée avec des prestations para-hotelières pour des étudiants.

La présentation qui suit peut être reprise pour présenter un dossier d'investissement à une banque en vue de l'obtention d'un emprunt.

1.1. Pertinence de l'investissement

L'immeuble réalisé par Eiffage immobilier est situé à proximité du RER B « La plaine-Stade de France ». Le programme est isolé au sein d'immenses friches industrielles peu engageantes... mais la zone est en pleine mutation : des immeubles de bureaux et d'habitation sont en cours de construction, la proximité du stade de France... ne peuvent que tirer vers le haut le prix de l'immobilier. Au final, l'investissement recèle d'importantes plus-values.

L'appartement est aménagé en trois pièces. Il pourra ainsi être loué à trois étudiants en co-location. Les simulations chiffrées retiennent un loyer net de charges de 300 € par étudiant, soit 900 € pour un appartement. Au final, la rentabilité est de 9,50 % du prix d'achat HT. Ce loyer est supportable par un étudiant car il perçoit une allocation logement de 150 € indépendante des revenus de ses parents. De plus, les locations en résidences étudiantes dans la banlieue Seine-Saint-Denis sont comprises entre 500 € et 600 €. La demande de logements étudiants est énorme. La location à trois étudiants au lieu d'un seul locataire assure une meilleure division des risques.

L'investisseur pourrait investir directement dans une résidence pour étudiants. Mais ce type de produit est trop « packagé » : l'avantage fiscal donné d'une main (récupération de la TVA, statut LMP...) est repris de l'autre par un prix d'acquisition surévalué par le marché. De plus, l'investissement est « ghettoïsé » : il est plus facile de revendre l'appartement décrit ci-dessus avec une forte plus-value car il n'a pas une spécificité « résidence étudiants ». Enfin, la mise en place de prestations para-hôtelières ne nécessitent pas une gestion lourde : deux heures d'un homme de ménage par appartement et par semaine suffisent.

1.2. Cadre juridique et fiscal

1.2.1. Présentation synthétique

L'immobilier est acheté par une SCI constituée à cet effet. La SCI loue nu à une SARL d'exploitation dans le cadre d'un bail commercial. La SCI exerce donc une activité civile de location imposée dans la catégorie des revenus fonciers à l'impôt sur le revenu au niveau de ses associés.

La SARL loue meublé et assure des prestations para-hoteliéres. La location est donc soumise à la TVA au taux de 5,5 %. La TVA sur l'acquisition au taux de 19,6 % est récupérée.

Au final, la SCI facture à la SARL un loyer avec une TVA à 5,5 % et récupère la TVA sur l'acquisition de l'immeuble. La SCI emprunte 100 % du montant TTC de l'immeuble. La SCI récupère la TVA et la transfère à ses associés qui l'investissent dans un contrat d'assurance-vie.

1.2.2. Approfondissement

La location meublée est imposable à la TVA si au moins trois des prestations suivantes sont fournies dans des conditions similaires à celles proposées par un hôtel : le petit déjeuner, le nettoyage régulier des locaux, la fourniture de linge de maison et la réception, même non personnalisée, de la clientèle (CGI art. 261 D, 4°-b).

Dans le cas étudié, les trois prestations assurées sont l'accueil, le ménage et le linge de maison.

La location de locaux nus consentie par bail commercial à l'exploitant d'un établissement d'hébergement assurant une location meublée avec des prestations para-hôtelières est imposable à la TVA.

Dans le cas étudié, la SCI loue nu par bail commercial à une SARL d'exploitation qui assure une location meublée avec des prestations para-hôtelières. La SARL est soumise à la TVA ainsi que la SCI qui peut donc récupérer la TVA sur le prix d'acquisition de l'immeuble.

Le taux réduit de 5,5 % s'applique si l'objet principal est la fourniture de logement.

Dans le cas étudié, la SARL d'exploitation est créée ex-nihilo et a pour objet principal la fourniture de logements, afin de sécuriser le montage sur le plan fiscal.

Attention ! La SCI **doit opter pour le régime simplifié de TVA** pour pouvoir récupérer la TVA sur l'acquisition. La déclaration écrite d'option doit être jointe à la déclaration de création d'activité dans les 15 jours du commencement de l'assujettissement et avant tout commencement d'occupation. Le remboursement de la TVA s'effectue trimestriellement avec l'imprimé n° 3519. La TVA est exigible au fur et à mesure des appels de fonds. Elle sera donc récupérable lors du paiement des appels de fonds si la SARL exerce déjà une autre activité de location imposable à la TVA.

1.3. L'emprunt

La SCI emprunt 100 % du montant TTC de l'immeuble. L'emprunt est à remboursement constant sur 15 ans. Le prêt envisagé est à taux variable capé plus ou moins 1 pour bénéficier du faible niveau des taux courts qui devrait se maintenir sur les prochaines années tout en limitant les risques d'une hausse car l'emprunt est sur le long terme.

Un taux variable de 3,50 % capé ± 1 avec une ADI de 0,25 % est obtenu. Les intérêts sont fiscalement déductibles du revenu foncier car ils ont servi à l'acquisition de l'immeuble.

1.4. L'assurance-vie

La SCI récupère la TVA et la transfère à ses associés qui l'investissent dans un contrat d'assurance-vie exonéré d'imposition. Ce transfert est possible car la SCI est transparente fiscalement. Cela ne remet donc pas en cause la déductibilité des intérêts correspondant au financement de la TVA.

Comme l'assurance-vie ne sert pas à adosser l'emprunt et n'assure pas l'équilibre financier du projet, elle peut être investie en supports dynamiques (SICAV actions).

L'assurance-vie est gérée en direct sur www.boursorama.com car le chargement est faible : 0 % de droits d'entrée ; 0,85 % de frais de gestion pour les unités de compte ; et 0,25 % de frais d'arbitrages. La gestion est transparente. Les meilleures équipes de gestion sont accessibles : Carmignac, Tocqueville Finance, Financière de l'échiquier, Richelieu finance, Ixis management…

La TVA transférée aux associés pourrait être placée dans des parts d'OPCI (Organisme de Placement Collectif Immobilier) investies dans de l'immobilier de bureau. Ces OPCI dégagent un dividende annuel de

7 % imposé à l'IR dans la catégorie des revenus fonciers (transparence fiscale). Les flux sont ainsi encaissés plus rapidement alors que dans un contrat d'assurance-vie, il faut bloquer les sommes pendant un délai de huit ans pour bénéficier de l'exonération d'impôt sur le revenu. Mais les SICAV actions dégagent un rendement plus élevé sur le long terme, exonéré d'imposition grâce au cadre fiscal de l'assurance-vie. De plus, les SICAV actions assurent une meilleure diversification du patrimoine.

1.5. La SARL d'exploitation

La SARL d'exploitation est créée *ex-nihilo*. Cela sécurise le montage sur le plan fiscal car selon la doctrine administrative, le taux réduit de 5,5 % sur les loyers s'applique si l'objet principal de la société d'exploitation est la fourniture de logements.

Si la SARL est à l'IS, le capital investi dans la SARL ouvre droit aux associés à une réduction d'impôt sur le revenu de 25 % du capital investi. Ce capital servira à financer l'acquisition des meubles.

Si la SARL est composée entre les membres de la même famille, cette SARL de famille peut opter pour l'IR. Une SARL à l'IR ne semble pas intéressante. En effet, le capital apporté n'ouvre pas droit à une réduction d'impôt et le déficit n'est pas imputable sur les revenus des associés car le BIC réalisé est non professionnel.

Zoom N° 51

Participation d'une SARL existante

Vous exercez votre activité professionnelle dans le cadre d'une SARL imposée à l'IS qui dispose d'une importante trésorerie. Vous souhaitez investir à titre personnel dans l'immobilier. Pour faire remonter la trésorerie de la SARL dans votre patrimoine, vous devez subir une forte imposition : les dividendes sont imposés à l'IR dans la catégorie des RCM et aux PS ; les salaires subissent des charges sociales puis sont imposés à l'IR dans la catégorie des TS. Votre SARL peut prendre une participation (10 % par exemple[1]) dans la SCI qui acquiert l'immobilier. En tant qu'associé, la SARL peut financer la SCI par un apport en compte courant.

---

1. 5 % au minimum pour effectuer des avances en compte courant.

(Suite zoom n° 51)

Ce montage vous permet ainsi d'assurer le financement de l'acquisition de <u>votre</u> immobilier sans subir d'imposition. À terme, le compte courant devra être remboursé pour ne pas être taxé en tant que distribution. ○

I.6. Plan de financement et compte de résultat prévisionnels, taux de rentabilité interne

Cas N° 64 ◇

Appartement à Aubervilliers

Cadre juridique et fiscal : les revenus fonciers.
Remboursement constant + revenus fonciers + TVA récupérée + emprunt TTC. ◇

Besoins de financement de la SCI (en K€)		M²	Prix au m² *euros*
La SCI achète :			
– un appartement HT tout équipé	113,4	44	2 563 € HT
– supporte une TVA récupérable	22,2		3 066 € TTC
– et devra payer les frais notariés	4,1		
Soit un budget total de	**139,8**		

Mode de financement de la SCI (en K€)	
Les associés apportent en numéraire	0,0
La SCI contracte un emprunt pour le solde	139,8
Soit un financement total de	**139,8**

Apport des associés

Capital SCI **0,0**

Caractéristiques de l'emprunt

Durée en années 15
Taux avec ADI 3,80 %
Remboursement mensuel constant 1 020 €

Caractéristiques de l'appartement

		Annuel	*Taux de rendement HT*
Loyer mensuel	900 €	10 800	9,5 %
Indice construction	1,50 %		
Durée amortissement	30 ans		
Taxe foncière annuelle	300 €	*(exonération les 2res années)*	
Syndic annuel	120 €		

TMI des associés 30 %

Tableau de remboursement de l'emprunt

Années	1	2	3	4	5	8	15
Intérêts	5 189	4 916	4 633	4 339	4 034	3 045	248
Capital	7 049	7 321	7 604	7 899	8 204	9 193	11 989
Décaissement total	12 238	12 238	12 238	12 238	12 238	12 238	12 238

Plan de financement et compte de résultat prévisionnel

Années	1	2	3	4	5	8	15
En trésorerie							
Loyers	10 800	10 962	11 126	11 293	11 463	11 986	13 303
Charges	− 120	− 120	− 420	− 420	− 420	− 420	− 420
Emprunt	− 12 238	− 12 238	− 12 238	− 12 238	− 12 238	− 12 238	− 12 238
Trésorerie annuelle de la SCI (a)	− 1 558	− 1 393	− 1 531	− 1 364	− 1 195	− 671	645
IR sur RF positifs payés par les associés (b) = (c) × **TMI**	− 1 647	− 1 778	− 1 822	− 1 960	− 2 103	− 2 557	− 3 790
Trésorie consolidée (a) + (b)	− 3 205	− 3 173	− 3 352	− 3 325	− 3 298	− 3 228	− 3 145
En résultat							
Loyers	10 800	10 962	11 126	11 293	11 463	11 986	13 303
Charges	− 120	− 120	− 420	− 420	− 420	− 420	− 420
Intérêts sur emprunt	− 5 189	− 4 916	− 4 633	− 4 339	− 4 034	− 3 045	− 248
Résultat net (c)	5 491	5 926	6 073	6 534	7 009	8 522	12 635

Assurance-vie

Rendement annuel   10 %

Années	1	2	3	4	5	8	15
Capital début	22,2	24,5	26,9	29,6	32,6	43,3	
Rendement	2,2	2,4	2,7	3,0	3,3	4,3	
PS à 11 %						− 2,8	
Capital fin	24,5	26,9	29,6	32,6	35,8	44,9	0,0

Taux de rentabilité interne

Années	1	2	3	4	5	8	15
Assurance-vie						44,9	
Trésorerie montage	− 3,2	− 3,2	− 3,4	− 3,3	− 3,3	− 3,2	− 3,1
Valeur de							
l'appartement							135,7
	− 3,2	− 3,2	− 3,4	− 3,3	− 3,3	41,6	132,5

TRI net d'impôt   **24,6 %**

Parts d'OPCI

Rendement   7 %

Années	1	2	3	4	5	8	15
Capital début	22,2						
Dividendes							
encaissés	1,6	1,6	1,6	1,6	1,6	1,6	1,6
IR au TMI +							
PS (11 %)	− 0,6	− 0,6	− 0,6	− 0,6	− 0,6	− 0,6	− 0,6
Valeur OPCI							22,2
Net encaissé	0,9	0,9	0,9	0,9	0,9	0,9	23,2

Taux de rentabilité interne

Années	1	2	3	4	5	8	15
OPCI	0,9	0,9	0,9	0,9	0,9	0,9	23,2
Trésorerie montage	− 3,2	− 3,2	− 3,4	− 3,3	− 3,3	− 3,2	− 3,1
Valeur de l'appartement							135,7
	− 2,3	− 2,3	− 2,4	− 2,4	− 2,4	− 2,3	155,7

TRI net d'impôt　　19,3 %

1.7. Coût de l'échéancier pour une VEFA

Cas N° 65

◇　　　　　　　　**Appartement à Aubervilliers**

Cadre juridique et fiscal : les revenus fonciers.
Financement par emprunt avec différé d'amortissement.

Taux emprunt	3,80 %
Prix d'achat TTC	135 684 €
TVA placée	10 %
TMI des associés	30 %

◇

Nous supposons que la société exerce déjà une activité de location imposable à la TVA. Elle peut donc récupérer la TVA au fur et à mesure des appels de fonds. Si la société est créée pour réaliser l'investissement immobilier, la TVA sur les appels de fond ne sera récupérable qu'après le début de l'activité de location (signature du bail de location).

Nombre de mois[1]	Appel de fonds				Intérêts à payer[2]	Éco, IR[3]	Intérêts après IR	TVA placée[4]	Net
	en %	TTC	HT	TVA					
24	5 %	6 784 €	5 672 €	1 112 €	516 €	– 155	361	222 €	– 139 €
24	24 %	32 564 €	27 228 €	5 337 €	2 475 €	– 742	1732	1 067 €	– 665 €
24	6 %	8 141 €	6 807 €	1 334 €	619 €	– 186	433	267 €	– 166 €
18	20 %	27 137 €	22 690 €	4 447 €	1 547 €	– 464	1083	667 €	– 416 €
18	10 %	13 568 €	11 345 €	2 224 €	773 €	– 232	541	334 €	– 208 €
12	25 %	33 921 €	28 362 €	5 559 €	1 289 €	– 387	902	556 €	– 346 €
1	4 %	5 427 €	4 538 €	889 €	17 €	– 5	12	7 €	– 5 €
1	1 %	1 357 €	1 134 €	222 €	4 €	– 1	3	2 €	– 1 €
1	5 %	6 784 €	5 672 €	1 112 €	21 €	– 6	15	9 €	– 6 €
	100 %	135 684 €	113 448 €	22 236 €	7 261 €	– 2 178 €	5 083 €	3 132 €	– 1 951 €

2. Investissement dans de la location meublée avec prestations para-hôtelières avec le statut de LMP

C'est la suite du cas n° 64.

2.1. Cadre juridique et fiscal

L'investissement dans de la location meublée avec prestations para-hôtelières pour des étudiants peut être développé avec le statut de LMP. L'immobilier est alors acheté par une SARL de famille qui opte pour l'IR ou par une SNC (si tous les associés ne sont pas membres de

---

1. Jusqu'à la livraison.
2. TTC × taux d'emprunt × nombre de mois / 12.
3. Intérêts à payer × TMI.
4. TVA × taux de placement net d'IR × nombre de mois / 12 (assurance-vie exonérée d'imposition).

la même famille). La société loue meublé à une société d'exploitation qui assure les prestations para-hotelières. Les associés bénéficient alors du statut LMP (Loueur en Meublé Professionnel). Ce statut de LMP serait-il plus avantageux que les revenus fonciers ?

L'amortissement de la construction (hors terrain non amortissable) est déductible, alors qu'aucun amortissement n'est déductible en revenus fonciers. Le cadre LMP permet ainsi d'effacer pour partie l'imposition qui résulte des revenus fonciers. Sous cet angle, le montage est optimisé fiscalement.

Mais la TVA ne peut pas être injectée dans un contrat d'assurance-vie ouvert au nom des associés. En effet, le LMP relève des BIC : les intérêts ne sont déductibles que s'ils sont engagés dans l'intérêt de l'exploitation et non dans l'intérêt des associés. Si la TVA est injectée dans un contrat d'assurance-vie, la déductibilité des intérêts est rejetée car ils correspondent à un acte anormal de gestion. En effet, les intérêts finançant la TVA sont engagés dans l'intérêt des associés (pour financer leur contrat d'assurance-vie) et non dans l'intérêt de la société d'exploitation. De plus, le compte courant d'associé serait débiteur, ce qui serait constitutif du délit d'abus de biens sociaux ! La TVA est donc investie au niveau de la SARL dans les même supports SICAV actions sans pouvoir bénéficier du cadre fiscal avantageux de l'assurance-vie. Les plus-values sont alors imposées au niveau des associés à l'IR à leur TMI. La TVA investie dans les SICAV peut ensuite être récupérée sans aucune imposition par les associés car la SARL à l'IR est transparente fiscalement.

De plus, le statut de commerçant dans une SNC est incompatible avec la profession réglementée que peuvent exercer les associés (par pour la SARL car les associés n'ont pas le statut de commerçant). Enfin, la taxe professionnelle, certes plafonnée à la valeur ajoutée, est exigible. Les associés de la SNC sont soumis aux cotisations sociales des travailleurs indépendants (uniquement le gérant dans une SARL).

Dans un emprunt à remboursement constant, les intérêts représentent l'essentiel du remboursement pendant les premières années. Le revenu imposable dégagé par la location est donc faible. L'économie d'impôt que permet le LMP grâce à l'amortissement de l'immeuble, par rapport aux revenus fonciers est donc faible. À l'horizon d'un délai de cinq ans, quand la fraction des intérêts contenue dans les mensualités constantes de remboursement de l'emprunt aura diminué, entraînant une imposition plus importante, il sera toujours temps de basculer en LMP. Au contraire, pendant ce délai de cinq ans, aucun amortissement n'aura été déduit, laissant intact la masse d'amortissement déductible fiscalement.

2.2. Plan de financement et compte de résultat prévisionnels, taux de rentabilité interne

Cas N° 66

◇

Appartement à Aubervilliers

Cadre juridique et fiscal : LMP (Loueur en Meublé Professionnel). Remboursement constant + LMP + TVA récupérée + emprunt TTC.

◇

Besoins de financement de la SCI (en K€)		M²	Prix au m² *euros*
La SCI achète :		44	
– un appartement HT tout équipé	113,4		2 563 € HT
– supporte une TVA récupérable	22,2		3 066 € TTC
– et devra payer les frais notariés	4,1		
Soit un budget total de	**139,8**		

Mode de financement de la SCI (en K€)	
Les associés apportent en numéraire	0,0
TVA remboursée	0,0
La SCI contracte un emprunt pour le solde	139,8
Soit un financement total de	**139,8**

Apport des associés

Capital de la SARL **0,0**

Caractéristiques de l'emprunt

Durée en années	15
Taux	3,80 %
Remboursement mensuel constant	1 020 €

Caractéristiques de l'appartement *Annuel* *Taux de rendement HT*

Loyer mensuel	900 €	10 800	9,5 %
Indice construction	1,50 %		
Durée amortissement	30 ans		
Taxe foncière annuelle	300 €	*(exonération les 2res années)*	
Syndic annuel	120 €		
Durée de l'amortissement	30 ans		
TMI des associés	30 %		

Tableau de remboursement de l'emprunt

Années	1	2	3	4	5	8	15
Intérêts	5 051	4 784	4 507	4 219	3 920	2 955	240
Capital	7 186	7 454	7 731	8 019	8 317	9 283	11 997
Décaissement total	12 238	12 238	12 238	12 238	12 238	12 238	12 238

Plan de financement et compte de résultat prévisionnel

Années	1	2	3	4	5	8	15
En trésorerie							
Loyers	10 800	10 962	11 126	11 293	11 463	11 986	13 303
Charges	− 120	− 120	− 420	− 420	− 420	− 420	− 420
Emprunt	− 12 238	− 12 238	− 12 238	− 12 238	− 12 238	− 12 238	− 12 238
Trésorerie annuelle de la SARL (a)	**− 1 558**	**− 1 393**	**− 1 531**	**− 1 364**	**− 1 195**	**− 671**	**645**
IR sur RF positifs payés par les associés (b) = (c) × TMI	**− 431**	**− 560**	**− 602**	**− 739**	**− 879**	**− 1 326**	**− 2 535**
Trésorie consolidée (a) + (b)	**− 1 988**	**− 1 955**	**− 2 133**	**− 2 103**	**− 2 074**	**− 1 997**	**− 1 890**
En résultat							
Loyers	10 800	10 962	11 126	11 293	11 463	11 986	13 303
Charges	− 120	− 120	− 420	− 420	− 420	− 420	− 420
Intérêts sur emprunt	− 5 051	− 4 784	− 4 507	− 4 219	− 3 920	− 2 955	− 240
Amortissemnt économique (c)[1]	− 4 193	− 4 193	− 4 193	− 4 193	− 4 193	− 4 193	− 4 193
Résultat net (d)	**1 436**	**1 865**	**2 007**	**2 462**	**2 930**	**4 419**	**8 450**

---

1. (Prix TTC + frais notariés) × 90 % × 1/30 (le terrain non amortissable représente 10 % du coût total).

Placement SICAV au niveau de la SARL

Rendement annuel   10 %

Années	1	2	3	4	5	8	15
Capital début Rendement IR au TMI + PS	22,2 2,2	24,5 2,4	26,9 2,7	29,6 3,0	32,6 3,3	43,3 4,3 – 10,4	
Capital fin	24,5	26,9	29,6	32,6	35,8	37,2	0,0

Taux de rentabilité interne

Années	1	2	3	4	5	8	15
Capital début Assurance-vie Trésorerie montage Valeur de l'appartement	– 2,0	– 2,0	– 2,1	– 2,1	– 2,1	37,2 – 2,0	– 1,9 135,7
	– 2,0	– 2,0	– 2,1	– 2,1	– 2,1	35,2	133,8

TRI net d'impôt   **31,8 %**

Parts de SCPI au niveau de la SARL

Rendement   7 %

Années	1	2	3	4	5	8	15
Capital début Dividendes encaissés IR au TMI + PS Valeur SCPI	22,2 2,2 – 0,9	 2,2 – 0,9	 2,2 – 0,9	 2,2 – 0,9	 2,2 – 0,9	 2,2 – 0,9	 2,2 – 0,9 22,2
Net encaissé	1,3	1,3	1,3	1,3	1,3	1,3	23,5

Taux de rentabilité interne

Années	1	2	3	4	5	8	15
Capital début	0,0						
SCPI	1,3	1,3	1,3	1,3	1,3	1,3	23,5
Trésorerie montage	– 2,0	– 2,0	– 2,1	– 2,1	– 2,1	– 2,0	– 1,9
Valeur de l'appartement							135,7
	– 0,7	– 0,6	– 0,8	– 0,8	– 0,8	– 0,7	157,3

TRI net d'impôt **33,4 %**

2.3. Coût de l'échéancier pour une VEFA

Cas N° 67 ◇

Appartement à Aubervilliers

**Cadre juridique et fiscal : LMP (Loueur en Meublé Professionnel).
Financement par emprunt avec différé d'amortissement.**

Taux emprunt	3,80 %
Prix d'achat TTC	135 684 €
TVA placée	10 %
TMI des associés	30 %

◇

Voir remarque 1.7. du thème 25.

Nombre de mois[1]	Appel de fonds				Intérêts à payer[2]	Éco, IR[3]	Intérêts après IR	TVA placée[4]	Net
	en %	TTC	HT	TVA					
24	5 %	6 784 €	5 672 €	1 112 €	516 €	− 155	361	156 €	− 205 €
24	24 %	32 564 €	27 228 €	5 337 €	2 475 €	− 742	1732	747 €	− 985 €
24	6 %	8 141 €	6 807 €	1 334 €	619 €	− 186	433	187 €	− 246 €
18	20 %	27 137 €	22 690 €	4 447 €	1 547 €	− 464	1083	467 €	− 616 €
18	10 %	13 568 €	11 345 €	2 224 €	773 €	− 232	541	233 €	− 308 €
12	25 %	33 921 €	28 362 €	5 559 €	1 289 €	− 387	902	389 €	− 513 €
1	4 %	5 427 €	4 538 €	889 €	17 €	− 5	12	5 €	− 7 €
1	1 %	1 357 €	1 134 €	222 €	4 €	− 1	3	1 €	− 2 €
1	5 %	6 784 €	5 672 €	1 112 €	21 €	− 6	15	6 €	− 9 €
	100 %	135 684 €	113 448 €	22 236 €	7 261 €	− 2 178 €	5 083 €	2 192 €	− 2 891 €

---

1. Jusqu'à la livraison.
2. TTC × taux d'emprunt × nombre de mois / 12.
3. Intérêts à payer × TMI.
4. TVA × taux de placement × (100 % − TMI) × nombre de mois / 12 (SICAV imposée à l'IR).

26

INVESTIR EN ZONE FRANCHE URBAINE (ZFU) : QUAND ZONE FRANCHE URBAINE RIME AVEC AUBAINE !

Les locations d'immeubles professionnels munis de leurs équipements situés en zone franche urbaine bénéficient d'une exonération d'impôt sur le revenu (IR) ou d'impôt sur les sociétés (IS) (CGI art 35, I-5°).

L'exonération d'impôt est **totale** pendant les cinq premières années **puis dégressive** pendant les neuf années suivantes **dans la limite d'un bénéfice de 61 000 € par an** (abattement de 60 % pendant les cinq années suivantes, puis 40 % pendant les deux années suivantes, puis 20 % pendant les deux années suivantes).

Exonération[1] d'IR ou d'IS[2]	Moins de cinq salariés	Plus de cinq salariés
100 %	Pendant 5 ans	5 ans
60 %	Puis 5 ans	1 an
40 %	Puis 2 ans	1 an
20 %	Puis 2 ans	1 an
Soit en tout	14 ans	8 ans

La location d'immeubles équipés est une activité commerciale sur le plan fiscal. Elle est donc imposée selon les règles des « BIC » (Bénéfices industriels et commerciaux) comme l'activité d'un commerçant.

	Société à l'IR	Société à l'IS
Régime fiscal	BIC	BIC-IS
Société	• Une SNC, une SARL de famille qui opte pour l'IR ou une EURL. • **Surtout pas une SCI !** En effet, une SCI qui exerce une activité commerciale est obligatoirement à l'IS.	SA, SAS, SARL classique, SNC qui opte pour l'IS.
Exonérations	Chaque associé est **exonéré d'IR** pour sa quote-part de BIC dans la société dans la limite d'un bénéfice de 61 000 € appréciée **au niveau de chaque associé ne faisant pas partie du même foyer fiscal.**	La société est **exonérée d'IS**[3] dans la limite d'un bénéfice de 61 000 € appréciée **au niveau de la société.**

...

1. Dans la **limite d'un bénéfice de 61 000 € par an.**
2. Et d'**IFA** dans les mêmes proportions et au titre des mêmes périodes que l'IS (CGI art. 223 *nonies*).
3. Et d'**IFA** dans les mêmes proportions et au titre des mêmes périodes que l'IS (CGI art. 223 *nonies*).

Investir en zone franche urbaine (ZFU) : quand zone franche urbaine rime avec aubaine !

.../...

Dividendes	Les **dividendes** distribués par une société à l'IR ne sont **pas imposés** au niveau des associés car ils correspondent à des bénéfices déjà imposés au niveau des associés (transparence fiscale).	Les **dividendes** distribués par une société à l'IS sont **imposés**, après un abattement de 40 %, au niveau des associés dans la catégorie des RCM à l'IR au taux progressif (revenus de capitaux immobiliers).

Conclusion

Il faut absolument **constituer une société imposée à l'IR.**

- La limite du bénéfice exonéré de 61 000 € s'apprécie au niveau de <u>chaque</u> associé dans une société à l'IR. Pour une société constituée par trois associés à parts égales, la limite globale de bénéfice exonéré est de 183 000 € (61 000 € × 3 associés = 183 000 €) si la société est à l'IR au lieu de 61 000 € si la société est à l'IS.
- Les dividendes (le bénéfice distribué) ne sont pas imposés si la société est à l'IR alors qu'ils sont imposés à un taux qui peut atteindre 51 % (IR de 40 % + PS de 11 %).
- Si la société est déficitaire, chaque associé de la société imposée à l'IR pourra imputer sa quote-part de déficit déterminé selon les règles BIC sur son revenu global. Si la société est à l'IS, le déficit reste captif au sein de la société.

Zoom N° 52

Remettre à zéro le compteur des exonérations

Un contribuable loue en direct un immeuble professionnel équipé en zone franche urbaine. Les bénéfices déterminés selon les règles BIC sont exonérés d'impôt sur le revenu pendant les cinq premières années. Pour **remettre à zéro le compteur de l'exonération,** le contribuable peut constituer une SARL de famille ou une SNC à l'IR qui achète l'immeuble en empruntant éventuellement. La transformation de l'entreprise individuelle en société est également envisageable. Les associés bénéficient alors d'une **nouvelle période d'exonération d'impôt** pendant une période de cinq ans pour leur quote-part de bénéfice. De plus, la **plus-value de cession** est **exonérée** dans la limite de 61 000 €. La cession pourrait également bénéficier de l'exonération des petites entreprises. Pour ne pas tomber sous le coup de l'abus de droit, il faudrait justifier l'adoption de la structure SARL par le désir, par exemple, d'élargir le tour de table pour obtenir de nouveaux financements. En effet, il ne faut pas que le montage soit justifié uniquement par la recherche de l'économie d'impôt.

27

LA LOCATION ÉQUIPÉE DE L'IMMOBILIER D'ENTREPRISE

I. Définition de la location équipée

La **location équipée** ou aménagée consiste à louer des **locaux à usage professionnel** avec **l'essentiel du matériel nécessaire à l'exploitation**[1] (article 35-I-5° du CGI). Les locaux équipés peuvent être à usage commercial, industriel ou libéral (médecin, avocat, notaire…).

---

1. Le matériel frigorifique constitue un élément essentiel pour un local à usage de boucherie ; l'équipement d'entraînement constitue un élément essentiel pour un centre hippique…

2. Structure juridique pour gérer la location équipée

L'immeuble loué équipé peut être détenu en direct dans le cadre d'une entreprise individuelle[1] ou isolé au sein d'une société commerciale imposée à l'IR (société « transparente » fiscalement : SNC, SARL de famille[2] qui opte pour l'IR ou EURL). Une SCI est à déconseiller car une SCI qui exerce une activité commerciale (la location équipée) est obligatoirement imposée à l'IS. Les déficits BIC ne pourraient plus alors remonter sur le revenu imposable de chacun des associés.

Zoom N° 53

Profession libérale et location équipée

Une profession libérale ne peut pas être commerçant. La location équipée[3] (professionnel) est commerciale sur le plan juridique : la profession libérale doit donc isoler cette activité au sein d'une EURL ou d'une SARL de famille qui ne confèrent pas à l'associé le statut de commerçant. La SNC est à éviter car les associés sont commerçants.

Zoom N° 54

Acquisition en commun d'un immeuble professionnel pour l'exercice de professions libérales

Des professions libérales envisagent l'exercice de leurs professions en commun et l'acquisition d'un immeuble professionnel en commun.

---

1. Voir le « Guide pratique de l'entreprise individuelle » aux Éditions d'Organisation.
2. Voir le « Guide pratique de la SARL » aux Éditions d'Organisation.
3. La location équipée est toujours **imposée** comme une activité commerciale selon les règles BIC.

<u>Solution n° 1</u> : une SCI détient l'immeuble et **loue nu** cet immeuble à la société d'exploitation (SCP…). La location nue a un caractère civil qui est compatible avec le statut de profession libérale. Mais la location nue, imposée selon les règles des **revenus fonciers**, n'est pas aussi avantageuse fiscalement que la location équipée, imposée selon les règles BIC.

<u>Solution n° 2</u> : La location équipée ne peut pas être envisagée dans le cadre d'une SCI[1]. La SNC est idéale pour permettre la remontée des déficits BIC vers les associés mais le statut de commerçant des associés est incompatible avec l'exercice d'une profession libérale, rend les associés responsables indéfiniment et solidairement et les soumet aux cotisations sociales. Chaque professionnel libéral peut alors créer une EURL qui détient les parts de la SNC qui loue équipé : l'associé unique de l'EURL n'a pas le statut de commerçant, sa responsabilité est limitée au montant de ses apports[2], et les déficits BIC de la SNC remontent sur le revenu imposable de l'associé unique. Mais si l'associé a emprunté pour acquérir les parts de l'EURL, les intérêts ne sont pas déductibles du BIC de l'associé unique car ce n'est pas l'EURL qui exerce l'activité BIC en direct[3]. Enfin, si le professionnel libéral crée une SARL de famille avec son conjoint pour détenir les parts de la SNC, la SARL est obligatoirement à l'IS car elle exerce une activité civile de gestion de parts de SNC. Elle ne peut pas opter pour l'IR. Le déficit ne peut donc pas remonter au niveau du professionnel libéral.

---

1. Une SCI qui exerce une activité commerciale (la location équipée) est obligatoirement imposée à l'IS. Les déficits BIC ne pourraient plus alors remonter sur le revenu imposable de chacun des associés.
2. Le juge pourrait considérer le recours à l'interposition d'une EURL limitant la responsabilité comme une manœuvre. L'EURL serait alors considérée comme fictive et la responsabilité des associés indéfinie et solidaire.
3. Par application de la transparence fiscale, les intérêts supportés par l'associé pour l'acquisition des parts d'une SNC qui gère une activité BIC sont déductibles de la quote-part de BIC de l'associé.

3. La location équipée pour défiscaliser : payer moins d'impôt sur le revenu et de cotisations sociales et bénéficier de l'exonération des plus-values de cession

3.1. Le déficit est imputable sur les revenus imposables du contribuable

La location équipée est imposée dans la catégorie fiscale des BIC (Bénéfices industriels et commerciaux) **quel que soit le montant des recettes réalisées,** car **la location équipée est commerciale par nature**. Le **déficit BIC** pourra donc être **imputé sur les autres revenus du contribuable** et lui permettre ainsi de **réduire son impôt** sur le revenu <u>si cette activité est considérée comme professionnelle</u>. Quand l'activité est exercée dans le cadre d'une SARL de famille imposée à l'IR, chaque associé impute sur son revenu global sa quote-part de déficit BIC réalisé par la SARL.

La location équipée est un BIC professionnel si l'investisseur « participe de manière personnelle continue et directe » à l'activité de location équipée (article 156-I-1 *bis* du CGI). « Le nombre d'actes nécessaires à l'activité ne doit pas être réduit » pour que la participation soit continue. « Le contribuable doit y passer une grande partie de son temps » sans pour autant que ce soit « son activité principale » (BOI 4 A-7-96, n° 27). Le **déficit** dégagé par la location équipée est alors **imputable sur les autres revenus du bailleur,** et lui permet ainsi de réduire son impôt sur le revenu. Pour que le BIC soit professionnel, l'investisseur doit s'impliquer réellement dans la gestion opérationnelle de l'entreprise en mettant en place des plans de renouvellement des immobilisations, en suivant la maintenance des matériels et outillages, en acquérant et aménageant des locaux commerciaux... Une location équipée d'un local de faible importance pourrait ne pas être qualifiée de professionnelle car la participation à l'exploitation ne serait pas continue.

Si la location équipée est exercée dans le cadre d'une société imposée à l'IR (SARL de famille…), la quote-part de bénéfices des associés, simples apporteurs de capitaux qui ne participent pas de manière « personnelle, continue et directe » (art. 156-1-1° du CGI) dans la gestion de la location équipée pourrait être considérée comme un BIC non professionnel. La quote-part de déficit généré n'est pas imputable sur les autres revenus des associés et ne leur permet donc pas de réduire leur imposition… Le **déficit** est **« tunnélisé ».** Le déficit n'est pas perdu : il est seulement reportable sur les BIC non professionnels des six années suivantes.

Zoom N° 55

Optez pour un régime réel d'imposition pour imputer le déficit !

Le zoom n° 61 s'applique pour la location équipée. Cependant, comme la location équipée est assimilée à des prestations de services, la limite du micro-BIC est de 27 000 € et l'abattement forfaitaire pour frais professionnels est de 45 %.

3.2. Le déficit est imputable sur la base de calcul des cotisations sociales

Une activité de location équipée est soumise à cotisations sociales car elle correspond à une véritable activité professionnelle. Le bailleur sera alors assujetti aux cotisations sociales.

Les cotisations sont basées sur le bénéfice si la location équipée est exercée en direct (entreprise individuelle) ou sur la quote-part de bénéfices sociaux du gérant dans la SARL de famille. Les autres associés de la SARL qui n'exercent pas d'activité professionnelle rémunérée ne sont pas soumis à cotisations. Si la location équipée est exercée dans le cadre d'une SNC, tous les associés ont le statut de commerçant et doivent cotiser.

Le bailleur peut exercer parallèlement une activité libérale, commerciale ou agricole en tant que travailleur indépendant ou en tant que gérant majoritaire d'une SARL d'exploitation. Si l'activité de location équipée[1] est déficitaire, le déficit s'impute sur les bénéfices réalisés dans ses autres activités commerciale, libérale ou agricole pour déterminer la base de calcul des cotisations sociales des travailleurs non salariés. Il faut que le bailleur participe directement aux actes nécessaires à l'accomplissement de l'activité de loueur. **Le déficit minore** la base de calcul des cotisations et, par voie de conséquence, **le montant des cotisations sociales.**

Le bailleur assujetti aux cotisations sociales peut cotiser à des **contrats loi Madelin** pour compléter utilement son régime de retraite et optimiser fiscalement son activité de location meublée puisque les cotisations sont déductibles.

3.3. Les plus-values de cession sont exonérées

La plus-value de cession est exonérée si l'activité est exercée depuis au moins 5 ans et si les loyers encaissés ne dépassent pas 90 000 € TTC[2]. C'est l'application du régime d'exonération des plus-values professionnelles des petites entreprises commerciales (voir thème 28). Cependant, l'**activité** doit être **exercée à titre professionnel** (définition du **BIC professionnel** – thème 11). Une simple activité de location ne bénéficie donc pas de l'exonération des plus-values des petites entreprises.

3.4. Les plus-values de transmission à titre gratuit sont exonérées

Si la location équipée est exercée dans le cadre d'une SARL de famille, en cas de décès de l'associé de la SARL ou de donation des parts de la SARL, la **plus-value** réalisée est **définitivement exonérée** si l'activité est poursuivie pendant au moins 5 ans à compter de la date de la transmission de l'entreprise. À défaut, la plus-value est imposée à la date de cession des parts de la SARL[3].

---

1. Activité exercée en entreprise individuelle ou en SARL de famille.
2. La location équipée est une prestation de services.
3. Ou à la date de cession d'un élément de l'actif de l'entreprise si la date est antérieure. En cas de nouvelle transmission à titre gratuit, le report d'imposition est maintenu si le nouveau bénéficiaire prend l'engagement de payer la plus-value à la date de cession ou de cessation de l'entreprise.

3.5. Mais les amortissements ne sont pas entièrement déductibles

L'amortissement de l'immeuble est des équipements est déductible fiscalement à condition d'être comptabilisé et mentionné sur le relevé des amortissements joint à la déclaration de résultat.

La quote-part correspondant au terrain n'est pas amortissable. Elle représente en général 15 % du prix d'acquisition. Le taux d'amortissement est fonction de la durée normale d'utilisation du bien : 20 à 40 ans pour un immeuble ; 5 à 10 ans pour le mobilier.

Cependant, l'amortissement n'est pas déductible s'il crée un déficit (art. 39 C du CGI). L'amortissement déductible est plafonné à la différence entre les loyers et les autres charges. L'amortissement ne peut donc pas créer un déficit imputable sur le revenu global. Cette limite s'apprécie en prenant en compte <u>l'ensemble des biens amortissables loués</u> (D. adm. 4 D-262 n° 11). Cette limite s'applique également aux opérations financées par crédit-bail.

> **Amortissement déductible ≤ Loyers – charges autres que l'amortissement**
> **Amortissement comptable – amortissements déductibles**
> **= amortissement reportable**

L'amortissement non déduit n'est pas perdu : il est reportable sans limitation de durée. Il sera reporté lorsque le résultat redevient bénéficiaire. L'amortissement reportable permet donc de neutraliser les futurs bénéfices sans limitation de durée.

4. Location équipée et TVA

La location équipée est obligatoirement soumise à la TVA. Le bailleur peut donc récupérer la TVA sur l'acquisition de l'immeuble et des équipements. La location est exonérée de contribution annuelle.

5. Location équipée et ISF

En principe, tous les biens sont soumis à l'ISF. Cependant, les biens professionnels sont exonérés d'ISF. Les biens professionnels sont les biens qui sont affectés à l'exercice d'une activité professionnelle.

Le propriétaire loue à un tiers. La location équipée est alors une simple activité de gestion de patrimoine. La valeur de l'immeuble et des équipements est soumise à l'ISF.

Le propriétaire loue à son activité professionnelle. Si l'immeuble équipé est détenu directement par le propriétaire, il constitue un bien professionnel exonéré d'ISF. Si l'immeuble est isolé au sein d'une SARL de famille ou d'une EURL, les parts sociales sont exonérées d'ISF. La valeur de l'immeuble ou des parts sociales sont exonérées d'ISF dans certaines limites (voir thème 16).

6. L'intérêt fiscal de la location équipée par rapport à la location nue

La location équipée est par nature commerciale[1] Pour déterminer le résultat imposable d'une **location équipée,** il faut appliquer les mêmes règles fiscales qu'un commerçant : **le régime des « bénéfices industriels et commerciaux » (BIC).**

---

1. Une location peut également présenter un caractère commercial si une clause d'indexation se traduit par un transfert de bénéfices ou si le bailleur participe aux pertes du locataire.

La location qui ne porte pas sur l'essentiel du matériel nécessaire à l'exploitation est une **location nue** imposée selon les **règles des « revenus fonciers ».**

Régime fiscal	Location nue Revenus fonciers	Location équipée Bénéfices industriels et commerciaux (BIC)
Comptabilité	**Comptabilité de caisse :** Le résultat est déterminé à partir des loyers <u>encaissés</u> et des dépenses <u>décaissées</u>.	**Comptabilité d'engagement :** Le résultat est déterminé à partir des loyers <u>facturés</u>[1] et des dépenses <u>engagées</u>.
Amortissement	Aucun amortissement n'est déductible.	L'**amortissement**[2] de l'immeuble et des équipements est déduit pour son montant **réel.** Cependant, l'amortissement n'est pas déductible s'il crée un déficit[3].
Intérêts d'emprunt	Les intérêts sont déductibles pour les emprunts contractés pour l'**acquisition**[4] **de l'immeuble.**	Les intérêts d'emprunt sont déductibles s'ils sont **engagés dans l'intérêt de l'entreprise.**
Autres charges d'exploitation	**Seules les charges <u>énumérées par le CGI</u>** (Code général des impôts) peuvent être déduites[5].	Toutes les **charges** sont déductibles si elles sont **engagées dans l'intérêt de l'entreprise.**

.../...

---

1. Les loyers que le locataire ne paie pas sont quand même imposables comme pour un commerçant (le commerçant est imposé sur ses ventes même si elles ne sont pas encaissées).
2. Si un immeuble de 100 000 € a une durée d'utilisation de 20 ans, la charge d'amortissement déductible est de 100 000/20 = 5 000 € par an pendant 20 ans.
3. L'amortissement déductible est plafonné à la différence entre les loyers et les autres charges. L'amortissement non déduit n'est pas perdu : il est reportable sans limitation de durée. Il sera généralement reporté en fin de période d'amortissement de l'emprunt. Cette règle ne s'applique pas pour une société imposée à l'IS.
4. Pour l'acquisition, la construction, la réparation, l'amélioration ou la conservation des immeubles.
5. Liste donnée au thème 19.

Régime fiscal	Location nue Revenus fonciers	Location équipée Bénéfices industriels et commerciaux (BIC)
Frais d'acquisition	Les droits d'enregistrement et les frais de notaire ne sont **pas déductibles** car ils constituent des dépenses liées à l'acquisition d'un capital.	Les droits d'enregistrement et les frais de notaire sont **déductibles l'année d'acquisition.** Ils peuvent être étalés sur la durée d'amortissement de l'immeuble.
Déficit	Le **déficit foncier** est imputable sur les autres revenus du contribuable dans la limite de 10 700 €[2]. Au-delà, le déficit est reportable sur les revenus fonciers des dix années suivantes.	Le **déficit BIC professionnel** est imputable entièrement sur les autres revenus du contribuable[1] quel que soit le montant des recettes réalisées[3]. Le reliquat de déficit non imputé est reportable sur l'ensemble des revenus du contribuable des six années suivantes.
Exonération des plus-values de cession	Le régime des **plus-values des particuliers** est applicable. La plus-value bénéficie d'un abattement de 10 % par année d'acquisition au-delà de la cinquième. L'exonération est donc acquise au bout de 15 ans.	Le régime des **plus-values professionnelles** est applicable. **La plus-value est exonérée** si l'activité est exercée depuis au moins 5 ans et si les loyers facturés ne dépassent pas 90 000 € TTC[4]. .../...

---

1. Le déficit d'une location équipée considérée comme un **BIC non professionnel** n'est pas imputable sur les autres revenus du contribuable. Il est seulement reportable sur les BIC non professionnels des six années suivantes.
2. La part du déficit foncier provenant des intérêts d'emprunt n'est reportable que sur les revenus fonciers des dix années suivantes.
3. En location meublée, il faut réaliser au moins 23 000 € de recettes annuelles pour bénéficier de l'imputation du déficit foncier.
4. C'est l'application du régime d'exonération des plus-values professionnelles des petites entreprises commerciales. La location équipée est une prestation de services. L'**activité** doit être **exercée à titre professionnel** (BIC professionnel).

Régime fiscal	Location nue Revenus fonciers	Location équipée Bénéfices industriels et commerciaux (BIC)
Réduction des droits de donation et de succession	Pas de réduction.	**La moitié de la valeur des parts sociales est exonérée** de droit de succession ou de donation si les parts ont fait l'objet d'un engagement collectif de conservation qui doit porter sur au moins 34 % des parts sociales.
Crédit-bail	La levée de l'option d'achat entraîne un changement de régime fiscal[1] et l'imposition d'une plus-value professionnelle.	La levée de l'option d'achat n'entraîne pas de changement de régime fiscal[2]. Il n'y a donc **pas d'imposition d'une plus-value professionnelle à la date de changement.**
Taxe professionnelle	Une simple activité de gestion de patrimoine n'est pas soumise à la taxe professionnelle.	La location équipée est assimilée à une activité professionnelle soumise à la taxe professionnelle.

---

1. Pendant la période de crédit-bail, la sous-location nue est un **BNC non professionnel.** Lors de la levée de l'option d'achat, la location nue relève des **revenus fonciers.**
2. Pendant la période de crédit-bail, la sous-location équipée est un **BIC.** Lors de la levée de l'option d'achat, la location équipée relève toujours du régime des **BIC.**

◇

Location nue, équipée ou meublée ?

Un contribuable a constitué une EURL pour acquérir et louer des locaux équipés ou meublés. Les informations suivantes vous sont communiquées :

Locaux équipés ou meublés

Construction	1 000 000 €	HT
Terrain	200 000 €	HT
Matériels ou mobilier nécessaires à l'exploitation	300 000 €	HT
Frais d'acquisition	80 000 €	HT
	1 580 000 €	**HT**

Financement

Apport en capital	5 000 €
Emprunt *in-fine* au taux de 5 %	1 575 000 €
	1 580 000 €

Durée d'amortissement

De l'immeuble

– à usage industriel (location équipée)	20	ans
– à usage d'habitation (location meublée)	40	ans
Des matériels ou du mobilier	10	ans
Des frais d'acquisition	1	an

Produits

Loyers	180 000 €	HT

Charges

Intérêts d'emprunt	79 000 €
Cotisations sociales et taxe professionnelle	8 000 €
Taxe foncière	2 000 €

Taux d'imposition marginal	40 %

- **Hypothèse n° 1 : les locaux sont loués nus à un tiers.**
- **Hypothèse n° 2 : les locaux sont loués équipés à un tiers.**
- **Hypothèse n° 3 : les locaux sont loués meublés à un tiers.**
- **Hypothèse n° 4 : les locaux sont loués nus à la société d'exploitation du contribuable.**

◇

L'année d'acquisition

Hypothèses	1	2	3
Cadre fiscal :	Location nue	Location équipée	Location meublée
Régime d'imposition :	Revenus fonciers	BIC	LMP
En résultat			
Loyers net de charges	180 000 €	180 000 €	180 000 €
Amortissement – de l'immeuble – des matériels ou des meubles – des frais d'acquisition		– 50 000 € – 30 000 € – 80 000 €	– 25 000 € – 30 000 € – 80 000 €
Intérêts	– 79 000 €	– 79 000 €	– 79 000 €
Charges diverses	– 2 000 €	– 10 000 €	– 10 000 €
Résultat	**99 000 €**	**– 69 000 €**	**– 44 000 €**
Amortissements non déductibles		69 000 €	44 000 €
Résultat imposable	**99 000 €**	**0 €**	**0 €**
En trésorerie			
Loyers	180 000 €	180 000 €	180 000 €
Intérêts	– 79 000 €	– 79 000 €	– 79 000 €
Charges diverses	– 2 000 €	– 10 000 €	– 10 000 €
Charge ou économie d'IR (TMI = 40 %)	– 39 600 €	0 €	0 €
Prélèvements sociaux non déductibles (5,90 %)	– 5 841 €	0 €	0 €
Net	**53 559 €**	**91 000 €**	**91 000 €**
Trésorerie / locaux équipés HT	**3,6 %**	**6,1 %**	**6,1 %**

En régime de croisière

Hypothèses	1	2	3
Cadre fiscal :	Location nue	Location équipée	Location meublée
Régime d'imposition :	Revenus fonciers	BIC	BIC
En résultat			
Loyers net de charges	180 000 €	180 000 €	180 000 €
Amortissement – de l'immeuble – des matériels ou des meubles – des frais d'acquisition		– 50 000 € – 30 000 € 0 €	– 25 000 € – 30 000 € 0 €
Intérêts Charges diverses	– 79 000 € – 2 000 €	– 79 000 € – 10 000 €	– 79 000 € – 10 000 €
Résultat	**99 000 €**	**11 000 €**	**36 000 €**
Amortissements non déductibles		– 11 000 €	– 36 000 €
Résultat imposable	**99 000 €**	**0 €**	**0 €**
En trésorerie			
Loyers	180 000 €	180 000 €	180 000 €
Intérêts Charges diverses Charge ou économie d'IR (TMI = 40 %) Prélèvements sociaux non déductibles (5,90 %)	– 79 000 € – 2 000 € – 39 600 € – 5 841 €	– 79 000 € – 10 000 € 0 € 0 €	– 79 000 € – 10 000 € 0 € 0 €
Net	**53 559 €**	**91 000 €**	**91 000 €**
Trésorerie / valeur des locaux équipés HT	**3,6 %**	**6,1 %**	**6,1 %**

Hypothèse n° 4 : les locaux sont loués nus à la société d'exploitation du contribuable

Dans cette hypothèse, l'équipement nécessaire à l'exploitation est inscrit au bilan de la société exploitante et amorti par la société exploitante. Cet amortissement est entièrement déductible au niveau de la SARL d'exploitation alors qu'il est réintégré pour partie au niveau de la location équipée. Si on suppose que cette société est une SARL de famille imposée à l'IR, l'amortissement permet de faire une économie d'impôt sur le revenu qui améliore la rentabilité de la location nue.

Nous obtenons ainsi (synthèse) :

En régime de croisière

Hypothèses	4	2
Cadre fiscal :	Location nue	Location équipée
Résultat imposable	69 000 €	0 €
Trésorerie / valeur des locaux équipés HT	4,5 %	6,1 %

Conclusion

Pour la location meublée ou équipée, **l'amortissement** permet de réduire le résultat imposable par rapport à la location nue. L'économie d'impôt qui en résulte est annulée pour partie par les charges sociales et la taxe professionnelle générées par la location équipée ou meublée. Au final, le cadre fiscal de la location meublée ou équipée permet d'optimiser la rentabilité globale. En location meublée ou équipée, l'amortissement non déductible en période déficitaire peut être récupéré en période bénéficiaire et neutraliser ainsi l'imposition. Au final, l'avantage de la location meublée ou équipée par rapport à la location nue reste fragile au niveau de l'imposition.

Au niveau de **l'imposition des plus-values**, la plus-value est exonérée en location nue au terme de 15 ans de détention (abattement de 10 % par année de détention au-delà de la cinquième) alors que la plus-value est exonérée au terme de 5 ans de détention pour la location équipée exercée de manière **professionnelle** ou en LMP. En effet, les **plus-values** de cession de l'immeuble sont **exonérées** d'imposition pour la location meublée ou équipée si l'activité est exercée depuis au moins 5 ans. Des limites de chiffre d'affaires ne doivent pas être dépassées : 250 000 € pour la location meublée mais seulement 90 000 € pour la location équipée. L'exonération constitue un avantage réel en location meublée car le bailleur dépassera rarement 250 000 € de loyers d'habitation. En revanche, le dépassement des 90 000 € de loyers en location équipée est fréquent et rend la plus-value de cession imposable selon le régime des plus-values professionnelles. La plus-value est à court terme à hauteur des amortissements déduits Elle est imposée entre les mains du bailleur à l'IR au taux progressif. L'imposition des plus-values des particuliers est alors moins pénalisante.

7. Location nue, meublée ou équipée ?

Le tableau qui suit ne présente pas une comparaison exhaustive.

Exonération des plus-values de cession		
Location nue	**Location équipée**	**Location meublée**
Le régime des **plus-values des particuliers** est applicable. La plus-value bénéficie d'un abattement de 10 % par année de détention au-delà de la cinquième. **L'exonération est donc acquise au bout de 15 ans.**	Le régime des **plus-values professionnelles** est applicable. **La plus-value est exonérée** si l'activité est exercée depuis au moins 5 ans et **si les loyers facturés** ne dépassent pas **90 000 € TTC** car la location équipée est assimilée à une prestation de services. **Le dépassement est fréquent.** De plus, le **BIC** doit être **professionnel.**	Le régime des **plus-values professionnelles** est applicable. **La plus-value est exonérée** si l'activité est exercée depuis au moins 5 ans et **si les loyers facturés** ne dépassent **pas 250 000 € TTC** car la location meublée et assimilée à une vente. **Le dépassement est rare.** L'exigence d'une activité professionnelle ne s'applique pas au LMP.

Recettes minimum		
Location nue	**Location équipée**	**Location meublée**
Le régime des revenus fonciers s'applique **quel que soit le montant des recettes réalisées.**	Le régime de la location équipée s'applique **quel que soit le montant des recettes réalisées.**	Pour avoir le statut de loueur en meublé professionnel (LMP) il faut réaliser **plus de 23 000 € de recettes annuelles.**
Imputation du déficit sur le revenu global		
Location nue	**Location équipée**	**Location meublée**
Le **déficit foncier** est imputable sur les autres revenus du contribuable **dans la limite de 10 700 €.** Au-delà, le déficit est reportable sur les revenus fonciers des dix années suivantes.	Le **déficit BIC** est **imputable** sur les autres revenus du contribuable **si le BIC est réellement professionnel.**	Le **déficit LMP** est entièrement **imputable** sur les autres revenus du contribuable alors qu'il ne s'agit que d'une **simple activité de gestion de patrimoine.**

28

LE LOUEUR EN MEUBLÉ PROFESSIONNEL

I. Définition de la location meublée

La **location meublée** est une **activité :**

- **civile sur le plan juridique :** les loueurs en meublé ne sont donc pas des commerçants ;
- et **commerciale sur le plan fiscal :** la location meublée est donc imposée dans la catégorie des **bénéfices industriels et commerciaux (BIC)** comme l'activité d'un commerçant.

La location meublée porte sur un **local à usage d'habitation loué avec les meubles** nécessaire à son occupation. L'usage d'habitation est retenu par la doctrine administrative pour des séjours de courte durée dans des résidences hôtelières[1].

---

1. Doctrine administrative : 4 F -1113. Pour les tribunaux administratifs, la notion d'habitation est accompagnée d'une exigence de pérennité non compatible avec une occupation de passage.

La location meublée ne doit pas être assortie de prestations para-hôtelières[1] pour ouvrir doit au statut de loueur en meublé professionnel (LMP).

Une personne qui ne peut pas exercer de profession commerciale (fonctionnaires, notaires, avocats…) peut exercer une activité de LMP puisque la location meublée est une <u>activité civile</u> sur le plan juridique.

Au final, la location meublée concerne la location de chambres pour étudiants, d'unités d'hébergement dans des résidences de tourisme, des résidences hôtelières, ou des résidences pour personnes âgées dépendantes, de chambres d'hôte, de chambres au sein de gîtes ruraux…

Zoom N° 56

○ **Une location nue peut être assimilée à une location meublée** si le bailleur est associé aux résultats du preneur : le loyer varie en fonction du chiffre d'affaires du preneur, du taux d'occupation des chambres… La location, même nue, présente alors un caractère commercial : elle ne relève pas des revenus fonciers mais des BIC non professionnels. Le déficit foncier imputable sur le revenu global dans la limite de 10 700 € est requalifié en déficit BIC non professionnel non imputable sur le revenu global. ○

2. Conditions pour avoir le statut de loueur en meublé professionnel

Pour avoir le statut de loueur en meublé professionnel (LMP) il faut :

- Être inscrit au registre du commerce et des sociétés ;
- Et réaliser plus de 23 000 € de recettes annuelles ou retirer de l'activité de LMP au moins 50 % de son revenu global.

---

1. Accueil, fourniture de linge de maison, nettoyage des locaux ou service du petit déjeuner.

Zoom N° 57

○ **Attention ! Pas de location meublée à Paris et en région parisienne**

L'activité de loueur en meublé professionnel à Paris et en région parisienne ne peut pas être exercée en pleine légalité à cause des règles d'urbanisme[1]. Le non-respect de ces règles pourrait être sanctionné à la demande du préfet[2]. Mais le **droit fiscal a son autonomie :** la location meublée est imposée comme une activité commerciale (BIC) alors qu'elle est civile en droit privé et interdite en droit de l'urbanisme.   ○

2.1. Inscription au registre du commerce et des sociétés

Si l'activité LMP est exercée dans le cadre d'une entreprise indivi-duelle, cette activité doit être immatriculée au registre du commerce et des sociétés comme un commerçant. Certains greffes refusent d'im-matriculer les loueurs en meublé au RCS en raison du caractère civil de l'activité. Cependant, la présentation de la copie de la décision de refus du greffe permet de bénéficier du statut de LMP.

Le loueur en meublé déjà inscrit au RCS peut louer des locaux implan-tés sur un autre site. Dans ce cas l'immatriculation ne semble pas nécessaire car il n'y a pas « d'établissement secondaire », d'agence ou de succursale.

Si l'activité LMP est exercée dans le cadre d'une société (SARL de famille, EURL, SNC), cette société est obligatoirement immatriculée au RCS en tant que loueur en meublé.

---

1. Les règles d'urbanisme applicables à Paris dans un rayon de plus de 50 kilomè-tres des anciennes fortifications, dans les communes de plus de 10 000 habitants et dans celles où la Loi du 1er septembre 1948 a été déclarée applicable, (article L. 631.7 du Code de la Construction et de l'Habitation) interdisent au proprié-taire d'un logement, auparavant loué nu, de le transformer en meublé sans une autorisation préalable du Préfet, qui, à Paris, la refuse actuellement si on ne libère pas une surface égale de logements nus et, qui plus est, dans le même quartier.
2. Le locataire dépourvu de titre pourrait être expulsé ou demander un bail de droit commun.

2.2. Réaliser plus de 23 000 € de recettes annuelles

Le résultat en LMP est déterminé à partir des loyers <u>facturés</u> car le loueur tient une comptabilité d'engagement comme un commerçant. Pour apprécier la limite de 23 000 €, il faut donc prendre en compte les <u>loyers acquis HT</u> tels qu'ils figurent dans le contrat de bail et non les loyers encaissés. Le seuil de « recettes » annuelles de 23 000 € est calculé au niveau du foyer fiscal, par associé et *prorata temporis*.

Zoom N° 58

Loyers impayés et statut LMP

Pour avoir le statut LMP, les loyers acquis HT tels qu'ils figurent dans le contrat de bail doivent être supérieurs à 23 000 €. Si le locataire ne paie pas ses loyers, le loueur conserve quand même son statut de LMP car on ne prend pas en compte les loyers encaissés. Une assurance contre les loyers impayés diminue les risques de la location mais n'a aucune incidence sur le statut de LMP.

Cas N° 69

ISF et entreprise individuelle

Monsieur Durand exerce une activité de loueur en meublé au sein d'une SARL de famille constituée à égalité avec son frère. La SARL a opté pour l'IR. La SARL a facturé 40 000 € de loyers. Madame Durand s'est inscrite en nom propre au RCS en tant que loueur en meublé le 1er octobre. Les loyers facturés durant le quatrième trimestre s'élèvent à 1 000 €. Leur fils, rattaché au foyer fiscal, a facturé 4 000 € de loyers qu'il n'a pas pu encaisser. Il est inscrit au RCS.

Le seuil de « recettes » annuelles de 23 000 € est calculé au niveau du foyer fiscal, par associé et *prorata temporis*[1]. Il faut donc prendre en comptes les loyers acquis par l'ensemble du foyer fiscal. Lorsque

---

1. Le prorata est calculé sur une base de 365 jours.

l'activité est exercée au sein d'une société imposée à l'IR (EURL, SARL de famille, SNC), il faut prendre en compte la quote-part de recettes correspondant aux droits sociaux de l'associé.

		Foyer fiscal
Loyers facturés par la SARL de famille	40 000 €	
Pourcentage de détention par le mari	50 %	
	20 000 €	20 000 €
Loyers facturés par le fils	4 000 €	4 000 €
Loyers facturés par la femme inscrite le 01/10	1 000 €	
Prorata temporis en jours	90	
	4 000 €	4 000 €
		28 000 €

La limite de 23 000 € est dépassée : chaque membre bénéficie du statut de loueur en meublé professionnel.

Zoom N° 59

○ **Rattachement d'un enfant au foyer fiscal et LMP**

Le rattachement d'un enfant qui fait de la location meublée au foyer fiscal peut être intéressant car il permet d'atteindre la limite de 23 000 € et d'imputer l'éventuel déficit LMP sur le revenu global du foyer fiscal. Il faudra également prendre en compte les autres revenus perçus par l'enfant pour apprécier l'incidence du rattachement. ○

Zoom N° 60

Retirer de la location meublée au moins 50 % de son revenu global pour avoir le statut LMP

Le statut de LMP s'applique également si le loueur retire de l'activité de LMP au moins 50 % de son revenu global[1]. Il faut donc que l'activité LMP soit bénéficiaire. Cette condition n'est souvent pas pertinente puisque l'objectif d'un montage LMP d'optimisation fiscale est de réaliser un déficit imputable sur l'ensemble des revenus. Cependant, une personne disposant de faibles revenus mais qui a reçu des fonds importants dans le cadre d'une donation ou d'une succession pourrait investir dans un LMP : la location dégagerait alors un revenu supérieur à 50 % du revenu global.

Cas N° 70

Comment passer au stade de loueur en meublé professionnel ?

Pour bénéficier du statut de loueur en meublé professionnel, il faut réaliser plus de 23 000 € de recettes annuelles. Sur la base d'une rentabilité locative de 5 %, l'investissement doit être de 470 000 €. Dans l'attente de se constituer ce patrimoine locatif permettant de bénéficier du statut de LMP, l'investisseur peut adopter la stratégie suivante.

PHASE n° 1. Il investit dans des studios loués nus. Les locations sont alors imposées dans le cadre des revenus fonciers. Différents montages permettent de **neutraliser l'imposition du revenu foncier :**

- Le financement avec un emprunt à remboursement constant permet de déduire des intérêts proches du montant décaissé les premières années. Le recours au crédit *in-fine* permet d'optimiser le montage.

---

1. Comparaison entre les revenus nets tirés de la location et les revenus nets catégoriels y compris les revenus de la location. On ne prend pas en compte l'imputation d'éventuels déficits reportables ou de charges du revenu global comme les pensions alimentaires. La comparaison se fait *prorata temporis*.

- L'acquisition dans un local à rénover permet de déduire les dépenses d'amélioration.
- Le régime Besson permet de pratiquer une déduction forfaitaire de 40 % au lieu de 14 %. Le régime de Robien permet de pratiquer un amortissement de 8 % du prix d'acquisition pendant les cinq premières années[1]. Le dispositif ZRR permet de pratiquer une réduction d'IR de 25 % du prix d'acquisition dans la limite de 25 000 €[1].

PHASE n° 2. Quand il a atteint le seuil de 23 000 €, il apporte l'ensemble de ses studios à son activité de loueur en meublé professionnel. Cet apport se fait sur la base de la valeur de marché[2]. Ce qui permet d'augmenter la base amortissable et de **déduire plus d'amortissement.** C'est d'autant plus appréciable, que les intérêts déductibles commencent à diminuer ! De plus, dans la phase n° 1, on n'a pas porté atteinte aux amortissements déductibles puisqu'on pratiquait une déduction forfaitaire de 14 %. L'amortissement de Robien (8 %) est même plus intéressant que l'amortissement économique (2 %) d'un LMP. Ce transfert du patrimoine privé vers l'activité de LMP n'est pas imposé car en fiscalité des ménages, il n'y a imposition de la plus-value qu'en cas de cession (vente, apport en société[3]...).

À ÉVITER. Durant la phase n° 1, il ne faut pas faire de location meublée. À défaut, l'investisseur a le statut de LMnP. Le déficit BIC est non professionnel. À ce titre, il n'est pas imputable sur les autres revenus du contribuable mais seulement reportable sur les bénéfices de même nature des six années suivantes. Or, quand l'investisseur aura le statut de LMP (phase n° 2), il ne réalisera plus de BIC non professionnel. Le déficit reportable sera alors perdu, sauf s'il est titulaire d'autres revenus non professionnels.

---

1. En contrepartie, la déduction forfaitaire est limitée à 6 %.
2. Cette position de la jurisprudence (CE 17-3-1976 n° 91621) a été reprise par la doctrine administrative (D. admi. 4 D-1321 n° 55) : elle est donc opposable à l'administration en cas de contrôle fiscal.
3. Durant la phase n° 2, il ne faut pas apporter les studios à une SARL de famille à l'IR qui gère le LMP car la plus-value d'apport serait imposée selon le régime des plus-values immobilières des particuliers.

3. Le statut de **LMP** pour défiscaliser : payer moins d'impôt sur le revenu et de cotisations sociales et bénéficier de l'exonération des plus-values de cession

3.1. Le déficit est imputable sur les revenus imposables du contribuable

Le **loueur en meublé professionnel (LMP)** est imposé dans la catégorie fiscale des BIC (Bénéfices industriels et commerciaux) comme un commerçant. Cette activité est un **BIC non professionnel** puisqu'il s'agit d'une simple activité de gestion de patrimoine. Cependant, le **déficit LMP** pourra quand même être **imputé sur les autres revenus du contribuable** et lui permettre ainsi de **réduire son impôt** sur le revenu, bien qu'il ne participe pas de manière « personnelle, continue et directe » (art. 156-1-1° du CGI) à la gestion. Quand l'activité est exercée dans le cadre d'une SARL de famille imposée à l'IR, chaque associé impute sur son revenu global sa quote-part de déficit LMP réalisé par la SARL.

Attention ! Le LMP ne permet pas de défiscaliser ! En effet, l'amortissement n'est pas déductible s'il crée un déficit (voir 3.6. du thème 28). Les premières années de l'investissement financé par emprunt, le résultat imposable est nul et ne peut pas être déficitaire. <u>Le LMP permet donc de se constituer un patrimoine sans aggraver l'imposition, mais ne permet pas de diminuer l'imposition !</u>

Zoom N° 61

○ **Optez pour un régime réel d'imposition pour imputer le déficit et récupérer la TVA !**

Le loueur en meublé professionnel dont les loyers ne dépassent pas 76 300 € relève **obligatoirement** du micro-BIC. Il peut cependant opter pour le réel simplifié ou le réel normal. Pour le régime micro-BIC, le bénéfice imposable est égal aux loyers minorés d'un abattement forfaitaire de 68 % pour frais professionnels.

(Suite zoom n° 61)

Le micro-BIC qui dégage toujours un résultat positif ne permet pas de défiscaliser. Il n'est intéressant qu'en fin de période d'amortissement ou pour un bien autofinancé. Pour un montage de défiscalisation dégageant un déficit, **il faut impérativement opter pour un régime réel d'imposition afin de pouvoir imputer le déficit BIC sur les autres revenus du contribuable.** De plus, l'option pour un régime réel permettra de **récupérer la TVA qui a grevé l'acquisition** pour un LMP dans le cadre d'un investissement hôtelier. Le problème ne se pose pas si l'activité LMP est exercée dans le cadre d'une société (SARL de famille, SNC, EURL) car le régime micro-BIC ne s'applique pas aux sociétés.   ○

Cas N° 71

◇ Un investisseur achète un appartement d'une valeur de 200 000 €. La durée d'amortissement est de 25 ans. Le bien est autofinancé. Le loyer annuel s'élève à 16 000 € et les charges hors amortissement à 2 000 €. L'appartement est loué meublé.

	Micro-BIC	Réel simplifié
Loyers	16 000 €	16 000 €
Abattement pour frais – en % – en euros	68 % – 10 880 €	
Charges hors amortissement		– 2 000 €
Amortissements		– 8 000 €
Bénéfice imposable	**5 120 €**	**6 000 €**

◇

Zoom N° 62

Location meublée et déficit non imputable
sur le revenu global de l'investisseur

Une location meublée avec l'essentiel des équipements médicaux dans une résidence médicalisée pourrait être qualifiée de location équipée. Une location meublée assortie de prestations para-hôtelières pourrait être qualifiée d'activité d'hôtelier. Ces activités sont imposées en tant que BIC non professionnel si l'investisseur ne participe pas de manière personnelle, continue et directe à l'exploitation. **Le déficit n'est alors pas imputable sur le revenu global** de l'investisseur, contrairement à l'activité LMP.

3.2. Le déficit est imputable sur la base de calcul des cotisations sociales

Une activité de location nue est une simple activité de gestion de patrimoine qui n'est pas soumise à cotisations sociales.

En revanche, une activité de location meublée sera soumise à cotisations sociales si elle correspond à une véritable activité professionnelle (la personne loue de façon habituelle plusieurs logements meublés, le mobilier est un élément déterminant de la location…) même si le loueur en meublé n'est pas immatriculé au RCS. Dans les faits, l'immatriculation au RCS déclenche l'assujettissement aux cotisations sociales. Les cotisations sociales sont déductibles du bénéfice imposable.

Si la location en meublé est exercée par une SNC, une EURL ou une SARL de famille, le gérant sera également assujetti aux cotisations sociales.

Les cotisations sont basées sur le bénéfice fiscal de l'activité individuelle ou sur la quote-part de bénéfices sociaux du gérant dans une SARL de famille. Les autres associés de la SARL qui n'exercent pas d'activité professionnelle rémunérée ne sont pas soumis à cotisations. En revanche, dans une SNC, tous les associés ont le statut de commerçant et doivent cotiser.

Zoom
N° 63

Le statut de LMP : une oasis de défiscalisation

Le loueur en meublé peut exercer parallèlement une activité libérale, commerciale ou agricole en tant que travailleur indépendant ou en tant que gérant majoritaire d'une SARL d'exploitation. Si l'activité de loueur en meublé professionnel[1] est déficitaire, le déficit s'impute sur les bénéfices réalisés dans ses autres activités commerciale, libérale ou agricole pour déterminer la base de calcul des cotisations sociales des travailleurs non salariés.

Il faut que le loueur en meublé ou le gérant participe directement aux actes nécessaires à l'accomplissement de l'activité de loueur. **Le déficit minore** la base de calcul des cotisations et, par voie de conséquence, **le montant des cotisations sociales.**

Le loueur en meublé assujetti aux cotisations sociales peut cotiser à des **contrats loi Madelin** pour compléter utilement son régime de retraite et optimiser fiscalement son activité de LMP puisque les cotisations sont déductibles.

3.3. Les plus-values de cession sont exonérées

La plus-value de cession est exonérée si l'activité est exercée depuis plus de 5 ans et si les loyers <u>facturés</u> ne dépassent pas 250 000 € TTC[2]. C'est l'application du régime d'exonération des plus-values professionnelles des petites entreprises commerciales[3].

L'exonération est dégressive si le montant des recettes annuelles est situé entre 250 000 € et 350 000 €. Au-delà de 350 000 € de recettes, la plus-value est entièrement imposable.

---

1. Activité exercée en entreprise individuelle ou en SARL de famille.
2. La location meublée et assimilée à une vente.
3. **L'activité doit être exercée à titre professionnel. Cependant, <u>cette exigence ne s'applique pas au LMP.</u>**

Ainsi, pour une plus-value de 20 000 € nous obtenons :

Recettes	250 000 €	300 000 €	320 000 €	350 000 €
Montant qui excède 250 000 € (a)	0 €	50 000 €	70 000 €	100 000 €
(a)/100 000 € = (b)	0,00	0,50	0,70	1,00
Plus-value imposable = PV × (b)	0 €	10 000 €	14 000 €	20 000 €

La plus-value de cession est également exonérée si l'activité LMP est exercée dans le cadre d'une société imposée à l'IR (SARL de famille…).

Intéressant ! Si le bien est détenu depuis moins de 5 ans, la plus-value est quand même exonérée dès lors que l'activité est exercée depuis au moins 5 ans. Cependant, le Conseil d'État estime que le bien doit être également détenu depuis au moins 5 ans pour bénéficier de l'exonération.

Risque fiscal ! Ne minorez pas les loyers pour ne pas dépasser le seuil de 250 000 € car l'administration peut fixer les loyers en fonction de la valeur locative réelle.

Cas N° 72 ◇ **Exonération des plus-values de cession dans le cadre d'un LMP**

Une SARL de famille imposée à l'IR achète un studio d'une valeur de 100 000 € le 1er janvier N qu'elle revend 250 000 € le 31 décembre N+7. Les frais d'acquisition s'élèvent à 6 000 €. Le bien est amorti sur 20 ans. Le taux marginal d'imposition (TMI) est de 30 %. L'immeuble est inscrit à l'actif du bilan de la SARL.

L'imposition de la plus-value dépend du statut de l'investisseur :
1. activité de LMP exercée depuis au moins 5 ans et loyers inférieurs à 250 000 € TTC ;
2. activité de LMP exercée depuis moins de 5 ans ;
3. activité de location nue imposée en revenus fonciers ;
4. activité requalifiée en marchand de biens. ◇

Hypothèse n° 1. La plus-value professionnelle est exonérée d'imposition car l'activité est exercée depuis au moins 5 ans et les loyers <u>facturés</u> ne dépassent pas 250 000 € TTC. **Ce qui est remarquable,** c'est que les amortissements qui ont été déduits ont permis de faire une économie d'impôt sur le revenu et ne sont pas taxés lors de la cession.

Hypothèse n° 2. La plus-value est imposée selon le régime des plus-values professionnelles[1]. Elle est calculée sur la base d'une valeur minorée des amortissements déduits[2] : la valeur nette comptable. Les amortissements déduits qui ont permis de faire une économie d'impôt sur le revenu sont donc taxés lors de la cession. La plus-value est à court terme à hauteur des amortissements : elle est taxée au taux marginal d'impôt sur le revenu[3]. La plus-value est à long terme au-delà des amortissements : elle est taxée au taux de faveur de 16 %.

Hypothèse n° 3. La plus-value est imposée selon le régime des plus-values des particuliers[4]. Elle est calculée sur la base du prix d'acquisition majoré des frais d'acquisition évalués forfaitairement à 10 %. La plus-value bénéficie d'un abattement de 10 % par année d'acquisition au-delà de la cinquième. L'exonération est donc acquise au bout de 15 ans. Elle est imposée au taux de 16 %. Le même régime s'applique aux loueurs en meublés non professionnels (LMnP).

Hypothèse n° 4. L'activité peut être requalifiée en marchand de biens si le contribuable accumule les achats et les reventes dans le cadre d'une gestion dynamique de son patrimoine. Pour retenir la qualification de marchand de biens, l'administration relève le caractère habituel des opérations et l'intention spéculative appréciée lors de l'achat des biens. Le profit est un profit sur stock imposé au taux de droit commun. Des intérêts de retard seront alors appliqué (0,40 % par mois).

---

1. La SARL est imposée à l'IR. Elle est « transparente » fiscalement. On applique les règles fiscales qu'on aurait appliquées si l'immobilier avait été détenu en direct par une personne physique. C'est l'activité qui détermine les règles fiscales applicables quand les associés sont des personnes physiques.
2. Les amortissements non déduits par application de l'article 39 C ne sont pas pris en compte pour le calcul de la plus-value professionnelle.
3. Si l'immeuble cédé avait été acquis depuis moins de deux ans, la plus-value aurait été entièrement à court terme et, par voie de conséquence, imposée au taux marginal d'impôt sur le revenu.
4. La SARL est imposée à l'IR. Elle est « transparente » fiscalement. On applique les règles fiscales qu'on aurait appliquées si l'immobilier avait été détenu en direct par une personne physique. C'est l'activité qui détermine les règles fiscales applicables quand les associés sont des personnes physiques.

Hypothèses	1	2	3	4
Régime fiscal	PV professionnelles		PV des particuliers	Profit sur stock
	Exonération	Imposition		
Prix de vente	250 000 €	250 000 €	250 000 €	250 000 €
Valeur nette comptable – prix d'acquisition – amortissements déduits	100 000 € – 40 000 €	100 000 € – 40 000 €		100 000 €
	60 000 €	60 000 €		
Prix d'acquisition × 1,075			107 500 €	
Profit	190 000 €	190 000 €	142 500 €	150 000 €
Imposition – simple profit – PV court terme au TMI – PV long terme à 16 % – abattement en %		40 000 € 150 000 €	142 500 € 30 % – 42 750 €	150 000 €
			99 750 €	
Imposition à 16 % Imposition au TMI de 30 %	*Exonération*	12 000 € 24 000 €	15 960 €	45 000 €
	0 €	**36 000 €**	**15 960 €**	**45 000 €**
CSG + CRDS + PS non déductibles[1] (2,40 % + 0,50 % + 3 %)	**11 210 €**	**11 210 €**	**10 973 €**	**8 850 €**
Imposition globale	**11 210 €**	**47 210 €**	**26 933€**	**53 850 €** *+ intérêts de retard*

---

1. La CSG est de 7,5 % : 2,4 % ne sont pas déductibles et 5,1 % sont imputables sur le revenu imposable de l'année suivante. En revanche, pour les plus-values des particuliers, la totalité de la CSG n'est pas déductible.

3.4. Les plus-values de transmission à titre gratuit sont exonérées

En cas de décès de l'associé d'une SARL ou de donation de parts de SARL exerçant une activité LMP, la **plus-value** réalisée est **définitivement exonérée** si l'activité est poursuivie pendant au moins 5 ans à compter de la date de la transmission de l'entreprise. À défaut, la plus-value est imposée à la date de cession des parts de la SARL[1].

3.5. Les droits de donation et de succession sont réduits

Une activité de LMP peut être exercée dans le cadre d'une entreprise individuelle (en direct) ou dans le cadre d'une société (SARL de famille à l'IR).

La transmission d'une activité de location meublée bénéficient d'avantages fiscaux (voir thème 18). Nous développons ici les avantages concernant les parts de SARL.

Les droits de succession ou de donation sont calculés sur la moitié de la valeur des parts sociales (la moitié de la valeur des parts sociales est donc exonérée de droit de succession ou de donation) si les parts ont fait l'objet d'un engagement collectif de conservation d'une durée minimale de deux ans en cours au jour du décès. L'engagement collectif doit porter sur au moins 34 % des parts sociales. Les parts sociales doivent être données en pleine propriété. De plus, chaque donataire doit s'engager, dans l'acte de donation, à conserver les parts pendant 6 ans à compter de la fin de l'engagement collectif et l'un d'entre eux doit exercer des fonctions de direction pendant 5 ans.

De plus, en cas de donation des parts sociales, les droits de mutation peuvent être réduits si le donateur est âgé de moins de 70 ans. Le montant de la réduction dépend de la nature de la donation.

---

1. Ou à la date de cession d'un élément de l'actif de l'entreprise si la date est antérieure. En cas de nouvelle transmission à titre gratuit, le report d'imposition est maintenu si le nouveau bénéficiaire prend l'engagement de payer la plus-value à la date de cession ou de cessation de l'entreprise.

Réduction des droits de donation	Donations de la pleine-propriété[1] et de l'usufruit	Donations de la nue-propriété
Le donateur a moins de 70 ans	50 %	35 %
Le donateur a entre 70 et 80 ans	30 %	10 %

3.6. Mais les amortissements ne sont pas entièrement déductibles

Si l'immeuble et les meubles sont inscrits à l'actif du bilan du LMP, l'amortissement est déductible fiscalement à condition d'être comptabilisé et mentionné sur le relevé des amortissements joint à la déclaration de résultat.

La quote-part correspondant au terrain n'est pas amortissable. Elle représente en général 15 % du prix d'acquisition. Le taux d'amortissement est fonction de la durée normale d'utilisation du bien et non de la durée de location : 40 à 60 ans pour un immeuble à usage d'habitation ; 5 à 10 ans pour le mobilier.

Cependant, l'amortissement n'est pas déductible s'il crée un déficit (art. 39 C du CGI). L'amortissement déductible est plafonné à la différence entre les loyers et les autres charges[2]. L'amortissement ne peut donc pas créer un déficit imputable sur le revenu global. Cette limite s'apprécie en prenant en compte l'ensemble des biens amortissables loués (D. adm. 4 D-262 n° 11). Cette limite s'applique également aux opérations financées par crédit-bail.

> **Amortissement déductible ≤ Loyers − charges autres que l'amortissement**
> **Amortissement comptable − amortissements déductibles**
> **= amortissement reportable**

---

1. À compter du 1ᵉʳ juillet 2005. Pour les donations réalisées en pleine propriété entre le 25 septembre 2003 et 30 juin 2005, le taux de réduction est égal à 50 %, quel que soit l'âge du donateur.
2. Non compris les dépenses de réparation affectant le gros œuvre, le ravalement ou la toiture, et la taxe professionnelle.

L'amortissement non déduit n'est pas perdu : <u>il est reportable sans limitation de durée</u>. Il sera reporté lorsque le résultat redevient bénéficiaire. L'amortissement reportable permet donc de neutraliser les futurs bénéfices sans limitation de durée.

Cas N° 73

◇ Le compte de résultat qui suit analyse l'évolution d'une activité de location d'immeuble sur neuf ans dans le cadre d'une SARL de famille imposée à l'IR : le loyer augmente car il est indexé sur l'indice de la construction et les charges d'intérêt diminuent car il s'agit d'un emprunt à remboursement constant. Nous retenons un taux moyen de 40 % de charges fiscales (impôt sur le revenu) et de charges sociales (cotisations sociales en tant que travailleur indépendant pour une activité professionnelle). ◇

Première hypothèse : activité de LMP

Les trois premières années, l'amortissement n'est pas entièrement déduit afin de ne pas créer de déficit généré par l'amortissement. Cette **réintégration** par application de l'article 39 C du CGI est **obligatoire.**

L'amortissement non déduit n'est pas perdu : il est reporté sur les années 4 à 7 car le résultat est redevenu bénéficiaire. L'amortissement reportable a donc permis de neutraliser les bénéfices des années 4 à 7.

Pendant les sept premières années, les associés, à défaut de pouvoir imputer une quote-part de déficit sur leur revenu global, n'auront pas à déclarer une quote-part de bénéfice. L'activité de LMP ne génère donc pas d'imposition supplémentaire mais ne permet pas non plus de faire des économies d'impôt sur le revenu et de charges sociales. **Le LMP ne permet donc pas de défiscaliser.**

Deuxième hypothèse : activité de location avec prestations para-hôtelières

L'amortissement est **entièrement déductible.** La limite de déduction de l'article 39 C du CGI ne concerne pas les conventions de louage de service comme l'hôtellerie.

Le déficit BIC réalisé par le SARL remonte au niveau des associés : le déficit quitte la sphère de la SARL pour être géré au niveau du foyer fiscal des associés. Chaque associé impute entièrement sa quote-part de déficit BIC sur ses autres revenus imposables (salaires + dividendes + revenus fonciers…). Si les autres revenus ne sont pas suffisants pour éponger le déficit, le reliquat de déficit est reportable pendant six ans sur les revenus de l'associé. Passé ce délai de six ans, le déficit est définitivement perdu.

L'imputation du déficit sur l'ensemble des revenus de l'associé lui permet une économie d'impôt sur le revenu et de charges sociales immédiate. Mais l'absence d'impôt sur le revenu ne lui permettra pas d'imputer les réductions d'impôt qui résultent d'autres investissements (réduction d'impôt dans le cadre d'un investissement ZRR ou pour souscription au capital de PME…). <u>Ces réductions d'impôt sont alors définitivement perdues.</u> Cela peut remettre en cause la rentabilité de d'investissements basée sur une optimisation fiscale trop poussée.

Années	1	2	3	4	5	6	7	8	9
Loyers	60 000	60 900	61 814	62 741	63 682	64 637	65 607	66 591	67 590
Charges	− 7 000	− 7 000	− 7 000	− 7 000	− 7 000	− 7 000	− 7 000	− 7 000	− 7 000
Intérêts sur emprunt	− 29 158	− 28 254	− 27 305	− 26 306	− 25 257	− 24 154	− 22 994	− 21 775	− 20 494
Résultat avant amortissement	23 842	25 646	27 509	29 434	31 425	33 483	35 612	37 815	40 096
Amortissement de l'immeuble	− 29 264	− 29 264	− 29 264	− 29 264	− 29 264	− 29 264	− 29 264	− 29 264	− 29 264
Résultat après amortissement	**− 5 422**	**− 3 618**	**− 1 755**	**170**	**2 161**	**4 219**	**6 348**	**8 551**	**10 832**
Activité de LMP : réintégration obligatoire des amortissements (article 39 C du CGI)									
Amortissements à réintégrer	5 422	3 618	1 755						
Amortissements à déduire				− 170	− 2 161	− 4 219	− 4 245		
Résultat imposable	**0**	**0**	**0**	**0**	**0**	**0**	**2 104**	**8 551**	**10 832**
Incidence sur l'IR et les charges sociales de l'associé									
– Économie									
– À payer							842	3 421	4 333
Activité hôtelière : amortissements entièrement déductibles									
Résultat imposable	**− 5 422**	**− 3 618**	**− 1 755**	**170**	**2 161**	**4 219**	**6 348**	**8 551**	**10 832**
Incidence sur l'IR et les charges sociales de l'associé									
– Économie	2 169	1 447	702						
– À payer				68	864	1 688	2 539	3 421	4 333

Le loueur en meublé professionnel

Cas N° 74 ◇

Apporter son LMP à une SARL de famille pour rebondir

Un investisseur achète un appartement d'une valeur de 100 000 € le 1er janvier N. Il souhaite isoler cet appartement au sein d'une SARL de famille le 31 décembre N+11. Cet appartement a une valeur de marché de 250 000 €. L'emprunt qui a financé l'acquisition est totalement remboursé. Le bien est amorti sur 20 ans.

Le taux marginal d'imposition (TMI) est de 30 %. Le loyers annuel net de charge est de 15 000 €. À la date de l'opération, l'activité de LMP est exercée depuis au moins 5 ans et les loyers sont inférieurs à 152 600 € TTC.

Hypothèses

1. Apport de l'appartement à la SARL.
2. Vente de l'appartement à la SARL qui finance l'acquisition avec un emprunt *in-fine* au taux de 4 %. L'investisseur place le prix de vente dans divers investissements dont la rentabilité escomptée est 10 % net d'impôt. ◇

La **plus-value** réalisée lors de l'apport ou de la vente est une plus-value professionnelle **exonérée** d'imposition.

Droits d'enregistrement. Pour la vente, la SARL doit payer les droits d'enregistrement au taux de 5,09 % et les honoraires du notaire (évalués à 2 %). En revanche, l'apport est exonéré de droits d'enregistrement car il est effectué à titre pur et simple (l'apport est rémunéré par des droits sociaux) ET car l'apport de l'immeuble est effectué par une personne imposée à l'IR (une personne physique) à une personne imposée également à l'IR (SARL de famille qui opte pour l'IR). La SARL doit cependant payer les frais de notaire. Les frais d'acquisition peuvent être comptabilisés en charge ou être incorporés dans le coût d'acquisition de l'immeuble.

En conclusion

La SARL acquiert un bien pour une valeur de 250 000 € : la base amortissable passe ainsi de 80 000 € à 200 000 €. Le terrain non amortissable est évalué à 20 % du prix d'acquisition. C'est une première source d'optimisation fiscale car elle permet d'augmenter les amortissements déductibles. La durée d'amortissement peut être maintenue à 20 ans car c'est une nouvelle entité, la SARL, qui acquiert.

Le financement par emprunt permettra à l'investisseur de récupérer le prix de vente qu'il peut consacrer à de nouveaux investissements.

Nous obtenons :

	Avant	Apport	Vente
Résultat			
Loyers net de charges	15 000 €	15 000 €	15 000 €
Base amortissable	80 000 €	200 000 €	200 000 €
Durée d'amortissement en années	20	20	20
Amortissement déductible	– 4 000 €	– 10 000 €	– 10 000 €
Frais d'acquisition en charge		– 4 000 €	– 14 000 €
Intérêts d'emprunt	0 €	0 €	– 10 000 €
Résultat	11 000 €	1 00 €	– 19 000 €
Amortissements non déductibles		– 1 000 €	10 000 €
Résultat imposable	**11 000 €**	**0 €**	**– 9 000 €**
Trésorerie			
Loyers net de charges	15 000 €	15 000 €	15 000 €
Intérêts d'emprunt	0 €	0 €	– 10 000 €
Impôt (TMI de 30 %)	– 3 300 €	0 €	2 700 €
Trésorerie disponible	**11 700 €**	**15 000 €**	**7 700 €**
Nouvel investissement			200 000 €
Taux de rendement interne net d'impôt			10 %
Trésorerie disponible			**20 000 €**
Total trésorerie	**11 700 €**	**15 000 €**	**27 700 €**

3.7. Le loueur en meublé non professionnel (LMnP) : un statut moins avantageux

Le loueur en meublé qui ne remplit par les conditions pour bénéficier du statut de loueur en meublé professionnel (RCS et recettes supérieures à 23 000 €) est qualifié de loueur en meublé non professionnel (LMnP) même s'il exerce son activité dans le cadre d'une SARL de famille imposée à l'IR. Le **BIC** est alors **non professionnel.** Les règles de détermination du résultat et les obligations déclaratives du LMnP restent cependant identiques à celles du LMP.

Le déficit BIC non professionnel n'est pas imputable sur les autres revenus du contribuable mais seulement reportable sur les bénéfices de même nature des six années suivantes. Le déficit ne peut donc être imputé que sur des bénéfices provenant de LMnP et non sur des BIC provenant d'une activité différente. Pour pouvoir reporter ainsi le déficit, le LMnP doit opter pour un régime réel d'imposition car il relève de plein droit du micro-BIC. En effet, ses recettes sont bien évidemment inférieures à 76 300 €.

De plus, le LMnP ne peut pas adhérer à un centre de gestion agréé car il n'est pas inscrit au registre du commerce et des sociétés.

En cas de cession, la plus-value est imposée selon le régime des **plus-values des particuliers.** Il ne peut donc pas bénéficier de l'exonération des plus-values professionnelles des LMP. L'exonération est seulement acquise au-delà de 15 ans de détention.

Dans le cadre d'un LMnP, l'immeuble est imposé à l'ISF car il ne constitue pas un bien professionnel. Le LMnP doit également acquitter les cotisations sociales au titre du régime des travailleurs indépendants selon la doctrine de l'URSSAF.

3.8. L'intérêt fiscal du LMP par rapport à la location nue

Si l'activité LMP est exercée dans le cadre d'une entreprise individuelle (en direct), pour déterminer le résultat imposable, il faut appliquer les mêmes règles fiscales qu'un commerçant : **le régime des « bénéfices industriels et commerciaux » (BIC).**

Le loueur déclare alors son BIC (bénéfice ou déficit) avec ses autres revenus catégoriels.

Si l'activité LMP est exercée dans le cadre d'une société transparente fiscalement (société imposée à l'IR : SARL de famille qui opte pour l'IR, SNC, EURL), c'est la nature de l'activité exercée qui détermine les règles fiscales applicables si les parts sont détenues par des personnes physiques. Le résultat de la société est donc déterminé selon les règles BIC. Chaque associé déclare sa quote-part de BIC (bénéfice ou déficit) avec son revenu global.

Régime fiscal	Location nue	Loueur en meublé professionnel
	Revenus fonciers	Bénéfices industriels et commerciaux (BIC)
Comptabilité	**Comptabilité de caisse :** Le résultat est déterminé à partir des loyers <u>encaissés</u> et des dépenses <u>décaissées</u>.	**Comptabilité d'engagement :** Le résultat est déterminé à partir des loyers <u>facturés</u>[1] et des dépenses <u>engagées</u>.
Amortissement	Aucun amortissement n'est déductible.	L'**amortissement**[2] de l'immeuble[3] et des meubles est déduit pour son montant **réel**. Cependant, l'amortissement n'est pas déductible s'il crée un déficit[4].

.../...

---

1. Les loyers que le locataire ne paie pas sont quand même imposables comme pour un commerçant (le commerçant est imposé sur ses ventes même si elles ne sont pas encaissées).
2. Si un immeuble de 100 000 € a une durée d'utilisation de 20 ans, la charge d'amortissement déductible est de 100 000/20 = 5 000 € par an pendant 20 ans.
3. L'amortissement des travaux de construction, reconstruction ou d'agrandissement est déductible. Ces dépenses ne sont pas déductibles en revenus fonciers car elles sont couvertes par la déduction de 14 %. La loi Malraux autorise cependant la déduction des travaux d'agrandissement dans des conditions précises.
4. L'amortissement déductible est plafonné à la différence entre les loyers et les autres charges. L'amortissement non déduit n'est pas perdu : il est reportable sans limitation de durée. Il sera généralement reporté en fin de période d'amortissement de l'emprunt.

Le loueur en meublé professionnel

Régime fiscal	Location nue Revenus fonciers	Loueur en meublé professionnel Bénéfices industriels et commerciaux (BIC)
Amortissement de Robien	Un **amortissement de 8 %** du prix d'acquisition TTC est **entièrement déductible** pendant les cinq premières années, même s'il crée un **déficit** foncier. L'amortissement **peut atteindre 65 %** du prix d'acquisition. La plus-value[1] est calculée à partir du **prix d'acquisition**. **Les amortissements déduits ne sont donc pas remis en cause.**	Le **taux d'amortissement** d'un immeuble à usage d'habitation est de **2 %** en principe. L'amortissement **n'est pas déductible** s'il crée un **déficit** BIC. L'amortissement économique **atteint 100 %** du prix d'acquisition. La plus-value[2] est calculée à partir de la **valeur nette comptable** (prix d'acquisition – amortissements déduits), mais la plus-value est exonérée au bout de 5 ans[3].
Intérêts d'emprunt	Les intérêts sont déductibles pour les emprunts contractés pour l'**acquisition**[4] de l'immeuble.	Les intérêts d'emprunt sont déductibles s'ils sont **engagés dans l'intérêt de l'entreprise.**
Autres charges d'exploitation	**Seules les charges énumérées par le CGI** (Code général des impôts) peuvent être déduites[5].	Toutes les **charges** sont déductibles si elles sont **engagées dans l'intérêt de l'entreprise.**
Frais d'acquisition	Les droits d'enregistrement[6] et les frais de notaire ne sont **pas déductibles** car ils constituent des dépenses liées à l'acquisition d'un capital.	Les droits d'enregistrement[6] et les frais de notaire sont **déductibles l'année d'acquisition.** Ils peuvent être étalés sur la durée de vie de l'immobilisation. ...∕...

1. La plus-value est déterminée selon le régime des plus-values immobilières des particuliers.
2. La plus-value est déterminée selon le régime des plus-values professionnelles.
3. C'est l'application du régime d'exonération des plus-values professionnelles des petites entreprises commerciales (voir page 353).
4. Pour l'acquisition, la construction, la réparation, l'amélioration ou la conservation des immeubles.
5. Liste donnée au thème n° 19.
6. Droits d'enregistrement au taux de 5,09 %.

Régime fiscal	Location nue Revenus fonciers	Loueur en meublé professionnel Bénéfices industriels et commerciaux (BIC)
Déficit	Le **déficit foncier** est imputable sur les autres revenus du contribuable dans la limite de 10 700 €[1]. Au-delà, le déficit est reportable sur les revenus fonciers des dix années suivantes.	Le **déficit LMP** est imputable sur les autres revenus du contribuable[2]. Le reliquat de déficit est reportable sur l'ensemble des revenus du contribuable des six années suivantes.
Exonération des plus-values de cession	Le régime des **plus-values des particuliers** est applicable. La plus-value bénéficie d'un abattement de 10 % par année d'acquisition au-delà de la cinquième. L'exonération est donc acquise au bout de 15 ans.	Le régime des **plus-values professionnelles** est applicable. **La plus-value est exonérée** si l'activité est exercée depuis au moins 5 ans et si les loyers <u>facturés</u> ne dépassent pas 250 000 € TTC[3].
Réduction de la base de calcul des droits de donation et de succession	**Pas de réduction.**	**La moitié de la valeur des parts sociales est exonérée** de droits de succession ou de donation si les parts ont fait l'objet d'un engagement collectif de conservation qui doit porter sur au moins 34 % des parts sociales.
Réduction des droits de donation	**Réduction** en fonction de l'âge du donateur et de la nature de la donation.	**Réduction** en fonction de l'âge du donateur et de la nature de la donation.

.../...

1. **La part du déficit foncier provenant des intérêts d'emprunt** n'est reportable que sur les revenus fonciers des dix années suivantes.
2. Le déficit du **loueur en meublé non professionnel (LMnP)** n'est pas imputable sur les autres revenus de l'associé. Il est seulement reportable sur les BIC non professionnels des six années suivantes.
3. C'est l'application du régime d'exonération des plus-values professionnelles des petites entreprises commerciales. La condition d'une **activité exercée à titre professionnel** n'est pas applicable au LMP.

	Location nue	Loueur en meublé professionnel
Régime fiscal	**Revenus fonciers**	**Bénéfices industriels et commerciaux (BIC)**
Centre de gestion agréé	Pas d'adhésion.	L'adhésion évite de majorer de 1,25 le bénéfice imposable et permet de bénéficier d'une **réduction d'impôt** de 915 € pour frais de tenue de comptabilité.
ISF	Immeuble imposable.	**Possibilité d'exonération** si la location en meublé constitue **l'activité principale du loueur.**
Souplesse	Soumise à la réglementation du bail d'habitation.	Très souple car la location n'est pas soumise à la réglementation du bail d'habitation.
Changement d'affectation	Pas de changement d'affectation.	Autorisation préfectorale nécessaire.

4. La déductibilité des charges

Pour déterminer le résultat imposable en LMP, il faut appliquer le régime des « bénéfices industriels et commerciaux » (BIC – fiscalité des entreprises) qui permet, en principe, une meilleure déductibilité des charges que le régime des revenus fonciers (fiscalité des ménages).

En effet, en « BIC », toutes les charges sont déductibles, y compris les amortissements, si elles sont engagées **dans l'intérêt de l'exploitation.** Si elles sont engagées dans l'intérêt des associés, ce sont des dépenses personnelles non déductibles car elles correspondent à un « acte anormal de gestion ». En « revenus fonciers », **seules les charges énumérées par le CGI** (Code général des impôts) peuvent être déduites (liste donnée au thème 19). Un amortissement n'est pas déductible.

4.1. L'amortissement

L'immeuble[1] **doit être inscrit au bilan de l'entreprise de location en meublé** (bilan de l'entreprise individuelle ou de la société) **pour pouvoir déduire** les charges de la propriété qui comprennent **les intérêts de l'emprunt** contracté pour l'acquisition de l'immeuble, **l'amortissement de l'immeuble,** les impôts fonciers, l'assurance de l'immeuble, les droits d'enregistrement et les frais de notaire relatifs à l'acquisition de l'immeuble. Cette inscription à l'actif du LMP exercée dans le cadre d'une entreprise individuelle n'entraîne aucune taxation au titre des plus-values des particuliers car il n'y a pas cession d'immeuble.

L'amortissement doit être impérativement comptabilisé pour être déduit. À défaut, l'amortissement non comptabilisé est qualifié **« d'amortissement irrégulièrement différé »** qui est définitivement perdu : même s'il est comptabilisé ultérieurement, il ne sera plus jamais déductible du résultat imposable. De plus, en cas de cession ultérieure, il sera quand même pris en compte pour le calcul de la plus-value de cession.

4.2. Les frais d'acquisition

Les droits d'enregistrement et les frais de notaire sont **déductibles** l'année d'acquisition ou peuvent être étalés sur la durée de vie de l'immeuble[2]. L'étalement sera fonction de l'évolution prévisible des revenus du contribuable.

4.3. Frais d'ingénierie et de commercialisation

Si un investisseur en LMP fait réaliser une étude juridique, fiscale ou financière par une société indépendante, ou verse des commissions en rémunération d'un mandat de recherche d'un immeuble, ces charges seront déductibles.

---

1. Ainsi que les meubles.
2. Selon le règlement sur les actifs du CRC, les frais d'acquisition font partie du coût d'acquisition de l'immobilisation. Ils peuvent cependant être comptabilisés en charge.

En revanche, certains promoteurs de produits « packagés » transforment une partie du prix d'acquisition du bien en frais d'ingénierie et de commercialisation afin de permettre une déduction fiscale plus rapide (l'immeuble est amorti sur 30 ans alors que les frais d'ingénierie sont immédiatement déductibles).

Dans la réalité, ces frais d'ingénierie correspondent à un service réellement rendu et sont engagés dans l'intérêt du loueur en meublé. Cependant, si ces frais d'ingénierie dépassent la pratique du marché, la partie jugée excessive de ces frais pourrait alors être **réintégrée** en cas de contrôle fiscal en vertu de la théorie de l'**acte anormal de gestion.** La TVA correspondant à cette partie surfacturée reste cependant déductible. L'idéal serait que ces **frais d'ingénierie** soient étayés par la production d'un dossier patrimonial et financier personnalisé et soient proportionnés à la prestation fournie.

Pour les <u>revenus fonciers,</u> ces frais ne sont pas déductibles. D'ailleurs, les promoteurs de produits « packagés » ne font pas ressortir des frais d'ingénierie et de commercialisation !

Cas N° 75 ◇

VEFA, LMP et frais d'ingénierie

Un investisseur acquiert en décembre N un appartement en l'état futur d'achèvement avec le statut de LMP dans une résidence hôtelière. L'exploitation débutera en juin N+1. Pour l'année N, l'investisseur supporte des frais d'acquisition et des intérêts d'emprunt peu élevés. En revanche, les frais d'ingénierie représentent 15 % du prix total d'acquisition mais correspondent à la pratique du marché.

Le déficit lié aux frais d'ingénierie est-il imputable sur le revenu global en N, année d'acquisition ? ◇

L'année d'acquisition, l'investisseur ne perçoit aucune recette car l'exploitation débute en N+1. Il n'a donc pas la qualité de loueur en meublé professionnel puisque ses recettes ne sont pas supérieures à 23 000 € <u>pour l'année civile</u> N. En fait, il a la qualité de loueur en meublé non professionnel. Le déficit n'est donc pas imputable en N sur le revenu global de l'investisseur mais seulement reportable sur les revenus de même nature des six années suivantes. Mais en N+1, il aura le statut de LMP. Il ne pourra donc plus imputer son déficit LMnP puisqu'il ne réalise plus de revenus de même nature. Le déficit sera donc perdu définitivement. Retenir un exercice comptable du 1er décembre N au 30 novembre N+1 (article 36 du CGI) ne permettrait pas d'imputer le déficit lié aux frais d'ingénierie en N+1 car il faut réaliser 23 000 € de recettes pour l'année civile N et non pour l'exercice comptable N/N+1. En cas de contrôle fiscal, ces frais ne seraient pas réintégrés car ils présentent un caractère normal par rapport aux contreparties attendues par le loueur.

4.4. Les intérêts d'emprunt

Pour une SARL de famille, ou dans une entreprise individuelle, qui exerce l'activité de loueur en meublé professionnel (règles BIC) les intérêts d'emprunt sont déductibles s'ils sont **engagés dans l'intérêt de l'exploitation.** *A contrario,* **les intérêts ne sont pas déductibles.**

Les deux cas suivants s'appliquent que l'activité soit exercée en SARL de famille ou en entreprise individuelle (remplacer associé par exploitant individuel et SARL de famille par entreprise individuelle) :

1. Le **compte de l'associé** est **débiteur** car ses prélèvements sont supérieurs à ses apports et à sa quote-part de bénéfice. Dans ce cas, l'endettement de la SARL de famille imposée à l'IR sert à financer, pour partie, les besoins personnels de l'associé. Les charges financières correspondant sont des dépenses personnelles de l'associé non déductibles.

2. L'acquisition peut-être financée par un prêt *in-fine* pour son montant TTC. La SARL, assujettie à la TVA, obtient le remboursement de la TVA sur l'acquisition (19,6 %). La TVA est alors injectée dans un contrat d'assurance-vie ouvert au nom de l'associé destiné à assurer le remboursement de l'emprunt à l'échéance. Le prêt *in-fine* est adossé à l'assurance-vie (nantissement). Les intérêts de l'emprunt finançant la TVA sont engagés dans l'intérêt de l'associé et non celui de la SARL. Ils pourraient être réintégrés. De plus, l'abus de biens sociaux peut être invoqué (pas pour un investissement réalisé par une SNC).

En matière de revenus fonciers (location nue dans le cadre d'une entreprise individuelle), les intérêts sont déductibles si l'emprunt est contracté pour **l'acquisition** de l'immeuble. Les deux cas précédents ne semblent donc pas remettre en cause la déductibilité des intérêts.

Zoom N° 64

○ **Attention ! Si vos prélèvements personnels sont excessifs, votre entreprise ne pourra pas déduire toutes les charges financières de son résultat imposable**

Le compte de l'exploitant correspond au capital de l'entreprise individuelle, c'est-à-dire aux apports de l'exploitant au début ou en cours d'activité, diminué des prélèvements personnels de l'exploitant et augmenté du bénéfice de l'entreprise à la clôture de l'exercice (diminué, s'il s'agit d'une perte).

À la suite des prélèvements effectués par le chef d'entreprise, le solde du compte de l'exploitant peut devenir débiteur (prélèvements supérieurs aux apports et aux bénéfices). L'administration fiscale considère alors que les charges financières de l'entreprise individuelle[1] sont supportées dans l'intérêt du chef d'entreprise, et non dans celui de l'entreprise. Il en résulte que les charges financières ne sont pas intégralement déductibles du résultat imposable[2]. ○

Cas N° 76

◇ **Compte de l'exploitant débiteur et intérêts non déductibles**

Le montant moyen des emprunts et des découverts d'une entreprise individuelle pour l'exercice N s'élève à 28 000 €. Les charges financières correspondantes ont été comptabilisées pour 2 000 €.

---

1. Cette situation n'existe pas dans les sociétés imposées à l'IS : même si le paiement de la rémunération du dirigeant salarié entraîne un découvert bancaire, les agios bancaires sont entièrement déductibles du résultat de la société ainsi que la rémunération, à condition qu'elle ne soit pas excessive.
2. Les charges financières à prendre en considération sont les intérêts sur emprunts, les agios sur découverts, à l'exception des frais d'escompte des effets de commerce. Les frais financiers inclus dans les redevances de crédit-bail ne sont pas à prendre en compte.

(Suite cas n° 76)

Évolution du compte de l'exploitant en euros	Montants	Solde
Solde au 1/01/N		1 000
Prélèvement le 31/03/N	10 000	− 9 000
Apport le 30/06/98	1 000	− 8 000
Affectation du déficit le 31/12/N	4 000	− 12 000

Déterminer le montant des intérêts non déductibles à réintégrer. ◇

La fraction non déductible des charges financières est calculée comme suit :

$$\text{Fraction non déductible des charges financières} = \text{Charges financières} \times \frac{\text{Solde débiteur moyen annuel du compte de l'exploitant}[1]}{\text{Montant moyen des emprunts et des découverts}}$$

Nous obtenons :

Charges financières (1)	2 000
Solde débiteur moyen annuel du compte de l'exploitant (2)	6 000
(+ 1 000 × 3 − 9 000 × 3 − 8 000 × 6) / 12 mois	
Montant moyen des emprunts et des découverts (3)	28 000
Intérêts non déductibles à réintégrer (1) × (2) / (3)	**428**

1. Par simplification, le solde du compte de l'exploitant à retenir pour apprécier la déductibilité des frais financiers, est un solde moyen annuel obtenu en divisant l'exercice en autant de périodes qu'il y a d'apports et de prélèvements effectués. Cependant, il n'est pas tenu compte des déficits de l'entreprise. Le solde débiteur retenu doit être imputable uniquement aux prélèvements de l'exploitant. Dans le cas de déficits, le montant moyen annuel des prélèvements et apports de l'exploitant se substitue au solde débiteur moyen annuel du compte de l'exploitant.

4.5. L'utilisation privative des locaux

En cas d'**utilisation privative des locaux par l'associé de la SARL propriétaire,** la quote-part de charge correspondant à la durée d'utilisation privative doit être réintégrée car ces dépenses ne sont pas engagées dans l'intérêt de l'entreprise. Cette réintégration concerne les frais de gestion, les amortissements et les frais financiers.

5. LMP et centre de gestion agréé

Le loueur en meublé professionnel peut adhérer à un centre de gestion agréé s'il relève d'un régime réel d'imposition[1] que son activité soit exercée dans le cadre d'une entreprise individuelle ou d'une société soumise à l'impôt sur le revenu (SARL de famille, EURL, SNC).

L'avantage essentiel de l'adhésion est d'éviter de majorer de 1,25 le bénéfice imposable. Un LMP qui dégage un déficit ne permet pas de bénéficier de cet avantage. Cependant, l'adhésion à un CGA donne une plus grande crédibilité à la déclaration du résultat imposable. Le centre peut également tenir la comptabilité et établir les déclarations fiscales.

Lorsque le loueur en meublé professionnel soumis au régime micro-BIC opte pour un régime réel d'imposition, son adhésion lui permet de bénéficier d'une réduction d'impôt plafonnée à 915 €.

---

1. L'inscription au registre du commerce et des sociétés est nécessaire.

Avantages et obligations de l'adhésion à un centre de gestion agréé	
L'adhésion à un centre de gestion agréé permet à l'administration fiscale de mieux connaître les revenus du travailleur indépendant ou de l'associé d'une société à l'IR (SARL de famille…). En contrepartie, il bénéficie d'avantages essentiellement fiscaux.	
Avantages	
La majoration de 1,25 du bénéfice imposable non applicable[1]	À défaut d'adhésion à un centre de gestion agréé, le bénéfice imposable, y compris la plus-value nette à long terme, est majoré de 1,25.
Meilleur déductibilité du salaire du conjoint de l'exploitant	Le salaire du conjoint de l'exploitant individuel ou de l'associé d'une société à l'IR (SARL de famille…) est **entièrement déductible** s'il est marié sous un régime de séparation de biens ou **en cas d'adhésion à un centre de gestion agréé.** À défaut, le salaire est déductible dans la limite de 13 800 € par an.
Réduction d'impôt pour frais de comptabilité et d'adhésion	Lorsqu'une entreprise, soumise normalement au régime des micro-entreprises, opte pour un régime réel (BIC) ou pour la déclaration contrôlée (BNC), les frais d'adhésion au centre et de tenue de comptabilité, sont déduits de l'impôt sur le revenu du chef d'entreprise dans la limite de 915 € par an[2].
Régularisation de la situation fiscale antérieure sans pénalité	Dans les 3 mois de l'adhésion, les déclarations antérieures erronées peuvent être régularisées sans pénalité (sauf manœuvres frauduleuses), et sous réserve de payer le supplément d'impôt dans le délai imparti. …/…

---

1. L'adhésion au CGA doit intervenir dans les trois premiers mois de l'exercice.
2. Ces frais doivent être réintégrés à hauteur de 915 € pour la détermination du résultat imposable de l'entreprise (c'est pour éviter de bénéficier d'un double avantage).

.../...

Formation	Les centres organisent des réunions, des séminaires de formation et diffusent des informations pour améliorer les connaissances économiques, comptables et fiscales des adhérents.
Comptabilité	• Le centre de gestion fournit à l'adhérent, dans les six mois de la clôture de l'exercice, un dossier de gestion (ratios divers, tableau de financement, commentaires sur la situation économique et financière…). • Le centre de gestion peut tenir la comptabilité de ses adhérents dont le chiffre d'affaires n'excède pas les limites du réel simplifié.
Obligations	
L'adhérent doit s'engager à …	• à tenir une comptabilité sincère de l'exploitation ; • communiquer au centre le bilan, le compte de résultat et les annexes ; • accepter les règlements par chèques et en informer la clientèle dans la correspondance et dans les locaux professionnels ; • payer un droit d'entrée et une cotisation annuelle.

Cas N° 77 ◇

Avantages de l'adhésion à un centre de gestion agréé

Monsieur Déméter exerce une activité de loueur en meublé professionnel (LMP). Son chiffre d'affaires pour N est de 65 000 €. Ses charges sont de 45 000 € dont 22 100 € de salaire versé à son conjoint qui travaille à temps partiel dans l'entreprise et 1 000 € de frais de tenue de comptabilité. Ils sont mariés sans contrat. Le taux moyen d'imposition du couple est de 20 %.

Déterminer le bénéfice imposable selon que Monsieur Déméter adhère ou non à un centre de gestion agréé. ◇

	Ahésion à un CGA	
	NON	**OUI**
Produits	65 000	65 000
Charges	– 45 000	– 45 000
Résultat comptable	**20 000**	**20 000**
Réintégration de charges non déductibles		
Frais de comptabilité et de CGA		915
Salaire du conjoint non déductible	8 300	
	28 300	**20 915**
Impôt sur le revenu	5 660	4 183
Réduction d'impôt sur le revenu		– 915
Impôt à payer	**5 660**	**3 262**
Économie d'impôt		**2 392 €**
Pour un coût d'adhésion de		**182 €**
Économie globale		**2 210 €**

Cas N° 78 ◇

Location nue, LMP ou location meublée
avec prestations para-hôtelières ?

Une SARL de famille achète un appartement d'une valeur de 120 000 € HT (dont 20 000 € pour le terrain). Le loyer annuel net de frais s'élève à 7 000 €. Les frais d'acquisition sont de 7 000 €. Pour financer son investissement, la SARL a mis en place un prêt *in-fine* adossé à une assurance-vie. Les intérêts annuels sont de 4 000 €. La durée d'utilisation de l'immeuble est de 25 ans. Les frais d'acquisition sont comptabilisés en charges. Le taux marginal d'imposition (TMI) des associés de la SARL est de 30 %.

Trois cadres fiscaux au sein de la SARL peuvent accueillir cet investissement :
   1. Location nue imposée selon le régime des revenus fonciers
   2. Location meublée dans le cadre d'un statut de LMP
   3. Location meublée avec prestations para-hôtelières gérée directement par l'investisseur. ◇

L'incidence du coût des meubles sera négligée dans ce comparatif.

Cadre fiscal :	Location nue	Location meublée	Location hôtelière
Régime d'imposition :	Revenus fonciers	LMP	BIC professionnel
En résultat			
Loyers nets de charge	7 000 €	7 000 €	7 000 €
Amortissement de l'immeuble		– 4 000 €	– 4 000 €
Frais d'acquisition comptabilisés en charges		– 7 000 €	– 7 000 €
Intérêts	– 4 000 €	– 4 000 €	– 4 000 €
Résultat	**3 000 €**	**– 8 000 €**	**– 8 000 €**
Amortissements non déductibles		4 000 €	
Résultat imposable	**3 000 €**	**– 4 000 €**	**– 8 000 €**
En trésorerie			
Loyers nets de charge	– 7 000 €	– 7 000 €	7 000 €
Intérêts	– 4 000 €	– 4 000 €	– 4 000 €
Charge ou économie d'IR (TMI = 30 %)	– 900 €	1 200 €	2 400 €
Prélèvements sociaux non déductibles (5,90 %)	– 177 €	236 €	472 €
Net	**1 923 €**	**4 436 €**	**5 872 €**
Trésorerie / appartement HT	**1,9 %**	**4,4 %**	**5,9 %**

Conclusion

Pour le LMP et la location hôtelière, l'amortissement de l'immeuble et la déduction des frais d'acquisition permet de réduire le revenu imposable, et de faire une économie d'impôt sur le revenu qui **optimise fiscalement** le montage.

Cependant, pour le LMP, l'amortissement n'est pas déductible s'il crée un déficit (art. 39 C du CGI). L'amortissement non déductible doit être réintégré. En revanche, cette limite de déduction ne concerne pas les conventions de louage de service comme l'hôtellerie.

6. LMP et TVA

Les **locations en meublé** professionnelles ou non **sont exonérées de TVA :** les loyers ne sont pas soumis à TVA et la TVA, ayant grevé l'acquisition ou les travaux, n'est pas récupérable.

Cependant les locations de locaux nus (revenus fonciers) ou meublés (BIC-LMP) sont assujetties à la TVA au taux de 5,5 % si elles sont consenties par bail commercial à l'exploitant d'une **résidence hôtelière ou de tourisme**. En contrepartie, **le loueur peut récupérer la TVA ayant grevé l'acquisition** de l'immeuble[1], des meubles ou des travaux **au taux de 19,6 %.** L'investisseur doit **impérativement opter pour un régime réel d'imposition afin de pouvoir récupérer la TVA qui a grevé l'acquisition.**

---

1. Si les travaux de transformation d'un immeuble pour l'adapter à une exploitation hôtelière apportent une modification importante au gros œuvre, ou accroissent son volume ou sa surface, l'acquisition est soumise à la TVA immobilière et non aux droits d'enregistrement.

Zoom N° 65

Résidence hôtelière ou de tourisme et récupération de la TVA

Le remboursement du crédit de TVA sur l'acquisition peut être injecté dans un contrat d'assurance-vie qui permettra de rembourser l'emprunt ayant financé l'acquisition. Cependant, ce remboursement de TVA peut être remis en cause :

- Si l'exploitant de la <u>résidence de tourisme</u> ne respecte pas les conditions de l'article 261-D-4°-a du CGI[1], la location est considérée comme <u>exonérée de TVA dès l'origine</u>. **La TVA récupérée lors de l'acquisition doit être reversée au Trésor**[2] sous déduction de la TVA payée sur les loyers. Cependant, si l'exploitant fournit des prestations para-hotelières, la location continue d'être soumise à TVA en tant que résidence hôtelière. La TVA initialement déduite n'est pas remise en cause.
- Si le propriétaire cède l'immeuble, la TVA initialement déduite doit être partiellement reversée. Le reversement[3] est égal à la TVA déduite diminuée d'un vingtième[3] par année ou fraction d'année civile écoulée depuis l'acquisition (voir thème 10). Ce reversement par le vendeur ouvre droit à l'acquéreur à une déduction de TVA d'égal montant. <u>Le vendeur doit donc majorer son prix de vente (prix du marché) du montant de la TVA à reverser.</u>

7. LMP et taxe professionnelle

« Une activité professionnelle non salariée exercée à titre habituel » est soumise à la taxe professionnelle (art. 1447 du CGI).

D'une manière générale, la location meublée (LMP ou LMnP) est soumise à la taxe professionnelle. Elle peut être plafonnée en fonction de la valeur ajoutée. Le plafond est de 3,5 % du montant des loyers HT.

---

1. Promotion touristique à l'étranger ; hébergement de touristes ; exploitation par un exploitant unique pour une durée d'au moins neuf ans.
2. Des situations socialement difficiles (décès, expiration des droits aux assurances chômage…) permettent de diminuer par vingtième le montant de la TVA à reverser.
3. Par vingtième pour les immeubles et par cinquième pour les meubles.

La taxe professionnelle est une charge déductible. La première année d'exploitation est exonérée de taxe professionnelle.

La location en meublée par bail commercial pourrait être exonérée de TP car cette activité relève de la gestion d'un patrimoine privé et ne correspond pas à l'exercice d'une activité professionnelle.

8. LMP et taxe foncière

La taxe foncière sur les propriétés bâties est due par les loueurs en meublé. Elle est déductible si les locaux sont inscrits à l'actif.

Les constructions neuves bénéficient d'une **exonération totale de taxe foncière pendant deux ans** (art. 1383 du CGI) pour les immeubles à usage d'habitation. Pour bénéficier de cette exonération, il faut souscrire dans les 90 jours de l'achèvement de l'immeuble la déclaration modèle H2[1].

9. LMP et taxe d'habitation

La taxe d'habitation est due, chaque année, par les personnes qui disposent d'une habitation meublée au 1er janvier de l'année d'imposition (art. 1408 du CGI). **Les loueurs en meublé** qui sont assujettis à la taxe professionnelle **sont dispensés**, en principe, **de taxe d'habitation**[2].

---

1. Les locaux loués par bail commercial à une société d'exploitation qui exerce une activité para-hôtelière (résidence pour étudiants, résidence de tourisme…) sont parfois assimilés par l'administration à des locaux commerciaux. L'exonération de taxe foncière est alors partielle. De plus, c'est la déclaration Modèle P qu'il faut souscrire.
2. L'administration peut réclamer le paiement de la taxe d'habitation aux gestionnaires de résidences avec services para-hôteliers car l'occupant (étudiants, personnes âgées, touristes…) n'est pas réputé avoir la disposition des locaux.

10. LMP et contribution annuelle sur les loyers

La contribution sur les revenus locatifs (CRL) a été supprimée.

11. LMP et ISF

11.1. Activité LMP exercée en direct

Les locaux d'habitation loués meublés sont considérés comme des **biens professionnels exonérés d'ISF** si la location en meublé constitue **l'activité principale du loueur** et s'il remplit **cumulativement** les trois conditions suivantes[1] :

1. Immatriculation au registre du commerce et des sociétés en qualité de loueur professionnel ;
2. ET réaliser plus de 23 000 € de recettes annuelles ;
3. ET retirer de l'activité de loueur en meublé au moins 50 % des revenus professionnels du foyer fiscal.

Un contribuable passible de l'ISF et fortement fiscalisé à l'IR recherche le statut de LMP pour réaliser un déficit imputable sur l'ensemble de ses revenus afin de défiscaliser. Son activité de LMP est donc déficitaire et ne permet pas de remplir la condition 3 : le contribuable ne peut donc pas bénéficier de l'exonération ISF.

Si les locaux loués sont financés par emprunt, la valeur patrimoniale des locaux est minorée de l'emprunt restant dû. L'incidence sur la base ISF est donc faible. En cas de financement par un prêt *in-fine*, le mon-

---

1. Pour avoir le statut de loueur en meublé professionnel en matière d'imposition des bénéfices (imputation du déficit BIC sur le revenu global), il faut remplir les conditions 1 et 2 ou 3.

tant de l'emprunt vient minorer la valeur du bien jusqu'à la date de remboursement du capital emprunté. Mais le contrat d'assurance-vie qui permet d'adosser le prêt *in-fine* (nantissement du contrat d'assurance-vie) est à déclarer à l'ISF.

Cependant, si le contribuable consacre l'essentiel de son activité à la gestion de son LMP, cette activité de loueur en meublé représentera au moins 50 % des revenus professionnels du foyer fiscal. Son activité LMP sera alors exonérée d'ISF.

Zoom N° 66

LMP pour échapper à l'ISF

Les locaux loués meublés sont des **biens professionnels exonérés d'ISF** si, notamment, le loueur retire de l'activité de loueur en meublé au moins 50 % des revenus professionnels du foyer fiscal. Une personne à la retraite n'a plus de revenus professionnels. Ses placements financiers peuvent être investis dans du LMP. Il réduit ainsi sa base à l'ISF.

11.2. Activité LMP exercée dans le cadre d'une société imposée à l'IR

Si l'**activité** est **exercée au sein d'une société imposée à l'IR** (SARL de famille, EURL ou SNC), les parts sociales sont considérées comme un outil de travail exonéré d'ISF uniquement si l'associé exerce au sein de la société son **activité professionnelle principale.** La location meublée doit être professionnelle (recettes supérieures à 23 000 €).

Zoom N° 67

SARL de famille et LMP pour échapper à l'ISF

Les parts sociales d'un associé d'une société imposée à l'IR sont exonérées d'ISF si l'associé exerce son activité professionnelle principale au sein de la société. Dans un couple, l'époux qui dispose de faibles revenus peut devenir le principal associé et le gérant d'une SARL de famille constituée pour gérer l'activité LMP. Les parts sociales détenues par cet époux sont alors des biens professionnels exonérés d'ISF car il exerce son activité professionnelle principale au sein de la société.

Les recettes qui lui reviennent doivent être supérieures à 23 000 € pour que la location meublée soit professionnelle (LMP). Le même montage peut être envisagé avec une EURL ou une SNC. ○

---

12. LMP et droits d'enregistrement

En principe l'acquisition par la SARL de famille est soumise aux droits d'enregistrement au taux de 5,09 %. Cependant, la **TVA immobilière au taux de 19,6 %** se substitue aux droits d'enregistrement si l'acquisition porte sur des biens neufs (terrains à bâtir ou immeuble construit depuis moins de cinq ans et dont c'est la première mutation).

13. La location en meublé avec des prestations para-hôtelières

La **location en meublé** peut être assortie de **prestations para-hôtelières.** Cette activité de nature hôtelière ou para-hôtelière est une **activité commerciale** qui est imposée dans la catégorie des **bénéfices industriels et commerciaux (BIC).** Elle ne peut donc pas relever du statut de LMP car le louage de services est prédominant.

Si le contribuable s'implique de manière « personnelle continue et directe » (art. 156-1-1° du CGI), le **BIC** est **professionnel** (voir thème 11). Le déficit est alors imputable sur les autres revenus de l'associé et permet ainsi de faire une économie d'impôt sur le revenu. Les amortissements sont entièrement déductibles. Dans le neuf, l'amortissement en dégressif permettra d'accélérer la déduction de l'amortissement.

L'amortissement est **entièrement déductible.** La limite de déduction de l'article 39 C du CGI ne concerne pas les conventions de louage de service comme l'hôtellerie.

La plus-value de cession est exonérée si l'activité est exercée depuis au moins 5 ans et si les loyers <u>facturés</u> ne dépassent pas **90 000 € TTC**[1].

Les **loyers doivent être soumis à la TVA au taux de 5,5 %**[2] sur option. En contrepartie, la TVA à 19,6 % sur l'achat de l'immobilier (dans le neuf) ou sur les travaux de rénovation[3] de l'immeuble dans l'ancien est récupérée. Pour être imposable à la TVA, la location doit comporter, en plus de l'hébergement, au moins trois des prestations suivantes : le petit déjeuner ; le nettoyage régulier des locaux ; la fourniture de linge de maison ; et la réception, même non personnalisée, de la clientèle[4].

En revanche, cette activité commerciale est soumise aux cotisations sociales des travailleurs indépendants car l'associé d'une SARL de famille a le statut de travailleur indépendant. Comme les cotisations fiscales sont assises sur le résultat fiscal, elles seront limitées aux forfaits car les amortissements permettent réduire la base imposable. La plupart des forfaits ne seront pas exigés si le gérant a un statut de salarié par ailleurs qui lui confère une couverture sociale (régime de la pluriactivité).

C'est une activité économique qui est soumise à la taxe professionnelle qui peut être plafonnée en fonction de la valeur ajoutée.

---

1. La location en meublé avec des prestations para-hôtelières est une prestation de services comme la location équipée.
2. La fraction des loyers représentative des locaux de services et/ou d'emplacement de stationnement des véhicules sont soumis à la TVA au taux de 19,6 %.
3. La TVA au taux réduit à 5,5 % sur les travaux portant sur des locaux d'habitation ne s'applique pas car l'exploitation sont exploités à titre commercial.
4. Le nettoyage doit être régulier et non quotidien ; la réception automatique de la clientèle est admise (il n'est donc pas nécessaire d'aménager un espace et de disposer de personnel) ; l'exploitant peut faire appel à un fournisseur de services (traiteur, entreprise de nettoyage…).

	Loueur en meublé	Location en meublé avec des prestations para-hôtelières
Amortissement de l'immeuble	Amortissement **linéaire**. **L'amortissement n'est pas entièrement déductible** s'il crée un déficit[1].	Amortissement **dégressif**[2]. L'amortissement est **entièrement déductible**.
Déficit	Le **déficit BIC** est imputable sur les autres revenus si le contribuable a la qualité de LMP[3]. À défaut, **le déficit est seulement reportable sur les BIC non professionnels** des six années suivantes.	Le **déficit BIC** est imputable sur les autres revenus du contribuable. Le reliquat de déficit est reportable sur l'ensemble des revenus du contribuable des six années suivantes.
Exonération des plus-values de cession	**La plus-value de cession est exonérée** si l'activité est exercée depuis au moins 5 ans et si les loyers <u>facturés</u> ne dépassent pas **250 000 € TTC** car la location meublée et assimilée à une **vente**.	**La plus-value de cession est exonérée** si l'activité est exercée depuis au moins 5 ans et si les loyers <u>facturés</u> ne dépassent pas **90 000 € TTC** car cette activité est une **prestation de services**.

14. Chambre d'hôte

Une activité **de chambre d'hôte** ou de gîte rural est une location meublée assortie de prestations para-hôtelières (accueil des touristes, fourniture du linge de maison, nettoyage des locaux et service du petit déjeuner).

---

1. L'amortissement déductible est plafonné à la différence entre les loyers et les autres charges. L'amortissement non déduit n'est pas perdu : il est reportable sans limitation de durée. Il sera généralement reporté en fin de période d'amortissement de l'emprunt.
2. Dans le neuf, l'amortissement en dégressif permettra d'accélérer la déduction de l'amortissement.
3. Statut de loueur en meublé professionnel : plus de 23 000 € de recettes annuelles et inscription au RCS.

Si les loyers annuels, par m^2 de surface habitable, charges non comprises, ne dépassent pas **155 €**[1], **l'activité est exonérée.** Mais si les prestations para-hôtelières sont prédominantes, l'activité est alors imposable en tant que **BIC non professionnel** comme l'activité d'un hôtelier (louage de services – CAA Nantes 11-04-2000 n° 97-663).

Si l'activité n'est pas exonérée, elle est imposée comme l'activité d'un hôtelier en tant que BIC. Mais si l'investisseur ne s'implique pas **de manière « continue »,** le **BIC** est **non professionnel.** Les éventuels déficits ne sont pas imputables sur le revenu global mais seulement reportable. Pour que la participation soit continue, « le contribuable doit y passer une grande partie de son temps » sans pour autant que ce soit « son activité principale » (BOI 4 A-7-96, n° 27). Dans ce cas, le BIC est professionnel (comme un véritable hôtelier). Le déficit BIC est alors imputable sur les autres revenus.

Pour bénéficier du **statut de loueur en meublé professionnel (LMP),** la location meublée ne doit pas être assortie de prestations para-hôtelières. L'investisseur peut alors **louer meublé** par <u>bail commercial</u> à une société commerciale (SARL) qui loue aux touristes et assure les prestations para-hôtelières. L'immeuble peut être détenu en direct ou isolé au sein d'une SARL de famille qui opte pour l'IR mais surtout pas au sein d'une SCI (voir thème 4).

Pour bénéficier du régime des **revenus fonciers,** l'investisseur peut **louer nu** par <u>bail commercial</u> à une société commerciale (SARL) qui loue meublé aux touristes et assure les prestations para-hôtelières. L'immeuble peut être détenu en direct ou isolé au sein d'une SCI qui n'opte pas pour l'IS mais surtout pas au sein d'une SARL de famille car elle ne peut pas exercer d'activité civile (voir thème 4).

Quelles que soient les modalités retenues, la location est imposable à la TVA car elle est assortie de prestations para-hôtelières. **La TVA en amont sur le prix d'acquisition de l'immeuble ou sur les travaux peut être récupérée.**

---

1. 155 € en Île-de-France et 112 € dans les autres régions.

Il faut absolument écarter le micro-foncier ou le micro-BIC en optant pour un **régime réel d'imposition** pour pouvoir imputer le déficit et récupérer la TVA.

15. Location meublée en résidence hôtelière ou de tourisme

La location meublée ne doit pas être assortie de prestations para-hôtelières[1] pour ouvrir doit au statut de loueur en meublé professionnel (LMP). Cependant, **la location meublée**[2] consentie **par bail commercial à un exploitant qui offre les services para-hôteliers** à ses propres sous-locataires[3] **ouvre droit au statut LMP.** Il ne faudrait pas que les investisseurs donnent un <u>mandat de gestion</u> à un exploitant commun car ils seraient considérés comme exploitants eux-mêmes : l'imputation du déficit sur le revenu global ne serait plus possible car ils réaliseraient un BIC non professionnel (ils n'auraient pas le statut de LMP) ; de plus, leur responsabilité serait indéfinie et solidaire.

16. Plan de financement et compte de résultat prévisionnels, taux de rentabilité interne d'une activité LMP

Un investisseur achète *via* une SARL de famille un appartement qu'il loue meublé par bail commercial à l'exploitant d'un établissement d'hébergement dans un hôtel de tourisme classé. À ce titre il peut

---

1. Accueil, fourniture de linge de maison, nettoyage des locaux ou service du petit déjeuner.
2. La location nue est imposée en tant que revenus fonciers.
3. Résidence hôtelière ou de tourisme.

récupérer la TVA sur le prix d'acquisition de l'immeuble et des meubles. Il a le statut de loueur en meublé professionnel.

Il finance l'intégralité du prix d'acquisition, y compris les frais, par un prêt remboursable *in-fine*. Le prêt est à taux variable (basé sur l'Euribor 12 mois) capé ± 2 (le taux peut varier de deux points à la hausse ou à la baisse). Il est adossé à une assurance-vie (nantissement) dont le capital permettra de rembourser le prêt *in-fine* à l'échéance. Les intérêts sur l'emprunt sont déductibles et permettent de diminuer le résultat imposable de l'investisseur (taux marginal d'imposition – TMI – de 30 %) alors que les intérêts capitalisés sur l'assurance-vie ne sont pas imposables. Le prêt *in-fine* permet de diminuer les décaissements par rapport à un prêt classique à remboursement constant.

L'assurance-vie a un taux de rendement net de frais de gestion de 4,40 %. Les droits d'entrée sont de 2,5 %. Les sommes sont investies essentiellement en supports euros (> 70 % – produits monétaires) et le solde en unités de compte (produits actions) pour dynamiser la gestion en prenant des risques limités. L'investisseur fait un apport initial de 27 000 € et des abondements annuels de 2 000 €. L'argent ainsi placé permet de reconstituer le capital à rembourser du prêt *in-fine*. Le remboursement de TVA est injecté dans un autre contrat d'assurance-vie investi essentiellement en unités de compte (SICAV actions) pour dégager sur le long terme une rentabilité plus élevée.

Les amortissements sont réintégrés pendant les cinq premières années car ils ne peuvent pas générer de déficits mais ils sont ensuite déduits durant les six années qui suivent. Le montage ne génère donc pas de déficits imputables sur le revenu global de l'investisseur. En revanche, il ne génère aucune imposition pendant les dix premières années.

Au final, le **taux de rentabilité interne**[1] annuel net d'impôt de l'investissement est de **21 %.** Pour calculer ce taux, nous valorisons l'appartement à son coût d'acquisition TTC (pas de plus-value : hypothèse prudente pour des produits « packagés »). Nous prenons uniquement en compte les décaissements réalisés par l'investisseur (l'argent injecté

---

1. Le taux de rentabilité interne est le taux d'actualisation qui rend égales la valeur actuelle des flux de trésorerie nets générés par le projet et la valeur actuelle des investissements dans le projet.

dans le contrat d'assurance-vie) et les encaissements, nets d'impôt sur le revenu, que génère le montage (la valorisation de l'appartement est assimilé à un prix de vente).

En retenant un taux d'imposition (TMI) élevé de 40 %, le taux de rentabilité interne reste voisin (22 %). Logique car **le LMP ne permet pas de défiscaliser.** Il permet de se constituer un patrimoine sans aggraver l'imposition.

Besoins de financement (en K€)		
L'investisseur achète : – un appartement HT tout équipé		75,0

Décomposition du prix
  – immeuble
  – meubles
  – terrain
  – frais[1]
	50,0
	10,0
	7,0
	8,0	

	75,0	
– avec une TVA récupérable		15,0
Soit un budget total de		**90,0**

Mode de financement (en K€)	
L'investisseur apporte	0,0
et contracte un emprunt pour le solde	90,0
Soit un financement total de	**90,0**

Caractéristiques de l'emprunt *in-fine*

Durée en années	15
Taux variable	3,30 %
Assurance Décès Invalidité	0,30 %
Taux variable capé	3,60 %
Taux marginal d'imposition (TMI)	19 %
Prélèvements sociaux	11 %
Imposition totale	**30 %**

---

1. Frais notariés + ingénierie financière + intérêts intercalaires.

Caractéristiques de l'appartement		*Annuel*	*Taux de rendement*
Loyer mensuel net de frais de gestion	500 €	6 000 €	8,00 %
Indice construction	1,50 %		
Taxe foncière annuelle	300 €	*(exonération les 2res années)*	
Durée d'amortissement de l'immeuble	30 ans		
Durée d'amortissement des meubles	5 ans		

Tableau de remboursement de l'emprunt

Années	1	2	3	4	5	10	14	15
Intérêts	3 240	3 240	3 240	3 240	3 240	3 240	3 240	3 240
Capital								
Décaissement total	3 240	3 240	3 240	3 240	3 240	3 240	3 240	3 240

Années	1	2	3	4	5	10	14	15
En trésorerie								
Loyers	6 000	6 090	6 181	6 274	6 368	6 860	7 281	7 391
Charges	0	0	– 300	– 300	– 300	– 300	– 300	– 300
Emprunt	– 3 240	– 3 240	– 3 240	– 3 240	– 3 240	– 3 240	– 3 240	– 3 240
Trésorerie annuelle	2 760	2 850	2 641	2 734	2 828	3 320	3 741	3 851
Économie ou charge d'impôt (IR + PS)	1 572	0	0	0	0	0	– 622	– 655
Trésorerie disponible	4 332	2 850	2 641	2 734	2 828	3 320	3 119	3 195
En résultat								
Loyers	6 000	6 090	6 181	6 274	6 368	6 860	7 281	7 391
Charges	0	0	– 300	– 300	– 300	– 300	– 300	– 300
Intérêts sur emprunt	– 3 240	– 3 240	– 3 240	– 3 240	– 3 240	– 3 240	– 3 240	– 3 240
Frais	– 8 000							
Résultat avant amortissement	– 5 240	2 850	2 641	2 734	2 828	3 320	3 741	3 851
Amortissement								
– de l'immeuble	– 1 667	– 1 667	– 1 667	– 1 667	– 1 667	– 1 667	– 1 667	– 1 667
– des meubles	– 2 000	– 2 000	– 2 000	– 2 000	– 2 000			
	– 3 667	– 3 667	– 3 667	– 3 667	– 3 667	– 1 667	– 1 667	– 1 667
Résultat après amortissement	– 8 907	– 817	– 1 025	– 933	– 838	1 654	2 075	2 184
Retraitement des amortissements								
– réintégration	3 667	817	1 025	933	838			
– déduction						– 1 654		
Résultat imposable	– 5 240	0	0	0	0	0	2 075	2 184

Assurance-vie

Apport initial	27,0	K€
Abondement annuel	2,0	K€
Taux	5,0 %	
Frais de gestion annuel	0,6 %	
Taux net de frais de gestion	4,4 %	
Droits d'entrée	2,5 %	

Années	1	2	3	4	5	10	14	15
Capital début	26,3	29,4	32,7	36,1	39,6	59,8	79,3	84,8
Épargne annuelle de fin d'année	2,0	2,0	2,0	2,0	2,0	2,0	2,0	2,0
Intérêts nets de frais de gestion	1,2	1,3	1,4	1,6	1,7	2,6	3,5	3,7
Prélèvements sociaux (11 %)								− 0,4
Capital fin	29,4	32,7	36,1	39,6	43,3	64,3	84,8	90,4

Capital *in-fine* à rembourser   **90,0**

Taux de rentabilité interne

Années	1	2	3	4	5	10	14	15
Capital début	− 27,0							
Épargne annuelle de fin d'année	− 2,0	− 2,0	− 2,0	− 2,0	− 2,0	− 2,0	− 2,0	− 2,0
TVA récupérable	15,0							
Trésorerie du montage	4,3	2,9	2,6	2,7	2,8	3,3	3,1	3,2
Trésorerie assurance-vie								0,4
Valeur du bien TTC								82,0
	− 9,7	0,8	0,6	0,7	0,8	1,3	1,1	83,6

TRI net d'impôt   **21 %**

17. Structure juridique pour gérer la location meublée

L'activité LMP peut être exercée en direct dans le cadre d'une entreprise individuelle[1] ou isolée au sein d'une société commerciale imposée à l'IR (société « transparente » fiscalement : SNC, SARL de famille[2] qui opte pour l'IR ou EURL).

Une SCI est à déconseiller car une SCI qui exerce une activité commerciale (la location meublée) est obligatoirement imposée à l'IS. Les déficits BIC ne pourraient plus alors remonter sur le revenu imposable de chacun des associés. Il en est de même pour une SARL, une SA, une SAS imposée à l'IS par nature car le déficit reste captif au sein de ces structures (plus d'imputation sur le revenu global des associés).

Cependant, si l'activité LMP est bénéficiaire, il peut être intéressant d'adopter une structure imposée à l'IS car le taux d'imposition est moins élevé (IS à 15 % au lieu d'un IR à 40 %) et les amortissements de l'immeuble sont entièrement déductibles (l'article 39 C ne s'applique pas). Mais, la plus-value de cession de l'immeuble ne peut plus bénéficier du régime d'exonération des plus-values des petites entreprises.

Zoom N° 68

LMP et profession libérale

Une profession libérale ne peut pas être commerçant. La location meublée[3] (habitation) qui est **civile sur le plan juridique** est donc compatible avec son statut. Elle peut être exercée en direct. Il n'est pas nécessaire d'isoler le LMP au sein d'une SARL de famille ou d'une EURL pour une profession libérale.

---

1. Voir le « Guide pratique de l'entreprise individuelle » aux Éditions d'Organisation.
2. Voir le « Guide pratique de la SARL » aux Éditions d'Organisation.
3. La location meublée est toujours **imposée** comme une activité commerciale selon les règles BIC.

17.1. La SARL de famille ou l'EURL : une structure patrimoniale idéale pour développer une activité de loueur en meublé professionnel

L'activité de LMP peut être isolée au sein d'une d'une SARL de famille ou d'une EURL. L'EURL se transforme automatiquement en SARL de famille avec l'entrée au capital de membres de la famille. La **SARL** constitue alors une **structure patrimoniale** permettant d'optimiser la gestion et la transmission.

L'EURL est imposée à l'IR et la SARL de famille peut opter pour l'IR. Ces sociétés sont transparentes : le bénéfice est déterminé au niveau de la société selon les règles BIC pour être ensuite imposé à l'impôt sur le revenu directement au niveau des associés (chaque associé déclare sa quote-part de BIC avec ses autres revenus imposables). Si la SARL dégage un déficit BIC, chaque associé pourra **imputer sa quote-part de déficit BIC sur son revenu imposable.** Au final, sur le plan fiscal, l'associé est dans la même situation que s'il exerce son activité de LMP en direct dans le cadre d'une entreprise individuelle.

Seul le gérant est soumis aux cotisations sociales en tant que travailleur indépendant. Dans une SNC, tous les associés doivent cotiser car ils ont le statut de commerçant.

La SARL de famille permet d'exonérer l'immeuble loué meublé d'ISF en tant que bien professionnel.

La SARL assure une gestion plus rigoureuse de l'activité de location. Le financement sera ainsi plus adapté pour permettre une autonomie financière de la SARL. La SARL permet également de limiter la responsabilité de l'investisseur alors que dans une SNC, la responsabilité des associés est indéfinie et solidaire.

De plus, la SARL va faciliter la transmission du patrimoine immobilier.

La transmission du patrimoine peut être fractionnée. Au lieu de transmettre un immeuble entier, le contribuable peut transmettre une partie des parts sociales de la SARL qui détient l'immeuble. Ainsi, la donation d'une partie des parts sociales peut bénéficier de l'abattement de 50 000 € par enfant tous les six ans.

La moitié de la valeur des parts sociales est exonérée de droits de succession ou de donation si les parts ont fait l'objet d'un engagement collectif de conservation qui doit porter sur au moins 34 % des parts sociales.

Les enfants peuvent être associés au capital de la SARL dès la constitution ou pendant la phase de constitution du patrimoine. Si la SARL finance l'acquisition de l'immeuble par emprunt, le montant des apports des associés est faible. Les enfants[1] peuvent alors détenir l'essentiel du capital social. Les parts sociales leur appartiennent et sont ainsi totalement exonérées de droits de transmission. Les parts sociales en pleine-propriété des enfants majeurs ne rentrent pas dans la base imposable à l'ISF des parents.

Les parts sociales de la SARL de famille peuvent être démembrées en deux :

- L'usufruit est attribué aux parents : les parents usufruitiers qui ont droit aux bénéfices de la SARL, auront un complément de revenus appréciable pour la retraite. Cependant, les parents usufruitier doivent déclarer à l'ISF la valeur en pleine-propriété des parts sociales.
- La nue-propriété est attribuée aux enfants : au décès des parents nu-propriétaires, les enfants recouvreront la pleine-propriété des parts sociales de la SARL en franchise de droits de transmission.

Pendant la période de constitution du patrimoine, la SARL dégage un déficit (loyers – amortissements – emprunts = déficit). **Ce déficit s'impute uniquement sur les revenus imposables des enfants nus-propriétaires**[2]. Cependant, par convention, l'usufruitier et le nu-propriétaire peuvent convenir d'une répartition différente du résultat. Si la

---

1. Comme la responsabilité des associés est limitée au montant de leurs apports, la participation d'enfants mineurs au capital ne nécessite pas l'autorisation du juge des tutelles. Cette autorisation est en principe nécessaire dans une SCI car la responsabilité des associés est indéfinie.
2. L'administration fiscale, dans une instruction administrative du 8 novembre 1999, considère que **seul, le nu-propriétaire,** en sa qualité d'associé, **est autorisé à prendre en compte les déficits fiscaux** réalisés par la société.

convention met à la charge des parents usufruitiers l'obligation de comblement des pertes, les parents pourront alors imputer les déficits fiscaux correspondants à leurs droits en usufruit sur leurs revenus imposables.

○ **La SARL de famille**

La SARL de famille est composée d'associés qui sont **membres de la même famille :** parents en ligne directe, ascendants, descendants, frères et sœurs ainsi que les conjoints (les concubins sont exclus).

Elle est imposée à l'IS (impôt sur les sociétés) mais **elle peut opter pour l'IR** (impôt sur les revenus) sans limitation de délai.

Le gérant a le statut social de travailleur indépendant. Cependant, l'option de la SARL de famille pour l'IR est sans incidence sur le régime de Sécurité sociale des associés qui exerçaient une activité salariée au sein de la SARL préalablement à l'option (le gérant minoritaire ou égalitaire demeure assimilé à un salarié).

La **responsabilité des associés est limitée au montant de leurs apports** comme dans la SARL de droit commun.

Si un associé sans lien de parenté entre dans le capital de la SARL de famille, elle redevient une SARL normale imposée à l'IS. ○

17.2. Entreprise individuelle, EURL, SARL, SCI ou SNC pour développer une activité de loueur en meublé professionnel ?

Le déficit réalisé par le loueur en meublé professionnel (LMP) qui détient l'immeuble en direct dans le cadre d'une <u>entreprise individuelle</u> est imputé sur ses autres revenus imposables et lui permet ainsi de réduire son impôt sur le revenu.

La <u>SARL de famille</u> qui opte pour l'IR permet également à l'associé d'imputer sa quote-part de déficit sur l'ensemble de ses revenus imposables. Cette SARL est « transparente » fiscalement. La SARL offre l'avantage de faciliter la transmission du patrimoine immobilier.

Cependant, si la SARL s'ouvre à des associés étrangers au cercle familial, elle redevient une <u>SARL classique</u> imposée obligatoirement à l'IS. Elle devient « opaque » fiscalement. Les déficits restent captifs au sein de la société et ne peuvent donc plus remonter vers les associés pour leur permettre de faire une économie d'impôt sur le revenu.

La <u>société civile immobilière (SCI)</u> est à déconseiller car une société civile qui exerce une activité commerciale[1] est obligatoirement soumise à l'impôt sur les sociétés. L'imputation des déficits fiscaux sur le revenu global des associés n'est plus possible.

La <u>société en nom collectif (SNC)</u> apparaît alors comme une bonne formule d'optimisation fiscale. La SNC est imposée à l'impôt sur le revenu[2] et permet ainsi la remontée des déficits fiscaux vers les associés. La SNC doit avoir pour objet la location en meublée professionnelle, elle doit être inscrite au RCS en qualité de LMP, et chaque associé doit réaliser plus de 23 000 € de recettes annuelles. De plus, la plus-value lors de la transmission à titre gratuit de parts sociales est exonérée. Cependant, tous les associés sont soumis à cotisations sociales car ils ont le statut de commerçant. De plus, ce statut peut être incompatible avec la situation de l'associé s'il est fonctionnaire ou s'il exerce une fonction réglementée.

---

1. La location meublée est une activité civile sur le plan juridique mais commerciale (BIC) sur le plan fiscal.
2. Elle peut opter pour l'IS.

29

POSEZ VOS QUESTIONS
À L'AUTEUR

Le présent guide contient des éléments d'aide à la réflexion pour vous permettre de concevoir votre propre montage d'optimisation fiscale.

L'auteur met à votre disposition son adresse internet **denospas@club-internet.fr** pour favoriser les échanges sur le thème du présent guide :

- Vous n'avez pas trouvé exactement l'information qui vous convient, vous avez un doute sur la pertinence du montage que vous envisagez... ; vous pouvez contacter l'auteur qui vous répondra de manière succinte si cela est possible.
- Votre travail de réflexion, votre recherche personnelle vous ont permis d'obtenir une information ou d'élaborer un montage qui vous semblent pertinents et qui ne figurent pas dans le présent guide : faites-en part à l'auteur qui vous donnera son avis.
- Une information vous semble erronée ou non actualisée : informez-en l'auteur qui vous répondra.

Les différentes informations ainsi échangées seront intégrées dans la prochaine édition pour mieux répondre aux attentes des utilisateurs du guide.

30

POUR CONSTITUER ET GÉRER VOTRE SOCIÉTÉ, POUR REMPLIR VOS DÉCLARATIONS FISCALES

La **location nue** peut être isolée au sein d'une **société civile immobilière (SCI)** à l'IR ou à l'IS. Le **« guide pratique de la SCI »** du même auteur aux Éditions d'Organisation vous guide pas à pas dans l'élaborations des statuts, la rédaction des procès-verbaux d'assemblée, des contrats de location, l'élaboration de vos plans de financement et de vos déclarations fiscales à partir de cas pratiques… Un CD-rom contient les fichiers « Excell » ou « Word » nécessaires à la réalisation de ces documents.

La location **meublée ou équipée** peut être isolée au sein d'une **SARL** imposée à l'IR (SARL de famille) ou à l'IS. Le **« guide pratique de la SARL »** du même auteur aux Éditions d'Organisation vous guide pas à pas dans l'élaborations des statuts, la rédaction des procès-verbaux d'assemblée, des contrats de location, l'élaboration de vos plans de financement et de vos déclarations fiscales à partir de cas pratiques… Un CD-rom contient les fichiers « Excell » ou « Word » nécessaires à la réalisation de ces documents.

La location **meublée ou équipée** peut être exercée en direct dans le cadre d'une **entreprise individuelle.** Le **« guide pratique de l'entreprise individuelle »** du même auteur aux Éditions d'Organisation vous guide pas à pas dans l'élaboration des formalités de création, de vos plans de financement et de vos déclarations fiscales à partir de cas pratiques.

www.ingramcontent.com/pod-product-compliance
Lightning Source LLC
Chambersburg PA
CBHW080650220326
41598CB00033B/5153